国家自然科学基金资助项目（71403294，71973152）

教育部、科技部“数字技术与现代金融学科创新引智基地”资助项目（B21038）

中南财经政法大学中央高校基本科研业务费资助项目（2722020JCT009）

人民币国际化中的套息交易

Carry Trade in the Internationalization of RMB

陈思翀 / 著

中国社会科学出版社

图书在版编目（CIP）数据

人民币国际化中的套息交易 / 陈思翀著. —北京：中国社会科学出版社，2023.3

ISBN 978-7-5227-1544-5

Ⅰ. ①人… Ⅱ. ①陈… Ⅲ. ①人民币—离岸金融市场—研究 Ⅳ. ①F822

中国国家版本馆 CIP 数据核字（2023）第 040837 号

出 版 人　赵剑英
责任编辑　白天舒
责任校对　师敏革
责任印制　王　超

出　　版　中国社会科学出版社
社　　址　北京鼓楼西大街甲 158 号
邮　　编　100720
网　　址　http://www.csspw.cn
发 行 部　010-84083685
门 市 部　010-84029450
经　　销　新华书店及其他书店

印　　刷　北京明恒达印务有限公司
装　　订　廊坊市广阳区广增装订厂
版　　次　2023 年 3 月第 1 版
印　　次　2023 年 3 月第 1 次印刷

开　　本　710×1000　1/16
印　　张　14
字　　数　230 千字
定　　价　75.00 元

前　言

套息交易（Carry Trade）是一种非常“古老”的金融交易策略，通常伴随着市场参与者将低息融资所得资金投入更高收益的市场或者金融工具中去。例如，“借短贷长”或者“短贷长投”就是一种典型的套息交易策略。因为期限较短的资金相较于期限较长的投资，通常利率更低。最为典型的外汇市场套息交易，包括借入低息日元投资高息澳元等交易。历史经验证明，除了偶尔出现的下行风险，外汇市场上的套息交易总体上来讲在大部分时间都是盈利的。换句话说，外汇市场上的套息交易通常具有正的超额收益。因此，在实践中应用最广泛也是最引人注目的套息交易策略，当属投资者借入低息货币并投资到高息货币中去的外汇市场套息交易。

但是，进入21世纪以来，不仅日元、欧元、英镑以及美元等主要货币的发行国相继实施“零利率”货币政策，而且包括澳元、新元以及墨西哥比索等货币的利率也不断走低。这使得传统的外汇市场套息交易策略逐渐失去了吸引力。因此，投资者开始将目光投向了一些高利率的新兴市场国家，特别是中国。由于经济高速发展带来的货币升值以及逐步开放和完善的金融市场，对国际投资者而言，人民币正成为一个绝佳的套息交易的投资货币。而且，伴随着2009年起开始的人民币国际化进程，中国央行开始大力推动离岸人民币金融市场发展，并向机构投资者开放国内金融市场，不断加大在国内市场和离岸市场向海外投资者提供更多更便利的人民币计价金融资产与交易工具。这无疑给国际投资者进行套息交易带来了更多的机会与可能。尽管人民币国际化进程出现了“一波三折”（张明，2022），人民币汇率的双向波动也逐渐成为常态，但是由于中国相对较高的利率水平，人民币仍然是套息交易的重要投资货币。

进入2022年以来，随着美国通胀压力的不断加大，美联储开始了一轮又一轮的快速加息浪潮。我们甚至还目睹了基于低息美元套息交易的一轮大退潮。由于美元利率的不断上升，资金大举开始涌向利率更高的美国金融市场，美元汇率也随之走高。截至 2022 年第三季度末，美元指数收高于 112 附近。同时，随着中美利差的逐渐收窄甚至反转，美元兑人民币汇率，也从 2022 年初的 6. 35 元/美元附近，在 2022 年第三季度末大幅攀升至 7. 15 元/美元左右。在此背后，正好对应着借入低息美元投资高息人民币的套息交易策略的逐渐反转。因此，套息交易无论在过去现在还是将来，对于理解人民币汇率波动以及随之而来的资本流动变化，都有着非常重要的意义。

尽管经历了一轮又一轮的潮起潮落，但是直到现在，套息交易仍然是国际金融市场上外汇交易最主流的交易策略。而且，套息交易的投资策略不仅在实践中深受投资者欢迎，还具有深厚的理论基础。套息交易实际上是根植于国际金融和金融市场的基础理论之中：有抛补利率平价理论（Keynes，1923），无抛补利率平价理论（Porter，1971），以及随机游走假说（Meese and Rogoff，1983）。如果再加上基于购买力平价理论（Cassel，1918）的均值回归策略（类似于股票市场中的价值交易）以及基于外汇市场市场弱式有效性理论（Cornell and Dietrich，1978）的趋势交易策略（类似于股票市场中的动量交易），这就几乎构成了外汇市场中主流交易策略的全部版图（Chernov et al.，2022）。

对于投资者而言，不仅可以通过货币互换并在利率市场上“借低（利率）投高（利率）”，实现套息交易。同样的，投资者还可以在远期外汇市场实现套息交易（详见本书第四章）。这是因为利率平价条件告诉我们，远期价格可以反映两种货币之间的利差。在实践中，由于交易成本更低、监管环境更加宽松以及杠杆倍数更高等因素，通过远期外汇市场实现套息交易甚至是一种更常见的交易形式。而且，套息交易策略不仅可以应用在外汇市场上，甚至还可以被复制到其他任何一种资产的交易中去（Koijen et al.，2018）。因此，理解人民币套息交易，不仅可以帮助我们加深对人民币国际化动力的理解，而且有助于对国际金融市场交易形成更加全面和深刻的认识。

本书立足于离岸人民币市场的发展特征，从风险和流动性角度出发，基于资产定价的理论分析框架及其拓展，研究离岸人民币市场上国际投资者的套息交易超额收益率的变化及其影响因素，并分析其对国际投资者的离岸人民币资产需求和国际资本流动带来的影响。首先，本书从海外投资者人民币资产需求的角度提出人民币国际化新的研究视角，并在分析框架和模型构建上实现新的拓展。其次，本书立足于国际金融和资产定价交叉领域的理论和实证研究，不仅有利于结合中国的实验特征对套息交易收益率影响机制的理论分析框架进行拓展，而且为现有研究文献提供来自离岸人民币市场发展实验的新的经验证据。最后，本书研究结果有助于我们进一步加深国际投资者对人民币资产需求的演变，在更加自由的市场汇率机制下人民币价值变动，国际资本流动的动因，以及向国内宏观经济和金融体系传递国际金融冲击的潜在风险等方面的理解。

具体而言，本书一共分为绪论和八个章节。绪论阐述了本书的研究目的和内容以及主要亮点与创新。第一章在定义人民币国际化的基础上，论述开启人民币国际化的主要原因，并指出套利套汇是人民币国际化初期的主要推动力。第二章简述人民币国际化进程中离岸人民币市场的发展。第三章定义并测算人民币套息交易的超额收益。第四章基于状态空间模型形式的可变系数贝叶斯动态线性模型，分别估算投资和投机因素在人民币套息交易超额收益中的相对重要性。第五章在“三元悖论”框架下讨论人民币汇率改革的方向及套息交易在其中的作用。第六章基于动态资产组合理论分析套息交易对中国跨境资本流动的影响。第七章进一步估算套息交易的规模并分析其影响因素。第八章讨论非金融企业的境外融资及其与套息交易的关系。

目　　录

绪　论

研究意义

党的十八届三中全会提出，要使“市场在资源配置中起决定性作用”。具体在金融领域，当前人民币面临着在国内和国际的两个市场化问题。一方面，人民币在国内的市场化主要体现在利率市场化和影子银行问题上；另一方面，人民币在国际上的市场化则主要体现在包括汇率形成机制改革、人民币可兑换和资本账户开放等问题在内的人民币国际化问题上。

在早期，人民币国际化研究的关注焦点，主要集中于人民币国际化的含义与条件、成本收益与风险、历史经验以及路径选择等问题上。随着人民币贸易结算政策的推进以及香港离岸人民币可交收市场的实际建立和快速发展，近年来人民币国际化研究关注的焦点已经逐渐转移至离岸人民币市场的发展、离岸市场的发展对在岸市场以及中国金融市场和宏观经济影响等问题。

本书立足于资产定价和国际金融的研究文献，从研究视角和对象、研究内容和方法上，对离岸人民币市场发展动力、离岸人民币市场汇率决定以及各市场的交互关系、离岸市场发展对人民币资产需求及资本流动的影响等方面进行拓展。

本研究在以下三个方面具有重要的理论意义和实践价值。

第一，本书从海外投资者的离岸人民币资产需求的角度出发，将资产定价理论引入对离岸人民币市场套息交易超额收益率的分析，提出离岸人民币市场发展相关领域的新的研究视角，在分析框架和模型构建上实现新的拓展。随着中国香港可交收离岸市场的建立和发展，离岸人民币市场的发展动力和交易逻辑正在发生变化。不仅是人民币升值预期，而且经济体间的利差，以及风险和流动性因素，都会对海外投资者的离岸人民币资产的持有收益及头寸产生重要影响。这就要求我们跳出人民币单向升值预期，以及传统的国际金融模型的窠臼，立足于离岸人民币市场的发展特征，从风险和流动性的角度出发，基于资产定价的分析框架，研究海外投资者在离岸人民币市场投资收益的变动及其影响因素，并分析其对国际投资者的离岸人民币资产需求和国际资本流动带来的影响。

第二，本书基于离岸人民币市场发展实践，立足国际金融和资产定价交叉领域的理论研究和实证研究，不仅有利于结合中国的实践特征对套息交易收益率影响机制的理论分析框架进行拓展，而且为现有研究文献提供来自离岸人民币市场发展实践新的经验证据。首先，作为由国家积极推动自身货币离岸市场发展的史无前例的案例，香港人民币业务是在中央政府授意与配合，中国人民银行和香港金管局共同监管下发展起来的。不仅人民币资金的跨境双向流动处于中国人民银行的监控和限制之下，而且作为清算行的中资银行，可以通过流动性供给窗口和设定基准存款利率等准央行业务，对离岸人民币业务带来影响。尽管发展迅速，离岸人民币市场资金池相对规模尚小，存在深度和广度不足的问题。此外，在离岸市场发展过程中，人民币也逐渐由单向升值预期向双向波动趋势转向。因此，相对于成熟的国际金融市场，离岸人民币市场不仅在风险特征上可能存在变化和差异，也更容易受到流动性因素的影响，甚至并非一个严格意义上纯粹的离岸市场，而是受到政府、中国人民银行、香港金管局、清算行等机构的约束影响或审慎监管。

因此，本书在资产定价的分析框架下，结合离岸人民币市场发展过程中的风险和流动性的特征及其变化，有利于在模型选择和构建上实现新的拓展。利用离岸人民币市场数据，通过在时间和空间两个维度进行比较实证分析，不仅为文献提供具有中国特征的研究证据，而且有利于进一步阐明风险和流动性等因素的影响机制及其差异变化。结合离岸人民币市场发展的重大事件和政策变迁，还有利于深入剖析政策因素的作用机制，对现有文献是一个有益补充。

第三，本书立足于离岸人民币市场发展的实践，将学术研究和人民币国际化战略紧密结合，具有重要的实践价值。研究结果将有助于我们进一步加深对离岸人民币市场发展过程中，国际投资者对人民币资产需求的演变、自由市场汇率机制下人民币的货币价值变动、离岸人民币市场上国际资本流动的动因以及通过离岸市场向国内宏观经济和金融体系传递国际金融冲击的潜在风险等方面的理解。

特别是在美国启动退出量化宽松政策①计划引发大规模国际资本流动，国内面临金融改革和增长下降等严峻经济形势下，要积极稳妥地推进人民币国际化进程，亟须加深对海外投资者投资离岸人民币资产的运行机制和交易动机的理解，分析其对风险、流动性等因素的敏感度，准备好各项监控和防范措施，防范国际金融市场冲击通过中国香港传递到内地。否则，如果离岸人民币市场的资产需求出现巨大变化，并引发巨额资本流动，不仅可能对中国经济和金融体系造成巨大影响，甚至会造成人民币国际化进程的随时退潮。本书提出政策建议，希望可以作为决策参考，有助于人民币国际化过程中各项政策实施效果的评估和监测体系的建立，增强决策的科学性。

国内外研究现状

一　人民币国际化问题的早期研究焦点

在早期，人民币国际化研究的关注焦点，主要集中于人民币国际化的含义与条件、成本收益与风险、历史经验以及路径选择等问题上（例如，陈雨露等，2005；李稻葵等，2008；何帆，2009；高海红和余永定，2010；宗良和李建军等，2011）。尽管仍然存在一定的争议（例如，余永定，2011；张斌，2011；Murase，2010），但是在资本管制条件下，发展离岸市场仍被许多学者认为是推动人民币国际化的极具吸引力的可行路径（例如，何东和麦考利，2011；马骏和徐剑刚，2012）。

二　香港人民币离岸市场发展状况

随着人民币贸易结算政策的推进以及香港离岸人民币可交收市场的实际建立和快速发展，近年来人民币国际化研究关注的焦点已经逐渐转移至

① 量化宽松政策是一种向市场注入大量资金，以此鼓励人们借贷和开支的干预方式。

离岸人民币市场的发展，离岸市场的发展对在岸市场以及中国金融市场和宏观经济影响等问题。特别是在2010年之后，人民币不仅在香港离岸市场可自由兑换，而且逐步实现了无微观干预的自由市场交易，离岸人民币存款和债券等资产池逐步形成，并在规模和流动性等方面不断发展（何帆等，2011；裴长洪，2011）。

三　离岸人民币市场快速发展的原因

究竟什么因素促使离岸人民币市场快速发展？学者们普遍认为，人民币升值预期和随之而来的在岸和离岸市场之间的套汇交易机制（Garber，2011），以及基于利率平价视角的套利交易机制（余永定，2012），是解释香港离岸人民币市场发展变化的主要因素。特别地，何帆等（2011）和张明（2011）在实地调研的基础上总结认为，在岸企业的跨境贸易结算和套汇空间提供的大量人民币供给和人民币升值预期是支撑香港离岸人民币市场发展的核心。张斌和徐奇渊（2012）等阐明了香港人民币离岸市场上套利套汇活动的交易主体、机制和证据，并指出套利空间不会因为套利活动增加而收窄。

四　离岸人民币市场和在岸市场的交互影响

那么，离岸市场发展对在岸市场又有何影响？在早期，学者们主要在CNY和远期外汇交易（NDF）的两市场框架之下研究在岸和离岸人民币市场之间的互动关系。研究显示，在人民币汇改后初期，在岸CNY即期和远期与离岸NDF汇率之间存在相互影响，但是在岸具有本土信息优势（黄学军等，2006；代幼渝等，2007等）。但是，随后NDF市场逐渐在人民币价格发现中占据引导地位（如，徐建刚等，2007；李晓峰和陈华，2008；陈蓉和郑振龙等，2009；严敏和巴曙松，2010）。同时，王曦等（2009）、邓观明（2010）、徐晟等（2013），以及黄志刚等（2012）的研究表明，CNY和NDF之间的价格引导力可能取决于境内汇率的价格弹性。

在2010年中国香港CNH-DF市场的出现之后，学者们的注意力逐渐转移到CNH市场对在岸和离岸之间的互动关系产生的影响。He（2011）的研究发现，CNY汇率仍然起到锚的作用，拉动CNH汇率向其靠拢。伍戈和裴诚（2012）等进一步在CNY、CNH以及NDF的三个市场框架下研究在岸和离岸之间的相互联系发现：NDF 市场对 CNY 的价格前瞻性减弱；相反，CNY 和 CNH 市场价格会对 NDF 市场产生影响。这表明 CNH 市场对 NDF 市场逐渐产生替代影响，弱化其信息中心优势。同时，CNY 对 CNH 市场具有引导作用，占据了人民币汇率定价的主动性，但是 CNH 的价格发现功能有望得到进一步发挥。

五　离岸人民币市场发展对境内金融体系和宏观经济的影响

离岸市场发展对境内金融体系和宏观经济的影响的研究则主要集中在外汇储备、资本流动和货币政策等方面。例如，张明（2011）、张斌和徐奇渊（2012）以及阙澄宇等（2013）的研究发现，人民币离岸市场的发展进一步刺激了资本流动。其中，人民币升值预期变化是主导短期资本流动的关键因素，而利差则对中国外汇储备规模变动的贡献率最大。伍戈和杨凝（2013）以及王景武（2013）等研究则表明，人民币离岸市场在短期对内地货币政策的影响相当有限。但是，频繁的资金跨境流动会影响货币流通速度，增加货币政策调控的复杂性。随着规模的扩大以及境外人民币回流渠道的增加，其对内地货币政策可能将会产生实质性的影响。

六　资产定价理论在国际金融上的应用研究对本书具有借鉴意义

尽管目前从海外投资者的离岸人民币资产需求的角度出发，基于风险和流动性因素，研究离岸人民币市场套息交易超额收益率的研究文献不足（郑振龙等；2009，2010；金雪军等，2011；王爱俭等，2013，是国内较少研究外汇风险溢价的文献），但是近年来在国际上，将资产定价理论应用于国际金融领域，分析国际金融市场上其他币种的套息交易超额收益率的基本特征、影响因素以及经济含义的国际金融和资产定价的交叉研究领域，不仅已成为现代金融学研究的学科前沿，而且已经具有一定的研究积累。

例如，Burnside et al.（2011）研究了套息交易收益的实证特征，并将之与其他投资收益进行了比较。McKinnon（2013）和 Hattori（2009）的研究还指出套息交易是引起国际资本流动的重要解释因素。此外，文献还基于资产定价模型及其改进形式，分别从传统风险因子模型（Lustig et al.，2011；Menkhoff et al.，2012）、灾害性事件预期的比索问题模型（Burnside et al.，2011）、微观市场结构和行为金融（Burnside et al.，2011）等不同角度，为套息交易的超额收益率提供了解释。Lustig et al.（2010）、Bakshi 和 Panayotov（2013）等还从时间序列角度研究了基于风险指标的套息交易超额收益率的可预测性问题。Engle（2013）则在回顾传统国际金融模型不足的基础上，对基于风险溢价视角对套息交易超额收益率进行解释的文献提供了综述。国际金融和资产定价交叉领域的文献，将对本书具有重要的借鉴意义。

七 既有文献中的问题和不足

尽管既有文献已经取得了丰富的理论和经验研究成果，这无疑为本书研究奠定了坚实基础。但是，通过回顾和梳理离岸人民币市场发展，以及国际金融和资产定价方面的研究文献，我们发现既有研究还存在以下四个方面的不足。

首先，文献显示离岸市场的发展动力来自在岸和离岸间套利活动形成的人民币供给，以及人民币升值预期带来的离岸国际投资者的人民币需求。一方面，关于在岸离岸间的套利套汇方面，存在大量文献梳理交易机制并进行数据分析；另一方面，虽然文献认为离岸市场的重要作用在于提供国际投资者通过便利交易实现超额收益的机会，而人民币升值预期是其决定力量。但是，文献主要基于定性和数据观察，缺乏针对投资者持有离岸人民币资产收益变化的严谨量化分析。

不仅如此，即使人民币升值预期曾经是投资者离岸市场获得超额收益的最大动力，但是随着离岸人民币市场的发展，投机人民币升值预期可能不再是离岸市场的主要交易动机；相反，离岸人民币市场的交易逻辑可能会更加接近国际金融市场上其他自由交易的货币。例如，当出现可交收市场时，境外远期可能将更多反映中国和国际金融市场之间的息差（如，McCauley，2011；Mackel et al.，2011）。不仅如此，与其他币种的外汇市场或资产种类一样，风险和流动性因素也可能在离岸人民币市场中起到越来越重要的作用。在这方面，现有文献也缺乏动态的理论解释和严谨的经验分析。

其次，关于在岸和离岸人民币市场间交互影响的研究文献也显示，CNH 市场的快速发展，已经对其他市场的人民币汇率曲线和相互关系形成巨大影响。随着其交易广度和深度的进一步发展，具有自由市场交易特征的离岸市场甚至具有主导人民币价格发现的潜力。但是，既有文献尚缺乏基于资产定价理论和严谨实证分析方法对离岸人民币市场的价格或收益率本身及其变动进行系统分析的研究。

同时，现有理论和经验分析成果（如 McKinnon，2013）以及其他货币的交易特征表明，国际投资者的套息交易及其带来的超额收益是影响货币价值的重要影响因素。因此，要深刻理解离岸人民币的价格形成和变动机制，不仅要把握人民币流出流入机制，从离岸人民币市场资产需求角度分析国际投资者套息交易的超额回报的性质变化及其影响因素也显得尤为重要。

再次，文献显示，离岸人民币市场的发展，不仅对离岸市场上的国际资本流动产生不小的影响，而且通过在岸和离岸间的跨境资金流动，对境内的资本流动管理和货币政策也形成挑战。同时，学者们研究还发现，套息交易过去几十年间被国际投资者广泛应用，在获取超额收益的同时引发国际资本流动，给国际金融市场特别是新兴市场的货币和金融体系带来巨大冲击的交易方式和策略。

离岸人民币市场上自由的资本流动和交易机制，不仅为国际投资者在离岸人民币市场进行套息交易提供了便利，而且，与其他具有相同特征的货币市场一样，投资离岸市场人民币资产时所获得的超额收益率和相应承担的风险，将是决定海外投资者持有人民币资产的重要决定因素。但是，现有文献不仅缺乏对国际投资者在离岸人民币市场进行套息交易所获超额收益率的测度和影响因素的分析，也没有就收益率变化对投资者的人民币资产配置以及国际资本流动带来的影响效应进行深入研究。

最后，尽管离岸人民币市场近年来发展迅速，但是国际上关于套息交易超额收益率的研究文献，仅仅聚焦于美元和日元等低息融资货币在其他新兴市场的投资交易，忽视了对以人民币资产为投资货币的套息交易的研究。同时如前文所述，离岸人民币市场发展具有其固有的特征。因此，现有研究结论在离岸人民币市场上是否具有适用性，能否为人民币国际化发展战略提供政策参考，尚缺乏有效证据。不仅如此，结合离岸人民币市场的实验特征，可以对套息交易收益率影响机制的理论分析框架进行拓展。而且，以离岸人民币市场的套息交易作为研究对象的实证研究，还可以为现有研究文献提供具有中国特征的新的经验证据。

研究目标

通过上节的文献梳理我们发现，离岸市场的重要作用就在于，提供给国际投资者一个可以通过便利交易实现超额收益的机会。例如，何东和麦考利（2011）指出，在资本管制的条件下，离岸人民币市场由于具有便利交易、分离货币风险与国家风险，以及获取超额收益的特点，可以增加人民币对海外投资者的吸引力，推进人民币国际化。而且，国际投资者持有人民币资产往往也被视作是人民币国际化取得的重要进展。

但是，海外投资者缘何在离岸市场持有人民币资产，是否因为在离岸市场持有人民币资产能够得到超额收益率，持有人民币资产所获超额收益率会受到哪些因素的影响？对影响因素的敏感度如何，超额收益率的变化会对投资者资产组合中的人民币资产头寸产生怎样的影响，资产组合调整又会给离岸人民币汇率和国际资本流动带来怎样的影响，是否会通过香港离岸市场给境内的宏观经济和金融体系带来影响，这些核心问题并没有得到足够的关注。因此，深入研究并回答以上问题是一项紧迫的任务。

虽然人民币升值预期被普遍认为是吸引海外投资者持有人民币资产并影响其超额收益，进而推动离岸人民币市场发展的主要决定因素，但是研究既有文献同时也发现，在2010年香港可交收（DF）离岸人民币市场出现以后，离岸市场的交易逻辑和发展动力可能出现了巨大变化。

如图0-1所示，离岸人民币DF市场具有以下两大特征。第一，尽管仍然受到在岸间资本流动管制的制约，但是相对于具有严格外汇交易管制的在岸市场，离岸人民币市场本身具有能够自由交易的特点。因此，离岸人民币市场交易不仅会反映经济体间的利差，更伴随着风险溢价和流动性的影响。第二，相对于无本金交割的NDF市场，离岸市场人民币由于具有到期现汇交割特点，因此其投资资产能够提供正向回报。因此，随着离岸人民币市场的发展，离岸人民币汇率市场将会更加体现出离岸市场上的正向收益率或套利（positive yield or carry）的影响。

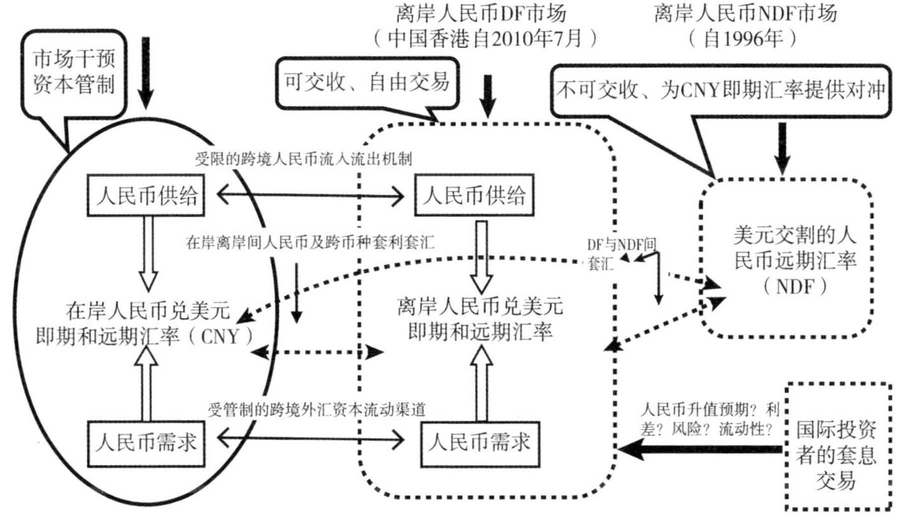

图 0-1　在岸和离岸人民币市场交易图示

说明：本图离岸人民币 DF 市场以中国香港为例，人民币汇率以人民币兑美元汇率为例。传统的跨境资本流动渠道主要包括 FDI、QFII、ODI 以及 QDII 等。人民币跨境流入流出机制主要包括人民币贸易结算、个人业务、R-FDI、R-ODI、R-QFII、银行间债券市场以及央行间互换协议等。

现在，离岸人民币市场上国际投资者的人民币需求和受到约束的在岸和离岸之间的人民币流出流入机制以及随之波动的人民币供给，是决定离岸人民币市场交易的两大重要因素。由于离岸 DF 市场的出现，不仅海外投资者持有人民币的交易动机和策略会发生改变，给离岸市场人民币定价机制带来变化，还可能对与其他市场（CNY 和 NDF）间的交互机制产生影响，甚至会对中国的外汇储备和资本流动管理以及货币政策形成挑战。

同时，McKinnon 等（2013）的研究表明，套息交易是过去几十年间被国际投资者广泛应用，获取超额收益的同时引发国际资本流动，给国际金融市场，特别是新兴市场的货币和金融体系带来巨大冲击的交易方式和策略。

因此，本书的研究目标是，理解国际投资者通过套息交易策略投资离岸人民币资产所获超额收益率的性质特点及其变化；分析其对风险和流动性等因素的敏感度；研究超额收益率变化给国际投资者人民币资产配置以及国际资本流动带来的影响。具体如下。

第一，本书首先拟遵循现有文献的研究脉络，分析人民币升值预期和市场间利差，在离岸人民币远期汇率决定中的相对重要性及其时变性。

第二，本书拟从国际金融市场上套息交易者对离岸人民币资产的需求角度出发，对在离岸人民币市场上进行套息交易所获超额收益率的存在性和符号进行检验，并对其规模和组成进行测度。通过比较分析，总结离岸人民币市场套息交易的超额收益率和其他新兴市场的异同。

第三，立足于离岸人民币市场发展的风险和流动性特征，基于资产定价的理论分析框架，拓展现有的套息交易超额收益率的理论模型，从风险和流动性角度解释离岸人民币市场套息交易超额收益率的变化。并且，利用近年来离岸人民币可交收市场数据，识别离岸人民币市场上套息交易超额收益率的影响因素，并度量超额收益率对各项影响因素的敏感度。

第四，在此基础上，本书还拟进一步分析套息交易超额收益率及其相关影响因素的时变性，对投资者资产组合中人民币资产的配置比例以及国际资本流动带来的影响效应。

研究内容

本书在分析和总结中国推动人民币国际化的动机和动力的基础上，着重从人民币国际化的过程中国际投资者的人民币资产需求的角度出发，对人民币套息交易超额收益进行存在性检验和测度，并从风险和流动性角度分析其影响因素，衡量其时变性给离岸市场人民币资产需求和资本流动带来的影响，以及对人民币汇率改革和资本项目管理的政策含义。

具体而言，本书拟主要在以下几个方面展开研究。

第一，本书分析与总结人民币国际化的动因和影响，以及人民币国际化过程中离岸人民市场的发展以及国际投资者的套息交易模式。

第二，本书研究显示在主要发达国家实施量化宽松货币政策期间，离岸人民币套息交易的累积超额收益率在新兴市场国家货币中居于首位，而且相较于其他货币回撤时间短幅度小，已成为国际投资者套息交易的主要投资货币之一。

第三，本书基于跨国面板数据分析和动态预测分析，考察风险与流动性对套息交易收益与规模的影响。面板数据分析显示，除去息差因素，信用风险和风险偏好等指标都对套息交易的收益与规模具有显著影响。而且，无论在同一时点的目标货币选择和同一目标货币的头寸动态调整上，套息交易都更偏好于高流动性的目标货币。时间序列分析则显示，息差与汇差能够在样本内外显著预测人民币套息交易收益率。

第四，著作研究套息交易与人民币汇率改革的关系。研究显示在岸市场的中间价管制使得离岸市场具有显著的可预测性与套息套汇空间。继续扩大人民币日波幅无助于实现人民币汇率灵活性。在人民币中间价形成机制改革之后，汇差对离岸人民币套息交易收益率的预测性开始出现显著下降，在岸市场则显著性上升。

第五，本书基于动态资产组合最优权重的变化研究人民币套息交易对中国短期跨境资本流动的影响。研究结果显示，当汇率及利差等状态变量随时间发生变化时，套息交易资产组合的最优权重也会随之发生改变，并且能够显著地解释中国短期资本流动的变化。但是，套息交易对中国短期资本流动的影响存在着显著的非对称性；套息交易的资产配置也还并不是导致当前中国资本流动出现趋势性变化的根本原因。

第六，本书结合非金融企业的案例分析与实证分析，揭示非金融企业发行外币债券进行套息交易的可能性，并进行详细的收益与风险分析。

亮点与创新

本书立足于研究离岸人民币市场发展动力，以及离岸市场发展对人民币汇率和中国经济影响的文献，但是既不同于现有的事实描述和逻辑梳理，或是数据统计分析，也不同于传统的国际金融模型分析范式。本书研究处于国际金融和资产定价的交叉研究领域，拟将资产定价理论应用于人民币国际化过程中的离岸市场发展研究，从国际金融市场上交易者对离岸人民币资产的需求角度入手，研究其在离岸人民币市场上所获超额收益率及其影响因素，并分析其变化对国际投资者资产组合中离岸人民币资产的配置，以及人民币汇率和国际资本流动带来的影响。

第一，本书拟针对可交收市场建立后的离岸人民币市场，检验 UIP 和 CIP 假说在离岸人民币市场和国际金融市场之间的适用性，并以此讨论人民币升值预期和市场间的利差对国际投资者持有离岸人民币资产的相对重要性及其时变性。

第二，本书在存在性和符号检验的基础上，对离岸人民币市场上套息交易所获超额收益率的规模、组成和波动进行严谨的测量。套息交易被研究发现不仅可以获得超额收益，而且是在过去几十年间影响国际金融市场估值和资本流动的重要因素。

第三，本书不仅讨论人民币升值预期和市场间利差，给投资者在离岸人民币市场套息交易收益率以及资产需求带来的影响，更重要的是，通过理论分析和实证检验，从风险和流动性角度，研究国际投资者在离岸人民币市场进行套息交易所获收益率的影响因素。

第四，本书拟从离岸人民币市场套息交易超额收益率及其影响因素的角度出发，研究其变化对投资者资产组合中人民币资产的配置比例以及国际资本流动带来的影响。

第五，考虑到离岸人民币市场相对规模仍然较小，存在深度和广度不足的问题，不仅易于受到全球流动性变化的影响，而且处于央行监控和限制之下的人民币资金的跨境双向流动，也可能会对离岸人民币市场产生重要影响。因此，本书基于离岸人民币市场深度和广度不足，并受到人民币资金跨境流动和国际金融市场流动性变化影响较大的特征，将外汇市场嵌入具有流动性效应的货币理论模型中，提出新的套息交易超额收益率的研究方法，扩展现有的将资产定价模型应用在国际金融市场的研究文献。然后，从理论模型中导出易于操作的简化实证模型设定，分析流动性效应在离岸人民币市场是否存在，能够在多大程度上解释套息交易超额收益率的变化。

第一章

人民币国际化中的套息交易

第一节 美元的“过度特权”与中国的“过度损失”

一 中国国际投资头寸中的估值效应

2000年以来，中国对外贸易投资迅速增长，国内居民和政府持有的海外资产和负债大幅累积，至2011年年末，对外资产负债总额占GDP的比重达到104%。与此同时，中国对外资产与负债的资产种类和币种结构却存在错配，对外资产主要以外币计价，大部分投资于债券类资产，对外负债主要以人民币计价，大部分投资于FDI资产。一旦人民币汇率或资产价格波动幅度上升，对外净资产价值将会出现大幅变动，从1998年至2011年年末，由于汇率和资产价格变化所产生的价值波动的累计值已经达到4212亿美元。这其中，外部资产和负债总量的迅速累积代表中国与世界的金融联系在不断强化；价值变动的损失则实际上反映了外部失衡调整中的金融渠道。这种由于汇率和资产价格变化所产生的“估值效应”，度量方式即对外净资产市值与经常账户累积额之差。

二 “过度特权”vs.“过度损失”

估值效应有可能让一国外部资产与外部负债的收益率出现长期系统性的差异。在这方面，美国和中国是完全相反的两类国家，在以美元霸权为基础的国际货币体系下，美国获得了“过度特权”，中国承担了“过度损失”。现有的研究表明，美国居民持有的海外资产收益率高于海外负债的成本。Gourinchas 和 Rey（2007b）对此做了开创性的研究。他们发现，美国投资者自 1952—2004 年，持有外国资产的平均收益率是 5.72%，外国持有美国资产的平均收益率是 3.61%，二者相差 2.11 个百分点。这种差额收益率的产生并不完全是由于美元资产的低风险性产生，很大程度上是在当前以美元霸权为基础的国际货币体系下，美元不断相对其他货币贬值所产生的估值效应。Lane 和 Milesi-Ferretti（2009）的研究也表明，在 2000—2007 年，与美国外部头寸的收益相对应的正是对外净资产多头国家的损失。

相对应，中国的外部资产和负债收益率也出现了系统性差异。中国也许是当前国际货币体系下，对外净资产遭受侵蚀最严重的国家之一。一方面，倪权生和潘英丽（2010）发现，考虑人民币和资产升值因素，1999—2009 年美国在华直接投资收益率约为 18%。另一方面，张斌等（2010）发现，在 2002—2009 年，中国外汇储备投资的平均名义收益率仅为 5.72%。二者差距达到了 12.28 个百分点。这种收益率差距表明，美国以美元霸权为基础，以“过度特权”的形式，获得大量超额收益；而中国则承担了巨大的“过度损失”，从而构成了国际间金融调整渠道的基础。

三　美元的特权

作为长期拥有贸易盈余和巨额外汇储备的东亚地区重要经济体，金融调整渠道无论是在中国大陆、日本还是中国台湾的外部失衡调整中都发挥了一定的作用。根据肖立晟和陈思翀（2013）的估算，分别约占 12%、9% 和 24%。并且，各国的金融调整和贸易调整之间存在着显著的正相关关系。另外，作为东亚经济体重要贸易伙伴的美国，同时也是世界上最重要的金融资产输出国，金融调整渠道在其对外失衡的调整中占据了更为重要的作用（约占 27%）。而且，美国的金融和贸易调整渠道之间也存在着显著的正相关关系。综上所述，这意味着估值效应不仅使美国能够享受超额回报率，从而放松美国的对外预算约束条件，同时也给东亚地区各经济体的对外净资产收益率带来了巨大的下行压力。

对美国而言，一方面，美国主要以外币持有国外资产；另一方面，得益于美元在国际金融市场上的统治性地位，美国能够以本国货币美元大量举债，因此其对外负债主要是以本国货币美元计价。而与之相反，作为不成熟的国际债权人的东亚各经济体却并不具备以本国货币向债务国提供融资的能力，所以只能以外汇储备等形式持有大量的美元计价资产。因此，一旦美元对东亚各经济体的货币产生贬值，不仅会提升美国相对于东亚地区的净出口（贸易渠道），而且还会影响美国和东亚各经济体的对外资产和负债的估值（金融渠道）。具体表现在以下两个方面：一方面，美国持有的国外资产相对于其对外负债会升值；另一方面，东亚各经济体的国外资产相对于其对外负债则会贬值。虽然客观上金融调整的渠道有助于美国和东亚经济体间失衡状态的调整过程，从而成为贸易调整渠道的有效补充，但是代价却是东亚经济体的对外净资产蒙受巨大损失。

作为储备货币发行国美国所具备的“嚣张的特权”是廉价地获取新兴市场国家的储备资金，并运用贬值的手段降低偿债成本（张定胜、成文利，2011）。宋效军等（2006）和廖泽芳和雷达（2012）的研究都显示中国遭受了较高估值效应损失。这主要是因为中国是一个不成熟的债权国，只能投资于外币资产，无法发行本币计价的债券资产（McKinnon，2012）。根据估值效应的定义，对外净资产市值与经常账户累积额之差即估值效应，差值若为正，则代表一国在对外金融资产交易中获得收益，若为负则反之；此处，我们根据中国对外资产负债表的估算结果，测度其中蕴含的估值效应损失。对外资产减去对外负债即中国外部财富的净值，这代表了中国的海外债权。

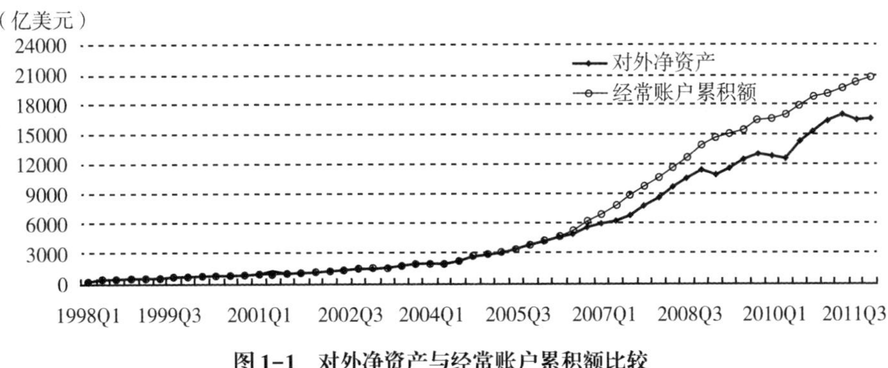

图 1-1　对外净资产与经常账户累积额比较

从理论上而言，若国内外投资利率均是无风险债券利率，那么对外净资产可以近似等于经常账户累积额，在标准的开放宏观经济学模型中，也一般假定对外净资产等于经常账户累积额（Obstfeld and Rogoff，1995）。然而，由于对外资产和负债收益率并不完全相同，在2005年之后，中国对外净资产与经常账户累积额出现了系统性偏差，对外净资产持续低于经常账户累积额。根据肖立晟和陈思翀（2013）对估值效应的度量，中国对外净资产市值相对账面价值的损失在2011年年末达到4212亿美元，占对外净资产总额的25%。这表明对外金融资产负债收益率的不同，已经对中国外部失衡调整发挥越来越重要的作用。

四 如何应对？

现今国际货币体系造成了中国额外的成本以及过高的风险。现今国际货币体系是排他的以单一美元为核心的国际货币体系。首先，美元作为国际结算储备货币，中国持有大量的美元外汇储备，美国的通胀可以轻松地从中国获得铸币税收入；其次，中国企业在进行跨境业务时，需要承担美元结算带来的风险，在对冲汇率风险时带来了额外的成本费用；最后，由于中国的净债权地位以及其扭曲的国际资产负债表，中国存在巨大的净外汇敞口，这造成中国面临巨大的汇率风险。人民币国际化将促进中国经济增长和发展。人民币国际化的推进，可以解决中国巨大的净外汇敞口风险，以人民币进行国际业务为中国的金融机构带来潜在的收入来源，以本国货币进行跨境业务使得中国企业节约了对冲汇率风险的成本并保持了竞争优势。

因此，在短期，中国应改善外汇储备币种结构。现阶段，由于人民币并非主要国际储备货币（尽管自2016年起人民币已成为国际储备货币），中国被动积累了大量外汇储备。为了尽量避免美元资产收益率低下和美元波动给中国外汇储备带来的价值损失，短期之内能做的也许只能是实施外汇储备的币种投资分散化，由美元资产为主逐步向其他国际储备货币和收益率较高的新兴市场国家资产转移，并推动新兴市场国家之间的货币互换。

在中期，推进人民币国际化。中国应该深化经济金融体系的结构改革，提高经济效率，降低经济运行的风险，推动中国经济的长期可持续增长和人民币国际竞争力的提高，从而促进中国逐步成长为一个成熟的债权国。

在长期，应该改革国际货币体系。在当前的国际货币体系下，中国等新兴市场国家或是出于预防性需求和维护金融稳定的动机主动持有外汇储备，或是由于维持汇率制度和货币政策独立性的需要被动积累大量外汇储备，却无法发行外币债券消除汇率敞口。因此，当美元对人民币出现贬值，中国国内居民的财富会通过金融调整渠道无偿地转移至美国。为了改变这种不平等的国际货币体系，中国应继续推动国际货币体系的改革，构建超主权或者多元化的国际货币体系。

第二节　人民币国际化中的汇率改革与资本账户开放

一　什么是人民币国际化?

一种国际化的货币是指这种货币的使用能够跨越国界，在境外流通，并且这种货币是国际上普遍认可的计价、结算以及储备货币。国际货币地位的基本决定因素是经济规模、货币信心以及金融市场深度（Jeffrey Frankel，2011）。具体而言，一个国家的货币的国际化，需要该货币有强大的本国经济作为支撑，币值稳定能得到市场的承认，有足够深度的金融市场可以投资、融资、管理风险。

人民币国际化是指人民币成为国际化货币的过程。人民币国际化的含义主要包括三个方面：第一，是人民币在境外享有一定的流通度；第二，是以人民币计价的金融产品成为国际各主要金融机构包括中央银行的投资工具，以人民币计价的金融市场规模不断扩大；第三，是国际贸易中以人民币结算的交易要达到一定的比重。这是衡量货币包括人民币国际化的通用标准，其中最主要的是后两点。

总的来说，一种货币的国际化将给这个国家带来一系列的好处。比如，降低经济主体的汇率风险，允许公共和私有部分使用本国的货币在国际上发行债券，增强跨境交易的风险管理，降低本国的企业面临的流动性风险溢价汇率风险。

现今的国际货币体系需要新的货币加入补充。半个多世纪以来，美元一直是流动性的源泉，美国国债成了世界上最大、最具流动性的金融市场。然而，随着世界经济的不断发展扩张，全球流动性的需求将超过美国提供流动性的能力，美元承担国际货币的压力以及单一核心货币的国际货币体系面临的风险不断增加，这就需要其他的国际流动资金来源以补充国际货币体系。人民币是明显的国际化货币候选人。在2008年国际金融危机后，中国政府开始努力推动人民币的跨境交易，人民币的国际使用迅速扩大。中国已经是世界上最大的出口国，也是世界上第二大经济体，21世纪的全球化需要国际流动性来润滑经济增长的车轮，需要国际公认的安全资产，中国成为全球流动资金的来源是世界所欢迎的。未来的全球化将会促进人民币的国际化得到来（Barry Eichengreen and Masahiro Kawai，2014）。

二　人民币国际化的进展

在2010—2015年之间，人民币国际化在许多方面都取得了显著的进展，尤其是在离岸人民币市场的发展（图1-2）、国际贸易的跨境支付与结算（图1-3），以及中国与其他经济体之间的货币互换（图1-4）等方面。但是，在进入2015年后半段之后，人民币国际化却出现了一定程度的停滞甚至后退。这主要体现在离岸市场人民币存款规模（图1-2）、人民币在中国跨境商品贸易中的结算份额（图1-3）、人民币在全球SWIFT支付体系中的份额（图1-5）等几个指标上。从2017年下半年开始，人民币国际化在以上几个方面又重新出现了回暖的迹象。近年来，中国不断扩大国内金融市场的对外开放，引导海外投资者加大对中国实体经济的投资（图1-6），同时，中国还通过“一带一路”倡议，有力地推动了海外实体经济活动对于人民币国际化的真实需求。

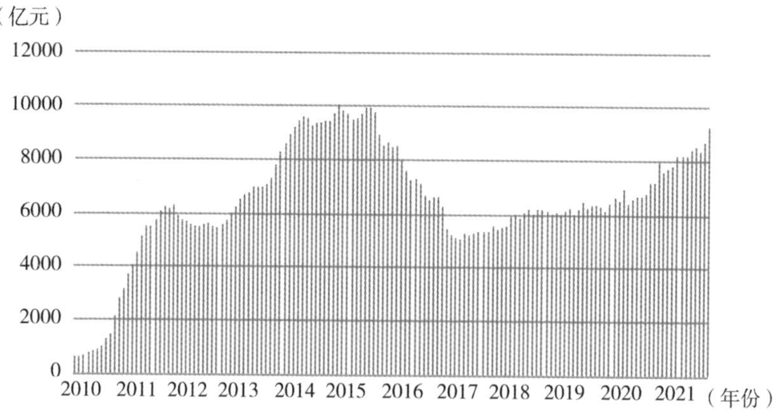

图1-2　离岸人民币存款规模

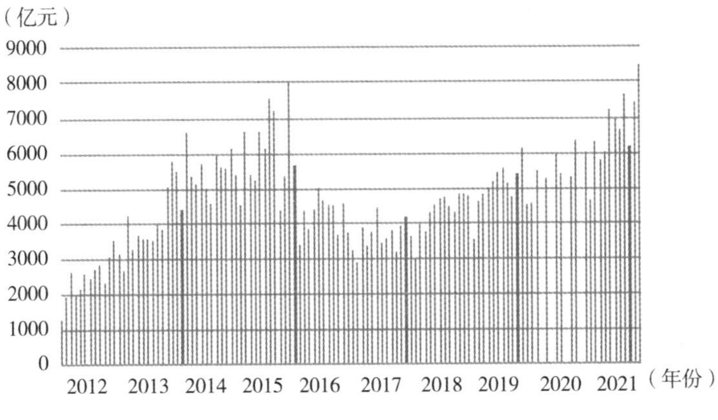

图 1-3　人民币贸易结算

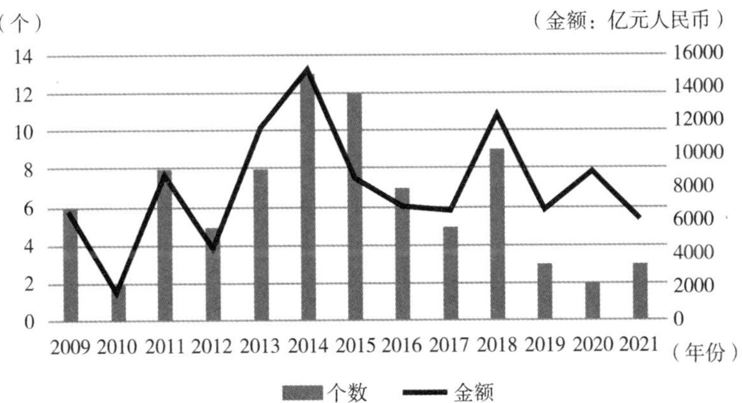

图 1-4　人民币货币互换

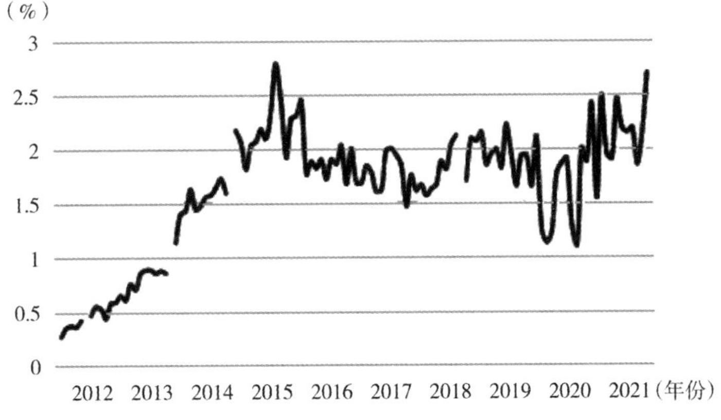

图 1-5　人民币支付

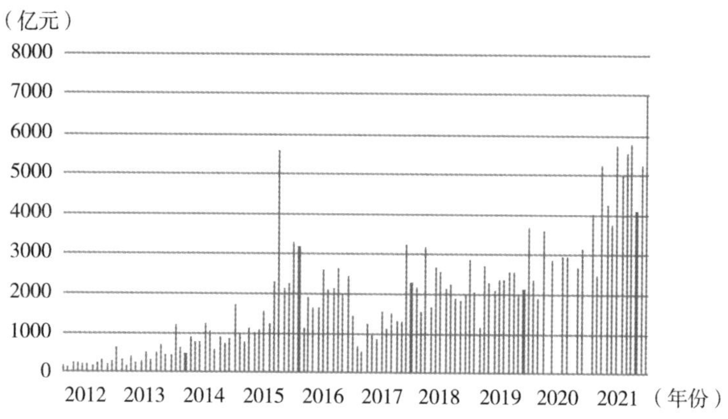

图 1-6　人民币直接投资

三　汇率改革与资本开放

人民币的国际化必然伴随着中国资本账户的开放以及汇率改革。而中国对国际收支的资本账户控制得更为广泛，对金融体系和经济的控制程度也比其他希望将其货币国际化的国家更严格。1997 年亚洲金融危机的重要教训让我们知道：人民币充分国际化后（利率市场化），放开资本账户管制，才能将风险降到最小，否则盲目进行资本账户开放，会有短期资本大量流出的风险。

中国的资本账户开放以及汇率改革关乎中国的金融市场深度。国际货币地位的基本决定因素是经济规模，货币信心和金融市场深度，一旦这三个因素到位，货币的国际化可以很快进行。但金融市场的深度的重要性往往被众人所低估，中国政府创造这种深度，需要开放资本账户，减少对国内信贷分配的控制，以及采用灵活的汇率制度。

人民币国际化是中国目前正在进行的金融发展和深化过程的自然结果。随着中国金融市场获得深度、广度和流动性，并逐渐向外国投资者开放，人民币的国际使用将自然而然地增加。而人民国际化需要推进资本账户自由化、利率市场化，这将加大中国监管机构加速国内金融改革的压力，也加快金融发展和开放进程。人民币国际化与中国资本账户开放及汇率改革协同发展、相互促进。

第三节 人民币国际化中的套利套汇

一 套利套汇是人民币国际化的重要动力

纵观人民币国际化在过去近十年的历程，我们可以发现，套利套汇是影响人民币国际化进程的重要因素。一方面，套利套汇行为是人民币国际化进程的重要动力之一；另一方面，人民币国际化也进一步助长了套利套汇行为。套利套汇行为的产生主要是由以下几个因素引发：一是中国和主要经济体之间的利差；二是人民币相对主要货币之间的汇率预期；三是人民币离岸和在岸市场之间的汇差。

人民币国际化的进程使得人民币逐渐成为国际市场中的重要套利套汇的目标货币。一方面，人民币交易机制日益完善，市场参与者可以通过更多的方式和金融工具参与到套利交易之中。中国正在大力推进国内金融市场的完善和开放的进程，人民币相关的金融工具与金融市场越来越丰富。例如，在岸市场的 CNY 即期和远期汇率、SHIBOR 利率等。同时，为了推动人民币国际化进程，中国还建立了离岸人民币市场，完善了离岸市场的 CNH 即期和远期汇率 HIBOR 利率交易机制。因此，海外投资者开始拥有了合法且便利的渠道持有人民币资产。另一方面，人民币套利存在获得超额收益的机会。中国资本账户并未完全开放，离岸与在岸市场价格形成机制存在差异，人民币利率长期高于美元利率等，为金融套利提供了大量机会，套利行为因此而产生。

二 套利与套汇的土壤

基于人民币的套利方式主要分为以下两种：基于利率的套利方式以及基于汇率的套汇方式。利差的存在是基于利率的套利方式存在的基础。利差的产生主要有两个方面的原因：其一，人民币离岸市场与在岸市场分割，利率形成机制不同，这就导致 CNY 与 CNH 之间存在利差；其二，2008 年次贷危机之后，美国采取量化宽松政策，长期保持零利率水平，而人民币长期保持在较高的利率水平。因此，美元与人民币之间也长期存在较大的利差。

人民币在离岸市场（CNH）与在岸市场（CNY）之间存在汇差，以及人民币总体上长期保持升值趋势是投资者基于人民币汇率进行套汇的基础。首先，CNY 与 CNH 交易机制存在差异，离岸人民币汇率的形成机制更加市场化，使得 CNH 与 CNY 之间可能产生单向汇差。同时，过去相当长的一段时间里，人民币兑美元汇率保持升值趋势，基于对汇率升值预期进行套利也是人民币套利的重要方式。

三 两种套利模式

离岸人民币与在岸人民币的利差存在，为基于利差进行人民币套利行为提供了现实基础。如图 1-7 所示，由于利率形成机制不同，离岸市场化的 HIBOR 利率与 SHIBOR 利率会产生持续差异。2010 年 3 月到 2018 年年底，利率差异最大超过 6 个百分点。由于 CNY 和 CNH 的利率差异，当离岸人民币利率较低时，企业可以采取方法以更低的利率在离岸市场进行人民币融资，并投资于国内市场获得更高的利息收入。目前，利用离岸和在岸利率差异进行套利的方式主要有两种：内保外贷和发行离岸人民币债券。内保外贷指的是内地企业通过将资产抵押给内地银行获得银行保函，企业通过在港注册的公司用保函作抵押，向香港银行申请人民币贷款。当 CNY 利率显著高于 CNH 利率时，此方式可以降低贷款成本。由于中国香港的基

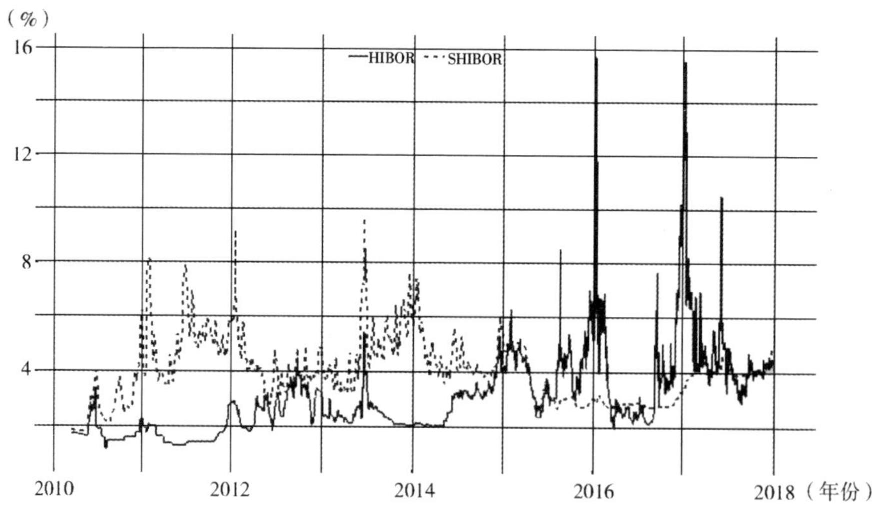

图 1-7 在岸人民币一月期 SHIBOR 利率与离岸人民币一月期 HIBOR 利率

准存款利率与美元挂钩，企业在港发行债券利率较低，显著低于内地人民币债券。因此，大量企业的和金融机构通过在中国香港发行人民币债券的方式进行套利。

2008年国际金融危机之后，欧美等发达国家为刺激经济复苏，实行宽松的货币政策，美元利率长期处在零利率水平。人民币长期保持较高的正向利率，成为市场中的高息货币为人民币/美元套息交易提供契机。企业可以采取在美国发行美元债的方式获取低息货币，在国内使用人民币进行投资。上述行为一方面增加了企业的美元负债，另一方面增加了企业的人民币资产。高息资产与低息负债组合会产生正向收益。目前，国内资本项目并未完全开放的条件下，基于在岸人民币的套息交易可以发生在经常项目的结汇售汇中。

四　两种套汇模式

利用人民币离岸与在岸的现汇差价是人民币重要的套汇行为之一。该套汇行为的基础在于香港离岸市场的人民币现汇价格（CNH）与内地在岸市场的人民币现汇价格（CNY）存在显著差异。造成CNY与CNH汇价差异的原因在于两个市场的交易机制以及人民币汇率预期的变化。当市场预期人民币升值时，CNH现汇汇率会上升。但是，由于国内汇率形成机制并未完全市场化，导致CNH与CNY出现现汇汇差。当CNH现汇价格高于CNY现汇价格时，内地出口商可以将出口所获美元出售，以获取更多的人民币现金流；而内地进口商则可以用更低的成本在离岸市场获得交易所需的美元。

人民币的持续升值预期是基于汇率套汇的另一个重要方法。市场参与者对一种货币的持续升值或贬值预期是进行该套汇行为的基础。当市场上普遍存在持续的人民币升值预期时，套汇行为参与者可以借入美元并买入人民币。同时，投资者还可以选择在远期市场进行抛补操作，卖出人民币买入美元。抛补操作锁定了未来兑换美元的汇率，因此该套利行为的收益取决于未来人民币即期汇率和当前人民币远期汇率之间的差异。投资也可以进行无抛补套利。人民币相对美元升值预期占据大部分时间，因此远期汇率会高于即期汇率。美元利率又长期处在低位，借入美元投资人民币可以获得正的利差。因此，该策略既可以获得人民币升值收益，又可以获得人民币与美元利差收益。当市场存在人民币贬值预期时，市场参与者可以采取反向操作。

我们接下来在本书中讨论的套息交易行为，是指投资者在金融市场上卖出美元买入人民币的无抛补交易行为，旨在获取人民币升值与中外利差的双重收益。这一交易行为主要是基于中国与美元和日元等主要经济体货币之间的利差，以及人民币相对于美元等主要货币的长期升值趋势。同时，这也是投资者在国际金融市场上最为常用，而且交易量最大的一种套利交易行为。

第二章

人民币国际化与离岸人民币市场的发展

第一节　离岸市场是人民币国际化的重要推手

一　什么是离岸人民币市场?

离岸人民币，即 CNH，指不受中国人民银行金融法规管制，在中国境外经营的人民币存放款业务，任何离岸企业实体或个人投资者均允许买卖、持有离岸人民币。由于当前人民币尚未实现自由可兑换，为了跨境资本能够实现流通交易，并逐步推动人民币国际化进程，自 2004 年起，以中国香港为中心的离岸人民币业务逐步开展。时至今日，中国的离岸人民币市场成长迅速，已经从亚洲逐步扩展到欧洲、中东以及北美，伦敦、新加坡等离岸人民币中心的地位日趋上升，无论是与日俱增的交易量还是交易的广度和深度，离岸人民币市场的发展都取得了全球性的进展。

二　离岸人民币市场的发展进程

首先，让我们回顾一下离岸人民币市场发展进程中的重要事件。从重要事件梳理中，可以非常清楚地发现，离岸人民币市场的发展可以分为两个阶段：第一阶段（2017 年之前），主要政策目标在于推动中国香港等离岸人民币市场的发展；第二阶段（2018 年之后），主要政策目的则在于加快在岸金融市场开放进程，形成在岸和离岸人民币市场的良性互动。

第一阶段（2017 年之前）

- 2004 年 2 月，香港银行开始试办个人人民币业务，同时规定每人每日交易限额。

• 2009 年 7 月，央行、财政部、商务部等部门共同制定的《跨境贸易人民币结算试点管理办法》正式实施，标志着跨境贸易人民币结算试点正式启动。人民币国际化迈出历史性一步。

• 2009 年 10 月，中央政府在香港发行 60 亿元人民币国债实现超额认购，取得圆满发行成功。

• 2010 年 7 月，中国人民银行与香港金融管理局在香港签署《补充合作备忘录（四）》，与中国银行（香港）有限公司签署修改后的《关于人民币业务的清算协议》（以下简称《清算协议》），允许人民币在中国香港交割，同时包括非贸易项下的兑换服务。人民币离岸市场初步形成。

• 2010 年 7 月，首只在中国香港发行的人民币债券（点心债券）在香港债券市场上流通，随着交易限制逐渐放宽，市场上点心债券的交易量快速膨胀。

• 2010 年 11 月，中央政府第二次在港发行人民币计价国债。同时，财政部与香港金管局签署《关于使用债务工具中央结算系统发行人民币国债的合作备忘录》。

• 2011 年 4 月，首只以人民币计价证券——汇贤产业信托——在港交所上市发行。

• 2012 年 4 月，离岸人民币业务中心在英国伦敦启动，伦敦成为继香港之后全球第二大人民币离岸交易中心。此后，越来越多的国际金融中心开始发展人民币离岸金融市场业务。

• 2012 年 6 月，香港金融管理局推出人民币流动资金安排保障离岸人民币市场稳定运行。

• 2012 年 9 月，香港交易所推出全球首个可交收人民币兑美元期货合约。

• 2013 年 2 月，中国人民银行授权中国工商银行新加坡分行担任新加坡人民币业务清算银行，即可直接通过美元人民币市场得到人民币供给。

• 2014 年 3 月，中国人民银行与德意志联邦银行签署在法兰克福建立人民币清算安排的合作备忘录。

• 2014 年 4 月，中国人民银行与英格兰银行签署在伦敦建立人民币清算安排的合作备忘录。

• 2014 年 11 月，中国香港金管局指定第一届 7 家活跃参与离岸人民币市场的银行机构作为香港离岸人民币市场的一级流动性提供行。

• 2015 年 3 月，全球首家非金融机构在韩国发行人民币债券。

• 2015 年 10 月，中国人民银行首次在海外发行人民币计价的中国人民银行票据。

• 2016 年 8 月，人民币国债在伦敦证券交易所成功上市。

• 2016 年 10 月，中国香港离岸人民币市场的一级流动性提供行扩增至 9 间指定银行。

• 2017 年 4 月，香港交易所推出的五年期财政部国债期货（HTF）上市交易，成为离岸市场上第一只人民币计价的国债期货合约。

第二阶段（2018 年之后）

• 2018 年 4 月，中国证监会公布《外商投资证券公司管理办法》，允许外资持股比例最高可达 51%，进一步扩大金融市场开放。

• 2019 年 9 月，经国务院批准，国家外汇管理局宣布取消合格境外机构投资者（QFII）和人民币合格境外机构投资者（RQFII）投资额度限制。

• 2020 年 1 月，中国银保监会发布修订《中国银保监会外资银行行政许可事项实施办法》，允许外国银行在中国境内开设分行，持续推进银行业对外开放。

• 2020 年 9 月，中国证监会、中国人民银行、国家外汇管理局联合发布《合格境外机构投资者和人民币合格境外机构投资者境内证券期货投资管理办法》，降低境外人民币投资准入门槛、稳步有序扩大投资范围、加强持续监管。

• 2020 年 12 月，中国人民银行等六部门发布《关于进一步优化跨境人民币政策　支持稳外贸稳外资的通知》，简化跨境人民币结算流程、优化跨境贸易投资人民币结算便利化水平、进一步优化跨境人民币投融资管理。

• 2021 年 4 月，中国人民银行等四部门联合印发《关于金融支持海南全面深化改革开放的意见》，推动建立适应海南自由贸易港的金融政策和制度框架，支持符合条件的自贸港分行开展离岸银行业务。

• 2021 年 7 月，《中共中央、国务院关于支持浦东新区高水平改革开放打造社会主义现代化建设引领区的意见》发布，推动构建与上海国际金融中心相匹配的离岸金融体系，支持浦东在风险可控前提下，发展人民币离岸交易。

•2021年9月，《粤港澳大湾区“跨境理财通”业务试点实施细则》正式发布，“跨境理财通”作为资本项下人民币跨境使用的又一个探索实践，资金汇划均使用人民币跨境结算，资金兑换在离岸市场完成。

三　离岸人民币市场的特点

此后，中国离岸人民币交易限制不断被放宽，CNH的交易结构和基础设施也日益完善，开启了离岸人民币从国际贸易结算到投资货币的过渡，市场上涌现了越来越多的CNH产品，这些金融产品包括外汇即期交易、外汇和利率掉期、期权和期货、大额可转让存单和理财产品以及期货商品合约。以中国香港为例，最为常见的CNH产品是点心债券和港交所上市交易的以人民币计价的股票，例如和合公路基建，即在港交所上市，采取人民币和港币双币报价和募资。

随着离岸市场产品的日益多样化，离岸人民币市场的参与者也越来越多。以中国香港离岸中心为例，清算行，即中国银行香港分行是离岸人民币市场的主要参与者之一，清算行主要为离岸人民币市场提供流动性，通过货币互换提供资金来源，还负责结算不涉及境内的离岸人民币交易。

人民币离岸市场相较于在岸市场具有高回报率、低利率、弱监管等优势，对境外人民币的需求快速增长，人民币在全球支付和贸易融资市场所占份额不断扩大，全球越来越多的进出口企业、离岸金融机构和对冲基金纷纷涌入市场参与交易，利用CNH实现保值或套利。

虽然多数情况下，离岸与在岸人民币汇率都趋于同向变动，但二者在交易机制、监管限制以及市场参与者等方面均有较大差异，譬如在岸市场就设有中间价限制，同时还时常受到中国人民银行的政策管制，在岸人民币汇率无法完全随市场因素变动，而离岸市场与国际金融市场有着更为紧密的联系，因此离岸与在岸人民币汇率通常会存在比较明显的点差，这就为市场参与者提供了套利套汇交易空间。

常见的人民币跨境套利有五种路径：RMB NRA账户套利；上海自贸区FT账户套利；通过构造贸易进行套利；出口货款经中介境外结汇；人民币远期与NDF套利。这五种常见的套汇套利方式均是利用离岸与在岸汇率升、贬值幅度的差异，在境内境外进行反向结售汇操作获取收益。

虽然离岸市场上的套利套汇交易一定程度上能够缩窄 CNH 与 CNY 的价差，但也会带来很多监管问题，同时恶化投资者的预期，加剧离岸人民币汇率的波动，因此中国人民银行和外管局针对套汇套利行为也陆续制定一系列的引导和抑制措施。

在表 2-1 中，以中国香港为例，比较在岸市场与离岸市场投资交易各方面的差别。总体而言，尽管离岸市场具有自由开放、低利率高收益的优势，但是目前离岸市场的交易量和市场总体规模仍与在岸市场存在较大差距，随着 RQFII、沪港通、债券通等跨境交易渠道的拓展，离岸与在岸市场未来将趋向整合，二者共同构建完善的人民币全球网络。

表 2-1　　　　离岸和在岸人民币市场比较

	在岸市场	离岸市场
开设投资账户	有法人实体的外企可以在境内开设银行账户；无法人实体的外企开设非居民账户	外企可在离岸中心的中外银行开设 CNH 账户
货币	CNY	CNH
投资者	合格境外机构投资者（QFII）	所有境外投资者
监管方	中国人民银行、外汇管理局	香港金融监管局
主要投资工具	沪港通、深港通、CIBM Direct、债券通下的可交易工具	点心债券、以人民币计价的股票、人民币外汇期货、国债期货等
经常账户下的贸易结算	外企在中国境内有法人实体才能以 CNY 结算	外企可自由使用 CNH 结算贸易
套期保值	早期无法直接套期保值，只能使用无本金交割远期合约	CNH 下的本金交割远期合约、CNH 远期合约等

第二节　离岸人民币市场中的利率

目前，人民币还不能完全自由地兑换，而且中国的资本项目还存在限制，在此种情况下，由于贸易流到境外的人民币要如何进到国内资本市场呢？于是，人民币离岸市场就发展起来了，这使得手持人民币的境外企业能够融出人民币取得收益，需要资金的境外企业能够融入人民币。中国人民银行对在香港设立人民币离岸市场持支持态度。中国人民银行也研究考虑是否能在上海设立人民币离岸市场。在人民币还没有完全自由可兑换的条件下，有一个交易的市场可供流到境外的人民币进行交易，这才可以保证并促进人民币贸易结算的发展。

2013 年 12 月 4 日，新华社发文分析发达经济体纷纷抢滩人民币离岸市场的原因，连平做出判断：随着人民币国际化的推进，在市场需求等诸多原因的共同影响作用下，将在欧洲和东南亚甚至世界层次出现人民币离岸市场。综合考虑市场的发展前景和经济政治等诸多因素，第二层次的人民币离岸市场将可能在伦敦、新加坡等地；之后，也许在法兰克福等欧洲以至北美等地方出现人民币离岸市场的第三层次。

利率，简单来说就是利息的多少，是调控经济很重要的工具。体现市场配置资源作用的一个重要层面是利率市场化。利率担当很重要的资金价格的角色，它应当在市场有效配置过程中发挥关键性的作用，不断优化资金的流向和配置。因在离岸市场上，银行间业务占据着主要地位，所以银行间同业拆借利率可以很好体现有效离岸市场对离岸货币的需求与供给。2009 年 11 月，香港人民币同业拆借利率（HIBOR CNY）由中银香港提出，人民币贷款利率是以它为基准规定的。上海银行同业人民币拆借利率（SHIBOR）是中银香港的 HIBOR CNY 定价的基础，同时 HIBOR CNY 体现香港的人民币资金需求与供给情况。当前上海银行间同业拆借利率水平一直高于 HIBOR CNY，这说明在香港离岸市场上人民币融贷款活动还不是很活跃，金融主体对人民币融资的需求并不是很强烈。中银香港的 HIBOR CNY 水平与国际金融市场上的主要国际货币的银行间同业拆息更加接近①。从这一观点能够了解到，香港人民币离岸市场能够发展为缓冲区，为内地金融系统抵挡风险与冲击，因为它的国际化优势比国内更加强。

中国香港人民币离岸市场中的人民币融贷款业务是比较弱势的地方，银行间人民币同业拆借业务的发展在某种程度上被阻碍了。各个银行的拆借利率的报价存在比较大的差异，这是因为被人民币拆借交易量所影响。

① 同业拆借利率又称银行同业拆息，是指银行同业之间的短期资金借贷利率。同业拆借有两个利率，拆进利率（Bid Rate）表示银行愿意借款的利率；拆出利率（Offered Rate）表示银行愿意贷款的利率。同一家银行的拆进利率和拆出利率相比较，拆进利率永远小于拆出利率，其差额就是银行的得益。

2012年以前的渣打银行、汇丰银行和中银香港的人民币同业拆借利率报价存在显著的不同，以这三家银行的情况为例，可以说明拆借交易量对利率报价的影响。2012年1月，香港财资公会归纳并公布了三家银行的报价，因为三家银行透明度显著提高的人民币同业拆借利率和需求者增多的离岸人民币融贷市场，导致三家银行渐渐趋同了人民币同业拆借利率。三家银行之间的人民币同业拆借利率差异的显著减小奠定了香港人民币离岸市场形成权威统一的市场基准利率的重要基础。

第三节　离岸人民币市场中的汇率

汇率指两个国家发生货币兑换时的比率，也称作“汇价”或“外汇行市”。外汇市场是国际金融市场中最活跃的组成部分，外汇交易也是主要的金融交易活动。在中国香港人民币离岸市场上，组成它的重要部分是香港离岸人民币外汇市场。然而，受人民币可完全自由兑换未实现、外汇管制等因素的影响，香港离岸人民币外汇市场的发展较大程度被限制。从2004年2月开始，香港离岸人民币汇兑业务进入大家的视野中，香港银行的人民币兑美元的即期汇率也伴随着出现。这以后，由于进一步推动发展了人民币结算和修订了《清算协议》(2010年7月)，于是出现了日渐壮大的香港离岸人民币资金池和渐渐被完善的香港离岸人民币外汇市场。在没有定价基准的离岸人民币即期外汇市场上，即期汇率各个银行不一样。2011年6月27日，人民币即期汇率定盘价由香港财资市场公会公布，这是由指定的15家银行的报价形成而推出的①。由于出现了香港离岸人民币即期汇率报价，香港离岸人民币即期外汇市场得到进一步完善。

离岸人民币远期合约可以分为离岸可交割远期（DF）和离岸不可交割远期（NDF）两种类型。20世纪90年代，中国香港和新加坡的金融机构已经推出NDF。从2002年9月开始，升值压力是人民币面临的很大问题，全球更多的套利交易者被NDF吸引了注意力，平稳增加了人民币NDF交易金额，活跃

① 15家报价银行为中银香港、恒生银行、汇丰银行、工银亚洲、中信银行国际、星展银行香港、渣打香港、美国银行、交通银行、花旗银行、法国巴黎银行、德意志银行、苏格兰皇家银行、瑞士银行和摩根大通银行香港分行。

了目前的人民币 NDF 市场。2010 年 7 月，中国香港有了离岸可交割远期交易，离岸远期外汇市场逐渐有了新的进步与发展。离岸人民币外汇市场的汇率可以体现出市场供求情况和变动，究其原因：第一，处于世界外汇交易市场第六大位置的中国香港，拥有众多的市场交易主体和良好的交易网络平台；第二，《清算协议》于 2010 年 7 月被修订，自由流动交易的离岸人民币存在于中国香港外汇市场上；第三，快速增长扩充的香港离岸人民币存量以及明显增强的流动性，致使离岸人民币汇率的形成大大得益于市场供求关系。

由无抛补利率平价理论，若已知两种货币的利率和即期汇率，则能计算出理论远期汇率。将实际远期汇率和理论远期汇率进行比较，就能观察利率平价的偏差程度。根据无抛补利率平价理论的表达式：

$$1+i=\frac{S^e}{S}\left(1+i^*\right),\ 即 S^e=S\cdot\frac{1+i}{1+i^*}.$$

其中，i 表示香港人民币同业拆借利率，i^* 表示美元伦敦同业拆借利率，S 表示离岸人民币对美元的即期汇率，S^e 表示离岸人民币对美元的理论远期汇率。本书一个月期限用 1M 表示，三个月期限用 3M 表示。

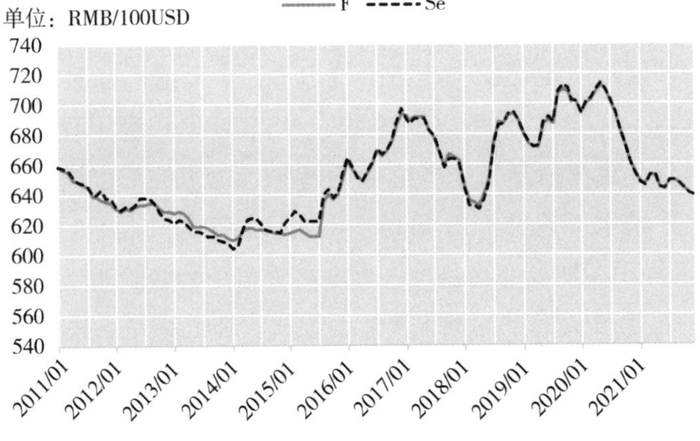

图 2-1　3M 远期汇率与理论远期汇率走势

说明：(1) 图中所选取的数据为 2011 年 1 月 1 日至 2021 年 12 月 31 日的月数据，其中 1 个月期限的香港同业拆借利率和香港离岸人民币对美元的 1 个月远期汇率来源于 Wind，LIBOR 美元 1 个月同业拆借利率和香港离岸人民币对美元的即期汇率来源于 Choice 金融终端。(2) 月数据由每月的日内数据作算术平均得到。(3) 图中所示的汇率均采用直接标价法，单位为 RMB/100USD。(4) F 表示香港人民币离岸市场实际远期汇率，以蓝色实线表示；S^e 表示香港人民币离岸市场的理论远期汇率，以红色虚线表示。

由上述利率平价公式能计算出离岸人民币的理论远期汇率。图 2-1 描述的是 3M 远期汇率和理论上的远期汇率的走势图，图 2-2 描述的是 1M 远期汇率和理论远期汇率的走势，图中 F 表示香港人民币离岸市场的实际远期汇率，S^e 表示理论远期汇率。

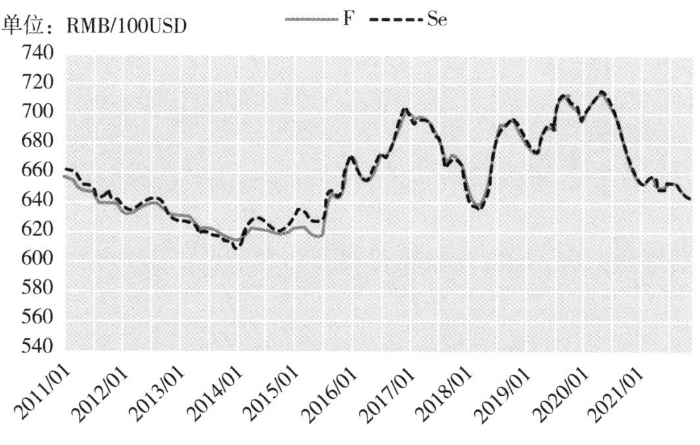

图 2-2　1M 远期汇率与理论远期汇率走势

说明：（1）图中所选取的数据为 2011 年 1 月 1 日至 2021 年 12 月 31 日的月数据，其中 3 个月期限的香港同业拆借利率和香港离岸人民币对美元的 3 个月远期汇率来源于 Wind，LIBOR 美元 3 个月同业拆借利率和香港离岸人民币对美元的即期汇率来源于 Choice 金融终端。（2）月数据由每月的日内数据作算术平均得到。（3）图中所示的汇率均采用直接标价法，单位为 RMB/100USD。（4）F 表示香港人民币离岸市场实际远期汇率，以蓝色实线表示；S^e 表示香港人民币离岸市场的理论远期汇率，以红色虚线表示。

从图 2-1 和图 2-2 中可以看出，无论是 1M 远期还是 3M 远期，在 2015 年以前实际远期汇率都非常明显地表现出曲线下降的趋势。由于本书的汇率均是直接标价法，这说明在此期间人民币在离岸市场是预期升值的。2015 年之后，市场上的实际远期汇率呈现出双向波动的态势。其中，疫情之后的 2020 年还出现了显著的快速升值趋势。同时，理论远期汇率在样本区间内显示出与实际远期汇率几乎同样的趋势，在绝大多数时间里都没有发生明显背离，因此呈现出大部分贴合的两条趋势线。这也说明在以上样本区间内，无抛补利率平价理论的适用性较好。但是，值得注意的是在 2015 年前后，伴随着人民币兑美元汇率中间价的形成机制改革，理论与实际远期汇率一度出现了相对较大幅度的偏离。

第四节　离岸人民币市场的利率平价的适用性分析

利率平价理论中还存在这样一种重要的经济内涵：两种货币的利差等于两者之间汇率的远期升贴水率。因此，我们将利差和远期汇率升贴水进行比较，就能直接观察到利率平价的偏差程度。

图 2-3 描述的是 3M 的离岸人民币与美元的利差、离岸人民币对美元的远期汇率升贴水的走势，图 2-4 描述的是 1M 的离岸人民币与美元的利差、离岸人民币对美元的远期汇率升贴水的走势图，图中表 $i-i^*$ 示离岸人民币与美元的利率差，（$F-S$）/S 表示远期升贴水率。

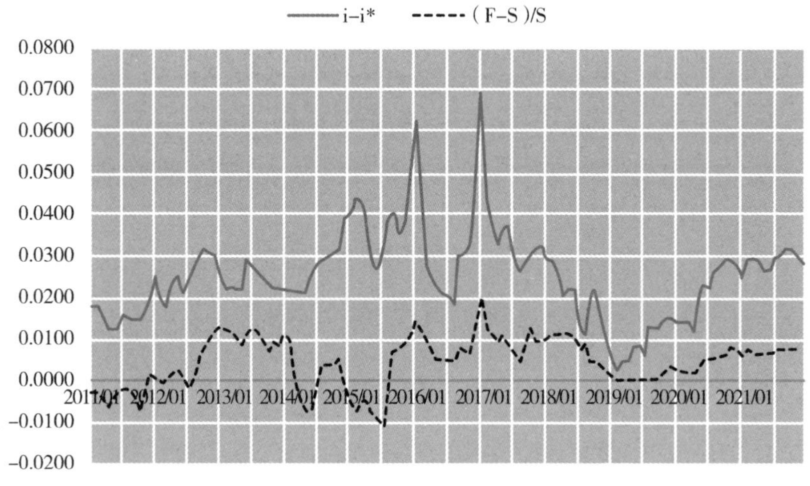

图 2-3　3M 利差与远期汇率升贴水走势

说明：（1）图中所选取的数据为 2011 年 1 月 1 日至 2021 年 12 月 31 日的月数据，其中 3 个月期限的香港同业拆借利率和香港离岸人民币对美元的 3 个月远期汇率来源于 Wind，LIBOR 美元 3 个月同业拆借利率和香港离岸人民币对美元的即期汇率来源于 Choice 金融终端。（2）月数据由每月的日内数据作算术平均得到。（3）$i-i^*$ 表示香港离岸人民币与美元的利率差，以蓝色实线表示；（$F-S$）/S 表示远期升贴水率，以红色虚线表示。

通过图 2-3 和图 2-4 能够看出：（1）不管是 1M 还是 3M 期限，离岸市场上人民币和美元之间的利差在 2016 年以前表现出波动上升趋势。之后，伴随着美联储的升息，离岸人民币和美元间的利差出现了连续数年时间的波动性下降，直到 2019 年后才又重回上升态势。但是总体上，利差始终处于零轴之上。与之相对，尽管人民币兑美元汇率远期升贴水与利差呈现出相似的趋势，但是远期汇率贴水有升有跌，且有部分处于零轴之下，两条曲线仅仅重叠了一部分，且两者之间似乎存在系统性的差异。因此，这也显示出利率平价理论并非完全成立，偏差明显。（2）如果我们进一步比较不同期限的利差和远期升贴水的趋势，可以发现二者背离程度较大的是在较长的 3 个月期限的情形下。（3）无论是 1M 还是 3M 期限，在不同的样本区间内，利差与远期升贴水两曲线的背离程度也不一样。

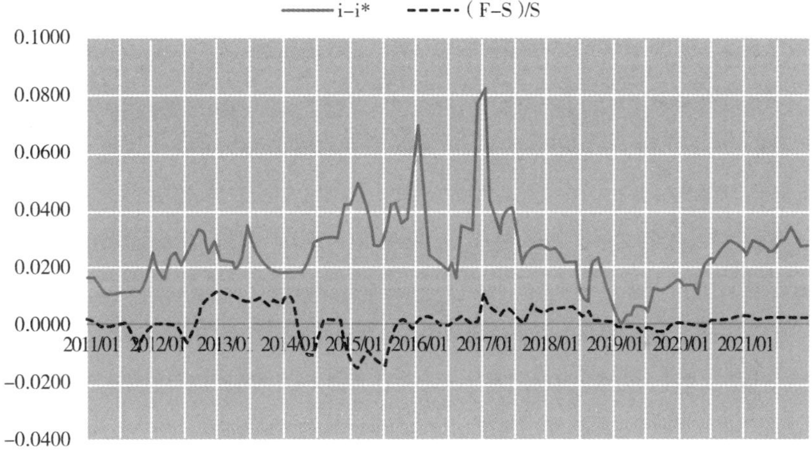

图 2-4　1M 利差与远期汇率升贴水走势图

说明：（1）图中所选取的数据为 2011 年 1 月 1 日到 2021 年 12 月 31 日的月数据，其中 1 个月期限的香港同业拆借利率和香港离岸人民币对美元的 1 个月远期汇率来源于 Wind，LIBOR 美元 1 个月同业拆借利率和香港离岸人民币对美元的即期汇率来源于 Choice 金融终端。（2）月数据由每月的日内数据作算术平均得到。（3）$i-i^*$ 表示香港离岸人民币与美元的利率差，以蓝色实线表示；$(F-S)/S$ 表示远期升贴水率，以红色虚线表示。

以下，我们以早期 2011—2014 年的离岸人民币市场为例，展开进一步的详细分析。这一时期的离岸人民币市场可以分为以下几个阶段：在第一阶段（2011 年 7 月 11 日—2011 年 12 月 2 日），两条曲线差别甚大，利差与汇差表现出截然相反的走势；在第二阶段（2011 年 12 月 5 日—2013 年 8 月

30 日)，两曲线基本贴合，利差与汇差持续波动，有涨有跌；到第三阶段（2013 年 9 月 2 日—2014 年 5 月 20 日)，两曲线又拉开一段距离，出现小范围背离状态，但两者走势平缓；到第四阶段（2014 年 5 月 21 日—2014 年 9 月 19 日)，两曲线又基本贴合，且表现出上涨趋势。当处在不同的时间范围中，离岸市场上利率平价偏差各异，这与背离程度相异的利差和远期升贴水这两条曲线有关。

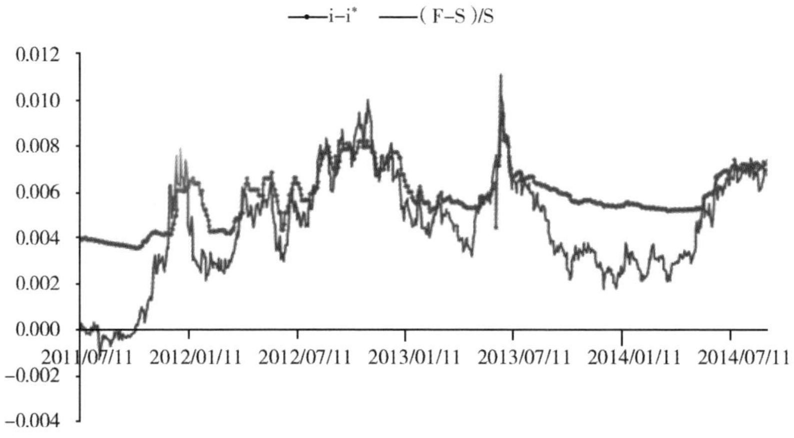

图 2-5 离岸人民币市场早期 3M 利差与远期汇率升贴水走势

说明：(1) 图中所选取的数据为 2011 年 7 月 11 日到 2014 年 9 月 19 日的日数据，其中 3 个月期限的香港同业拆借利率来源于 Wind 资讯，香港人民币对美元的即期汇率与 3 个月期限的香港人民币对美元的远期汇率来源于 Datastream。(2) $i-i^*$ 表示香港离岸人民币与美元的利率差，以蓝色带菱形块线条表示；$(F-S)/S$ 表示远期升贴水率，以红色线条表示。

为了具体分析利率平价理论在这一时期的不同阶段的适用性情况，笔者于实证分析中采用了断点检验，进而对人民币离岸市场中抛补利率平价理论的表现进行探讨。为了差别性地研究利率平价理论于不同时间阶段的偏差，单个时间序列回归分析显然不能满足要求，故利用邹至庄（Chow's）断点检验。邹至庄（1960）提出该检验方法，该方法将各个子样本的回归方程没有显著差异设为原假设，为了检验有无显著差异而单独拟合每个子样本的回归方程。

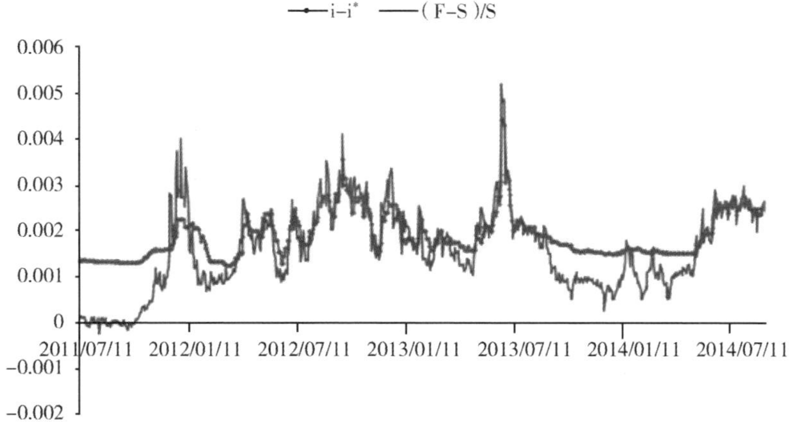

图 2-6　离岸人民币市场早期 1M 利差与远期汇率升贴水走势

说明：（1）图中所选取的数据为 2011 年 7 月 11 日到 2014 年 9 月 19 日的日数据，其中 3 个月期限的香港同业拆借利率来源于 Wind 资讯，香港人民币对美元的即期汇率与 3 个月期限的香港人民币对美元的远期汇率来源于 Datastream。（2）$i-i^*$ 表示香港离岸人民币与美元的利率差，以蓝色带菱形块线条表示；（$F-S$）/S 表示远期升贴水率，以红色线条表示。

而且，本节还在此简单回顾 2011—2014 年香港离岸人民币市场的发展情况，以便断点的有效确定。2011 年 7 月，全国试点人民币贸易结算，表明人民币贸易结算不再受地域限制。2011 年 12 月，国家批准了第一批人民币合格境外机构投资者（RQFII）。2012 年，在几乎停滞不前的香港人民币市场上，各个经济指标的增长明显放慢。2013 年 1 月至 5 月，由于人民币迅速升值、对外贸易转好，香港离岸人民币市场回到快速增长的局面。但是 2013 年 7 月和 8 月，有数据显示香港人民币存款量以及人民币债券的发行规模均发生了缩减。直到 2014 年 5 月，“沪港通”让人民币流通性加强。

通过利差和远期汇率升贴水角度观察利率平价偏差，并结合香港离岸市场建设过程中的一些标志性事件，不管是 3 个月期限的数据还是 1 个月期限的数据，我们均将其整个样本分为四个子样本：样本Ⅰ（2011 年 7 月 11 日—2011 年 12 月 2 日）、样本Ⅱ（2011 年 12 月 5 日—2013 年 8 月 30 日）、样本Ⅲ（2013 年 9 月 2 日—2014 年 5 月 20 日）、样本Ⅳ（2014 年 5 月 21 日—2014 年 9 月 19 日）。接着采用断点检验判定四个子样本有无显著的差异性，检验结果如表 2-2 所示，观察表中的 F 统计值和似然比，发现无论是 3 个月期限还是 1 个月期限的情况下，各个子样本的拟合方程的似然比和 F 统计值均很大，但是 p 值却为零，所以拒绝原假设子样本间无显著性差异，即可以知道各个子样本之间是有显著性差异的。

表 2-2　　子样本的断点检验结果

期限	回归方程	F 统计量	似然比	p 值
3 个月（3M）	$E3 = \alpha + \beta R3 + \varepsilon$	107.87	482.70	0.0000
1 个月（1M）	$E1 = \alpha + \beta R1 + \varepsilon$	99.47	429.60	0.0000

注：（1）表中 3 个月期限的回归分析模型为 $E3 = \alpha + \beta R3 + \varepsilon$，其中 R3 表示 3 个月期限的利差序列，E3 表示 3 个月期限的汇率升贴水序列，α 为常数项，β 为利差系数，ε 为误差项。（2）表中 1 个月期限的回归分析模型为 $E1 = \alpha + \beta R1 + \varepsilon$，其中 R1 表示 1 个月期限的利差序列，E1 表示 1 个月期限的汇率升贴水序列，α 为常数项，β 为利差系数，ε 为误差项。

为进一步判定各个子样本的利率平价理论的表现形式，回归分析各个子样本，在人民币离岸市场上 3 个月期限条件下的检验结果如表 2-3 所示，1 个月期限条件下的检验结果如表 2-4 所示。

表 2-3　　离岸市场 3 个月期限子样本的回归结果

系数	样本Ⅰ	样本Ⅱ	样本Ⅲ	样本Ⅳ
α	-0.0157	0.0026	-0.0031	0.0020
β	4.2055	1.3196	1.1403	1.2324
拟合优度	0.5731	0.7012	0.2537	0.8373
F 统计量	140.64	1066.4	64.236	442.62

表 2-4　　离岸市场 1 个月期限子样本的回归结果

系数	样本Ⅰ	样本Ⅱ	样本Ⅲ	样本Ⅳ
α	-0.0121	0.0030	-0.0129	0.0022
β	3.6907	1.0727	2.8129	1.5309
拟合优度	0.4420	0.6731	0.1824	0.8012
F 统计量	124.55	988.47	58.673	398.34

通过检验3个月期限和1个月期限两种不同期限在不同时间阶段的利率平价理论，表2-3和表2-4显示：其一，不同阶段、不同期限的情况下，回归检验结果存在显著的差异，也就是说利率平价理论在人民币离岸市场的适用性随着所选取样本的期限和阶段的不同而不同；其二，观察各个子样本回归的拟合优度和F统计值，3个月期限中样本Ⅰ利差可57.31%解释离岸人民币对美元的远期升贴水，样本Ⅱ利差可70.12%解释离岸人民币对美元的远期升贴水，样本Ⅲ利差可25.37%解释离岸人民币对美元的远期升贴水，样本Ⅳ利差可83.73%解释离岸人民币对美元的远期升贴水，但1个月期限中样本Ⅰ利差可44.20%解释离岸人民币对美元的远期升贴水，样本Ⅱ利差可67.31%解释离岸人民币对美元的远期升贴水，样本Ⅲ利差可18.24%解释离岸人民币对美元的远期升贴水，样本Ⅳ利差可80.12%解释离岸人民币对美元的远期升贴水。总之，不管是观察利差系数、拟合优度还是看F统计值，不管是3个月期限还是1个月期限，样本Ⅳ的表现最好，其次是样本Ⅱ，它们比样本Ⅰ和样本Ⅲ更理想，所以能说明当人民币合格境外机构投资者（RQFII）产品获批，或者当放宽人民币每日兑换上限时，利率平价偏差缩小，其余两段时间内则利率平价理论于离岸市场的表现并不好。

第五节 离岸人民币市场与在岸市场的比较分析

尽管研究利率平价理论适用性的文献很多，但很多仅仅考虑的是在岸市场。因此，本节从离岸市场出发，将通过利率平价在人民币在岸市场与离岸市场的比较分析，来突出展现利率平价在利率市场化程度不同的市场表现差异。与离岸市场一致，样本数据的时间区间为2011年7月11日到2014年9月19日，本节选用3个月期限在岸市场的数据与本章上一节中3个月期限离岸市场的情况进行对比分析，在岸市场中选用的时间序列变量包括3月期上海银行间同业拆放利率（SHIBOR），数据来源于官方网站；3月期美元伦敦同业拆借利率（LIBOR），数据来源于万得（Wind）资讯；在岸人民币对美元的即期汇率（USD/CNY Spot）、3月期在岸人民币对美元的远期汇率（USD/CNY 3 - Month Forward），数据来源于Datastream数据库。

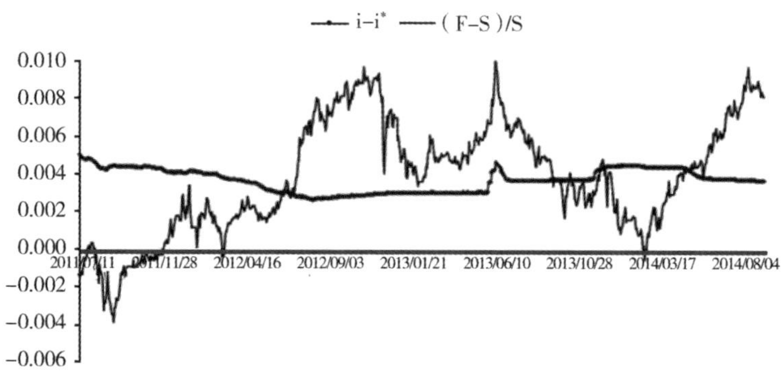

图 2-7　在岸市场 3M 利差与远期汇率升贴水走势（1）

说明：(1) 图中所选取的数据为 2011 年 7 月 11 日至 2014 年 9 月 19 日的日数据，其中 3 个月期限的上海同业拆放利率来源于 SHIBOR 官方网站，在岸人民币对美元的即期汇率与 3 个月期限人民币对美元的远期汇率来源于 Datastream 数据库。(2) $i-i^*$ 表示在岸人民币与美元的利率差，以蓝色带菱形块线条表示；$(F-S)/S$ 表示远期升贴水率，以红色线条表示。

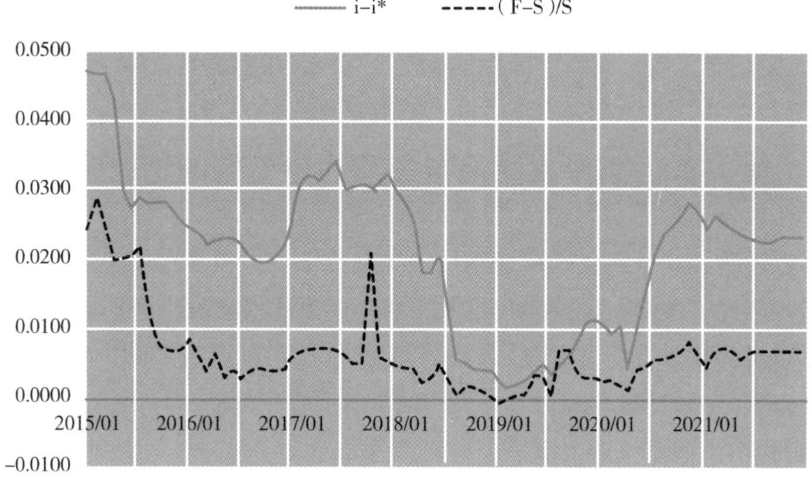

图 2-8　在岸市场 3M 利差与远期汇率升贴水走势（2）

说明：(1) 图中所选取的数据为 2015 年 1 月 1 日至 2021 年 12 月 31 日的月数据，其中 3 个月期限的上海同业拆放利率来源于 SHIBOR 官方网站，在岸人民币对美元的即期汇率与 3 个月期限人民币对美元的远期汇率来源于 Datastream 和 Wind 数据库。(2) 月数据由每月的日内数据作算术平均得到。(3) $i-i^*$ 表示在岸人民币与美元的利率差，以蓝色带菱形块线条表示；$(F-S)/S$ 表示远期升贴水率，以红色线条表示。

首先，我们从利差和远期汇率升贴水角度观察利率平价偏差。从图 2-7 中可知，在岸市场利差较平缓，而远期升贴水曲线波动幅度较大，两者几乎没有贴合，相差甚大，这表明利率平价在人民币离岸市场并不具有显著的适用性。在岸市场的这种表现与前述离岸市场利率平价有一定适用性的情况存在显著差异。但是，如图 2-8 所示，2015 年之后，虽然两者之间仍然存在较大差异，但是运动方向逐渐趋于一致。

利用在岸市场数据，我们首先做变量的平稳性检验发现，R'和 E'在原水平上均不平稳。经过一阶差分后均为平稳序列。因此 R'和 E'为一阶单整时间序列，预示着它们之间可能存在协整关系。

根据已设定的简单回归模型，在岸市场的回归模型表示如下：

$$E' = \alpha + \beta \mathrm{R}' + \varepsilon$$

利用 Eviwes 6. 0 进行最小二乘回归，得出的回归方程如下：

$$E' = -0.0152 - 3.1085\mathrm{R}' + \varepsilon$$

从上面的分析结果看出，自变量 R′系数的 p 值是小于显著性水平 0. 01 的 0. 0000，所以能表明利差的变化对离岸人民币远期汇率变化是显著的；同时回归系数-3. 1085 为负，这和利率平价所表示的关系是不符合的；最后，方程调整后的拟合系数为 0. 3886，说明汇差的变动其中 38. 86%可以用利差来解释，这表明利率平价对在岸市场的适用性较差。

用 ADF 单位根检验回归方程的残差序列 ε，得到分析后的结论为残差序列在 1%、5%、10%的显著水平下均可以拒绝原假设，说明在岸市场中的利差与汇差之间的回归方程不是伪回归的，因为它们的回归残差是稳定的。

实证检验 3 个月期限人民币在岸市场和离岸市场这两个互异市场的利率平价模型，从线性关系上说，在离岸市场上利差对远期升贴水具有一定程度的解释力，而在在岸市场上利差对远期升贴水的解释力很弱。由于人民币离岸市场与在岸市场的利率市场化情况和汇率市场化情况等多种市场条件都不相同，最终导致利率平价在两个市场上表现迥异。由此我们可知，利率市场化程度对利率平价适用性的影响，通常利率市场化程度越高，利率平价的适用性就越好。

第六节　利率平价偏差的原因分析

尽管利率平价理论有近乎非常完美的理论基础，然而在预测利差和汇率差的关系时经常和理论解释相悖，甚至差别较大。从以上的实证分析结果我们可以看出，利率平价理论在早期似乎只有在中国香港的离岸人民币市场上才具有一定的解释力，尽管也存在一定偏差。究其原因，我们可以做出如下总结归纳：其一，交易成本较大，主要是由于资金在开放度不高的市场上流动而产生的；其二，自发调节的汇率和利率在强管制条件下难以形成。因此，这两方面原因导致利率平价理论于人民币离岸和在岸市场上都存在适用性偏离，尤其是在岸市场。具体影响因素分析如下。

一　交易成本的影响

利率平价理论的关键假设前提之一是不存在交易成本。早期的文献研究显示，远期汇率与利率平价发生偏差的原因主要是交易成本不为零。故此之后的学者们试图在利率平价中加入交易成本，对其进行修正。例如，Levich（1975）和 Frenkel（1977）指出，有一条“中性带”存在于利率平价线左右，在“中性带”里套利是无收益的。在“中性带”外，抛补的套利活动是有利可图的。利率和汇率间有效传导的情形很难在现实经济环境中达成，它只是利率平价理论反映出的一种趋近完美的状态。交易成本是资金流通过程中为克服阻碍引起的不可避免的成本，其中包含手续费、交通通信费等外露成本，此外隐性成本也是包含在内的，比如外汇管制、资本管制、流动性差等造成的成本。

国际外汇市场的通行费率远低于香港离岸人民币外汇市场的交易费。在某项交易中，若处于规模还不够大的外汇市场，则交易费用往往就会增多。若交易渠道是不正式的或者受到来自流通渠道的阻碍，则交易成本也会增多。人民币利率和汇率的有效互动显然受到交易成本的影响，交易成本增多则是造成利率平价理论难以实现的一个原因。

关于交易成本的计算，本书遵循 Glassman（1987）和 Boothe（1988）进行分析时所运用的方法，以银行的买卖差价为基础估计交易成本。本书中外汇的买卖价采用中银香港每天公布的外汇买价和卖价。交易成本使用 C

表示，P_a 和 P_b 分别表示买价和卖价，使用 P 表示不存在交易成本条件下的外汇买卖价格，则有下面两个等式存在：

$$\frac{P-P_a}{P}=C \Rightarrow P_a=P(1-C) \tag{2.1}$$

$$\frac{P_b-P}{P}=C \Rightarrow P_b=P(1+C) \tag{2.2}$$

可由（2.1）和（2.2）两个等式推导出：

$$C=\frac{P_b-P_a}{P_a+P_b} \tag{2.3}$$

再令 $\delta=\frac{F-S}{S}-(i-i^*)$，$\delta$ 即为抛补利率平价偏差，其中 F 表示远期汇率，S 表示即期汇率，i 表示本国利率，i^* 表示外国利率。

为了检验利率平价理论是否成立会受到交易成本的影响，所以本书引入交易成本变量 C，建立新模型为：$\delta=\alpha_0+\alpha_1 C+\varepsilon$，其中，利率平价偏差用 δ 来衡量，1 个月期限的利率平价偏差用 δ_1 表示，3 个月期限的利率平价偏差用 δ_3 表示，其中 α_0 表示常数项，α_1 表示交易成本的系数，说明利率平价偏差受到交易成本的影响程度，ε 表示误差项。通过基于上述模型的回归分析，我们进一步论述离岸市场的交易成本对抛补利率平价偏差的影响。

由于伪回归可能发生于时间序列数据中，所以在回归分析之前，我们要对交易成本变量和利率平价偏差实行平稳性检验。1 个月期限的利率平价偏差 δ_1、3 个月期限的利率平价偏差 δ_3 和交易成本 C 的单位根检验结果如表 2-5 所示。由表 2-5 的检验结果能看出，C 序列、δ_1 序列、δ_3 序列均在 1%、5%、10%的显著水平下可以拒绝原假设，为平稳的时间序列。

表 2-5　　变量平稳性检验结果表

变量	检验类型	t 统计量	临界值 1%	临界值 5%	临界值 10%	p 值	结论
C	（C，T，0）	-8.70	-3.97	-3.42	-3.13	0.0000	平稳
δ_1	（C，T，0）	-5.50	-3.97	-3.42	-3.13	0.0000	平稳
δ_3	（C，T，0）	-6.42	-3.97	-3.42	-3.13	0.0000	平稳

注：在检验类型中，C 表示常数项，T 表示趋势项，根据 SIC 法则判定滞后阶数。

经过变量的单位根平稳检验后，对香港人民币离岸市场1个月期限的利率平价偏差模型和3个月期限的利率评价偏差模型进行回归，检验结果如表2-6所示。

表2-6 利率平价偏差的检验结果

统计量	1M		3M	
	系数	t统计量	系数	t统计量
α_0	-15.07	-5.4901	-36.38	-7.0123
α_1	102.78	7.8370	289.03	8.3714
拟合优度	0.08		0.12	
F统计量	28.96		39.29	

引入交易成本后，回归分析1个月期限和3个月期限两种不同期限的利率平价偏差模型，由表2-6能够得出：其一，无论样本期限是1个月还是3个月，交易成本的系数均为正值，说明交易成本对利率平价偏差存在正向影响，然而1个月期限的交易成本系数是102.78，3个月期限的交易成本系数是289.03，表明交易成本每变动1个单位，将分别引起1个月期限和3个月期限的利率平价偏差变动102.78和289.03个单位，所以说两种不同期限情况下利率平价偏差都对交易成本的变化非常敏感；其二，观察两类期限下的拟合优度，1个月期限中交易成本可8%解释利率平价偏差，3个月期限中交易成本可12%解释利率平价偏差，解释度都不是很高，表明利率平价偏差还受到其他因素的影响；其三，比较交易成本对利率平价偏差的解释力，3个月期限的拟合优度大于1个月期限的拟合优度，所以交易成本的引入对3个月期限的利率平价模型具有更显著的修正作用。

二 市场化程度的影响

早在20世纪90年代中期，中国香港和新加坡的金融机构已经推出不交收远期外汇合约（NDF）。从2002年9月开始，由于人民币当时面临较大的升值压力，全球许多套利交易者都被人民币NDF吸引了注意力。因此，人民币NDF市场的交易金额不断增加，交易持续活跃。2010年7月，中国香港诞生了离岸可交割远期外汇交易，离岸人民币的远期外汇市场逐渐有了新的进步与发展。总体来看，由于市场参与者掌握定价方式以及熟知交易规则是一个较长的过程，所以早期离岸人民币可交收市场并不活跃。当市场参与者熟悉远期交易，市场就逐渐被激活。其中，套息交易者参与人民币离岸远期市场的远期交易，是以实现利润最大化和规避风险为目的。短期内利率平价因为这些套利行为而可以得到解释。另外，制度约束了外汇投机活动，导致只有较少部分的套息交易者参与，阻碍了做空做多的远期交易。

利率市场化程度的差异是人民币离岸市场与在岸市场之间存在的较显著差异之一。相比较于离岸市场，当时在岸市场上的交易主体缺乏、交易规则不完整，所以利率平价于在岸市场失灵。实证检验 3 个月期限人民币在岸市场和离岸市场这两个互异市场的利率平价模型，从线性关系上说，在离岸市场上利差对远期升贴水具有一定程度的解释力，而在在岸市场上利差对远期升贴水的解释力则很弱。由于人民币离岸市场与在岸市场的利率市场化情况和汇率市场化情况等多种市场条件都不尽相同，最终导致利率平价在两个市场上表现迥异。由此我们可以知道，市场化程度对利率平价适用性的影响，即通常市场化程度越高，利率平价的适用性就越好。

第三章

套息交易与人民币超额收益

第一节　套息交易的历史与现状

一　套息交易的产生

套息交易（Carry Trade）是一种广泛运用的一种比较基本的外汇交易策略，是指在外汇市场上通过以低息货币融资，持有高息货币获取高额利息赚取差价。套息交易主要有两种套息方式：一种是将自己持有的低息货币资产通过金融机构直接兑换成高息货币资产，并存入该国的金融机构获取该国货币利息；另一种方式并不需要自己本身持有货币，只需要向低息国借款融入低息货币，将融入的低息货币兑换成高息货币并投资于该国的金融机构，用获得高息利息偿还借入的低息利率。现阶段的套息交易已经不需要进行实体货币交割，我们可以在任何时候结算，利息每日一付。

二　套息交易的起源及发展

说到外汇套息交易的历史不得不说日元的套息交易，早在20世纪90年代日元套息交易就已经在投资者和大型对冲基金中开始流行。20世纪90年代正逢美元大贬值，当时美元对全球主要货币都呈现不同程度的贬值，其中在1995年4月19日美元对日元创下79.75的新低。时任美国财政部长鲁宾在1995年4月召开的G7财政部长和央行行长会议上提出了强势美元政策。随后美元果然开始升值，各国借入外汇市场购买美元，美元打破之前的颓势转向强势。

20 世纪 90 年代，日本泡沫经济破灭，房地产行业几乎崩溃，金融业也遭遇重挫，面临严重的通货紧缩问题。为了应对通货紧缩，日本央行采取宽松的货币政策，在这样的大背景下，日本国内的利率处于一个极低的状态。在 20 世纪 80 年代时美国对于日元的种种干涉使得美元兑日元的汇率从 240 美元剧升至 79. 75 美元，此时日元已被严重高估了，美元被严重低估。伴随着日本泡沫经济的破灭，日本经济衰退，美元升值预期板上钉钉，日元重新贬值也不可避免。1996 年大量的投资者和机构投资者开始大量借入日元，买入美元，以低息融资，赚取高息收益，这就是最开始的套息交易。外汇市场上日元的需求量急剧下降，美元需求量大量上升，日元随着开始贬值，美元兑日元从 79. 75 美元下降到 1997 年的 127 美元，1998 年降至 147. 64 美元。

1998 年 9 月，俄罗斯发生债务危机，再加上亚洲金融危机的爆发，国际外汇市场上许多大型对冲基金以日元融资对高息的新兴市场国家进行巨额投资产生了巨额亏损，造成一系列的对冲基金也将手中的日元套息交易进行平仓，参与其中的美国长期资产管理公司（LTCM）最终因巨额亏损而破产清盘，并引发了全球性金融危机。

然而套息交易的属性决定了其存在的普遍性和频繁性，1998 年的金融风暴虽然使得许多投资者血本无归，但是当时钟敲响 21 世纪的大门时，套息交易却又一次“卷土重来”。在 2000 年 1 月至今，日本一直维持着零利率的货币政策，相比于其他国家，大部分国家的利率可谓显著高于日元利率。面对如此巨大的利差，逐利的投资者再一次踏上了套息交易这条路。在 2005—2008 年，全球进入了加息周期，而当时美元利息基本上都在 5%以上，澳币利率基本上在 7%—8. 5%。仅仅从日本银行贷款存到澳洲银行的存款就会产生相当大的利润。当时国际投资者十分青睐套息交易，尤其在日本，大量的日本家庭主妇通过向银行贷款来投入外汇市场做套息交易。大量的外汇投资者几乎每天都在利用日元来买高息货币，以致日元几乎每天都在贬值，在那期间日元最低曾贬至接近 125 日元兑 1 美金。这样绝好的条件使得 21 世纪以来套息交易再一次兴盛起来。

综上，外汇套息交易就是利用各国利率间的差异，以低利率融资，投资高利率货币赚取高收益。在全球经济一体化的大背景下，各国的资本管制不断放松，交易成本不断下降。套息交易将会更加轻松地出入各个国家，带来的效果就是“热钱”的大量流入以及快速流出，这也加大了一个国家的经济波动。从另一个角度，资本管制的放松，交易成本的下降使得套息交易的收益更加可观，套息交易在市场上也将越来越活跃。

第二节　基于日元和美元的套息交易

在经济全球化和经济一体化大背景下，资本将在全球范围内越来越自由的流入和流出，作为最简单的一种外汇交易策略，套息交易在外汇交易中的地位举足轻重。一旦外部条件合适，套息交易将会大规模的进行，一旦标的外汇波动剧烈，套息交易者又将及时撤离。套息交易这种特性使得套息交易在全球范围内总是阶段性的呈现套息交易热潮。

早在 20 世纪 90 年代，日元套息交易就已经在投资者和大型对冲基金中开始流行，而在随后日本泡沫经济破灭之后，日元迎来了一段长期的零利率时期，这也把日元套息交易推上了高潮，日元成了国际市场绝佳的融资工具。而对于美元来说，在 2007 年次贷危机爆发后，美元开始了一轮又一轮的量化宽松，伴随着美元的不断降息，美元也在随后迎来了“零利率”时代。一时间美元套息交易也变得十分活跃。

本章在进行套息交易的收益分析时以美元和日元的套息交易作为案例，通过对有代表性的美元和日元套息交易的收益分析来得到对套息交易的收益分析。本章通过历史数据分别计算美元和日元对 EM 地区和 G9 地区的货币的套息交易的超额收益率，通过对比收益的方法进行分析。

一　数据的选取

由于套息交易的隐蔽性，我们无法获得套息交易收益的历史准确数据，只有通过汇率、利率以及远期市场上的相关历史数据来模拟计算特定国家之间的套息交易的收益情况，以此作为我们这篇文章的数据。

本书选取了中国台湾、泰国、南非、土耳其、菲律宾、韩国、中国在岸人民币、中国香港离岸人民币、印度、波兰、捷克、智利、墨西哥、斯洛伐克、哥伦比亚、印度尼西亚、以色列、澳大利亚、加拿大、美国、新西兰、挪威、瑞典、瑞士、英国、欧元共 26 种不同货币的利率、汇率以及远期的数据，分别取 1 个月期与 3 个月期的日度数据，数据期间为 2000 年 1

月1日到2015年6月1日。所有数据均为日度数据。

本节选取的是以日元和美元作为融资货币，选取日元和美元的原因在于：（1）美元是世界上使用范围最为广泛的货币，也是国际上的基准货币，其重要性不言而喻。次贷危机爆发后，美元也开始了几轮的量化宽松，其量化宽松的结果就是美元也开始执行零利率的货币政策，一时间美元也成为套息交易的“新宠”。此外，以美元做套息，数据获取最为准确和齐全。（2）日本常年维持零利率政策，可以说日元是一直以来套息交易的主力军，其各项数据的获取也是十分便捷。

二 收益的理论计算公式

1. 套息交易的过程

套息交易是指，在市场波动率低的情况下，投资者利用两个货币之间存在的利率差，以低息货币作为融资工具，将低成本融资而来的资金投资到高息货币资产中，以期获得更高的投资收益。以日元和人民币为例，在利率市场上，人民币的利率显然高于日元的利率，而且两者之间的差额还是相当大的，在不考虑资本管制等限制条件下，二者之间可以成为一个很好的套息组合，投资者将会在市场上借入日元换成人民币，投资到人民币市场上。到期之后，将人民币本息收回，换成日元，偿还之前借的日元贷款，偿还之后剩余的则为本次套息交易的收益。

2. 套息交易收益率

前文提到了不同的国内外学者在计算套息交易的收益的时候均有不同的计算公式，不同的计算公式各有各自的优点。理论上套息交易的计算公式为：

$$R=S_t*\ (1+t^*)\ /S_{t+1}-\ (1+t) \tag{3.1}$$

其中R代表收益，S_t代表t时期的即期汇率，S_{t+1}代表$t+1$时刻的即期汇率，汇率均为直接标价法下的汇率；t^*代表高利率国的利率，t代表低利率国家的利率。

公式（3.1）是我们套息交易收益的计算公式，但在我们经济研究过程中绝对收益并没有太大的意义，在经济研究中我们更多的是使用超额收益率，所以我们在获得了收益率的计算公式后，下一步我们就需要获得超额收益率的计算公式。超额收益率是指超过正常预期收益率的那部分收益率，在经济研究过程中一般将收益率超过无风险收益率的那部分作为超额收益率，所以我们在寻找超额收益率的计算公式时就需要我们找到收益率和无风险收益率。式（3.1）已经给出了收益率的计算公式，所以现在我们只需要找到无风险收益率即可。

在无抛补利率平价下本国利率高于（低于）外国利率的差额等于本国货币的预期贬值（升值）幅度。也就是说当我们从低利率国家借来货币投资到高利率国家中去的过程中，当我们在 $t+1$ 期将货币换回来的过程中汇率的变化将会使我们在将高息货币兑换成低息货币偿还债务的过程中产生损失，这部分损失将会抵消我们套息产生的利差收益。所以在无抛补利率平价成立的情况下，套息交易将不会产生任何收益。

实际上，高利率货币并不一定贬值，反而表现出一定程度的升值。外汇远期溢价之谜的出现为套息交易的存在提供了客观的事实。而事实证明，套息交易是会取得收益的而且由于杠杆的存在，套息交易的收益率将会被放大，这会使得套息交易者获得相当可观的收益，所以在这里无抛补利率平价并不能成立。

与无抛补利率平价相似的还有抛补利率平价，注意无抛补利率平价和抛补利率平价并不是相对立的，他们只是在不同条件下的利率平价公式，从根本上来说他们两个是有着一脉相承的原理，所以我们不能将两者对立来看。在抛补利率平价下，我们假设套利者在套利的时候，在远期市场上签订与交易方向相反的外汇远期合约，锁定在到期日交割时所使用的汇率水平。通过签订外汇远期合同，到期后按照合同中预先规定的汇率进行交易，以达到套期保值的目的。所以我们在这里可以得出在抛补利率平价下利率、汇率与远期汇率的相关等式：

$$\frac{S_t * (1+t^*)}{F_t} - (1+t) = 0 \tag{3.2}$$

公式（3.2）的本质告诉我们在抛补利率平价成立的情况下，当我们做出一笔套息交易的时候，我们在远期市场上做出相关的操作锁定将来汇率的时候，整个套息交易应该是不存在超额收益的。但是在实际的计算过程中我们会发现式（3.2）的左边往往不等于0。这个结果并不是说明抛补利率平价不成立，而是我们在计算过程中忽略了相关的交易成本。在这里我们可以把式（3.2）的左半部分当成是无风险利率，因为这一部分的收益是不存在不确定性的，在套息交易产生时我们就可以确定，所以式（3.2）左半部分可以当作无风险收益。

在这里我们找到了套息交易的收益率，也找到了套息交易过程中的无风险收益率，所以我们的超额收益率计算公式为：

$$R_t=\frac{S_t*(1+t^*)}{S_{t+1}}-(1+t)-\left[\frac{S_t*(1+t^*)}{F_t}-(1+t)\right] \tag{3.3}$$

化简可得：

$$R_t=\frac{S_t*(1+t^*)}{S_{t+1}}-\frac{S_t*(1+t^*)}{F_t}=S_t*(1+t^*)\left(\frac{1}{S_{t+1}}-\frac{1}{F_t}\right) \tag{3.4}$$

3. 夏普比率

本章会将套息交易的收益情况进行对比分析。我们在对比的过程中应当如何对于不同的资产进行对比呢？我们不能仅仅考虑收益率，也不能仅仅考虑超额收益率，我们常用的方法是结合收益率和风险来综合比较，这里面比较常用的是夏普比率。

夏普比率的计算非常简单，夏普比率是用标的资产的收益率的均值减无风险收益率后得到超额收益率，再用超额收益率除以收益率变动的标准差就可以得到该资产的夏普比率。它反映了单位风险资产超过无风险收益率的超额收益率与风险之间的关系，这个指标反映的是投资的效率，反映的是承担单位风险所获得的超额收益率。如果夏普比率为正值，说明在计算期内资产的平均收益率超过了无风险利率。夏普比率越大，说明资产的单位风险所获得的风险回报越高。夏普比率为负时，按大小排序没有意义。夏普比率是常用的综合风险与收益的衡量指标之一。本章就以夏普比率作为衡量各种策略下的收益情况的标准。

第三节　全球主流货币的利率趋势

本部分的数据种类繁多，数据量较大，为了便于后文的分析，在这里有必要先做一个数据阐述，以便更加清晰直白地了解各种数据的变化趋势。本书的数据选取范围是 2000 年 1 月 1 日以来的所有日度数据，简要对几种有代表性的货币利率进行介绍。

一　低利率货币

日元可以说是最具有代表性的低利率货币，自 2000 年以来，日本央行一直维持着零利率的政策，这使得日元成为套息交易中最受欢迎的货币之一，大量的外汇投机者通过借入日元来融资，投向其他货币。

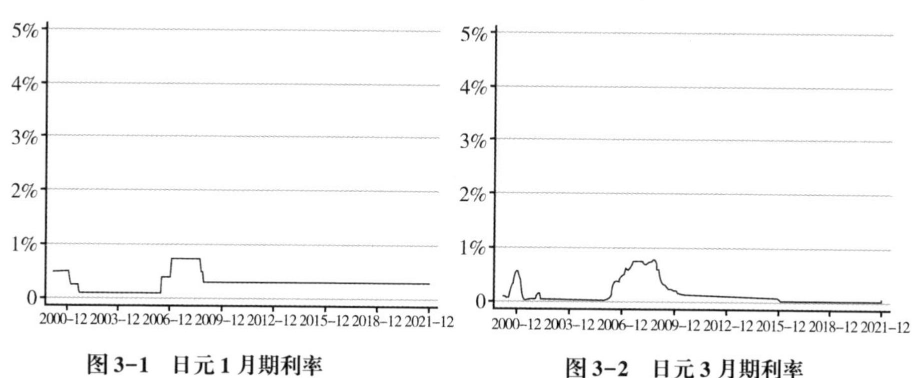

图 3–1　日元 1 月期利率

图 3–2　日元 3 月期利率

自次贷危机爆发以来，美元也开始了一个长期的降息过程，在 2009 年前后，美元利息已经达到零利率的程度。除了美元之外，许多发达国家也和美元一样，例如英镑，在经济危机下不断降息，维持低利率政策。

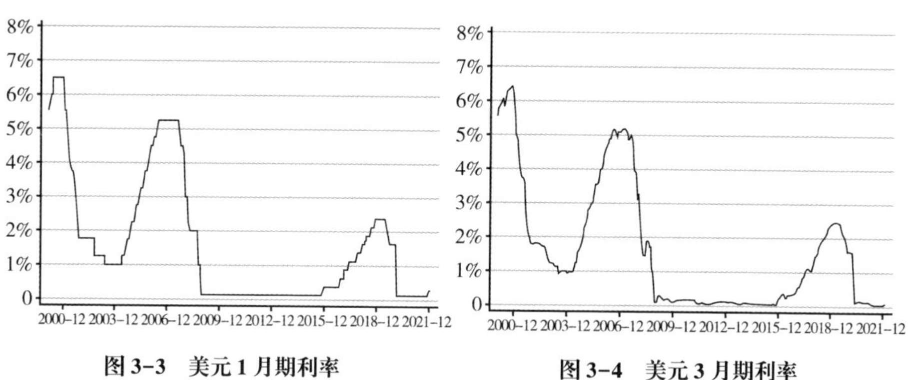

图 3–3　美元 1 月期利率

图 3–4　美元 3 月期利率

二　高利率货币

巴西雷亚尔可以说是一直以来都是套息交易过程中比较理想的高息资产方，巴西一直都是一个相对来说的高利率国家，虽然其在 2019 年之后的利率相比以前已经下降了很多，但是从整体上来看，巴西的利率相对于其他国家的利率水平来说依旧是十分的高，显著的高利率带来的就是套息的空间。

印度卢比的利率一直处于不断上升和下降的过程，但是其利率相对于日币、美元这样的货币来说还是相对的高息货币。印度尼西亚盾的利率趋势也是不断波动的，其也是处于一个逐渐下降的趋势，但是其与印度卢比一样，在全球都在大幅降息时它们的利率却上升了，这使得这两种货币成了套息交易最近比较青睐的货币。

土耳其里拉则是经历了通货膨胀之后，利率由一开始高得吓人，也逐渐降了下来，然而虽然经历了大幅度的降息，土耳其里拉的利率相对于国际上其他的货币的利率也显得十分高了。

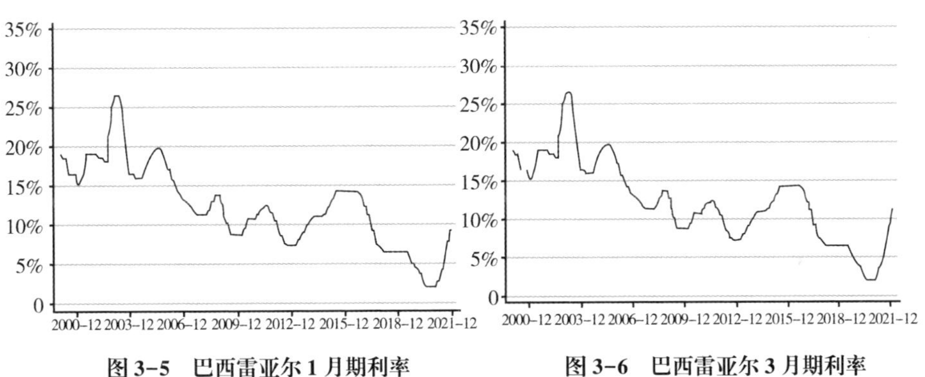

图 3-5　巴西雷亚尔 1 月期利率　　**图 3-6　巴西雷亚尔 3 月期利率**

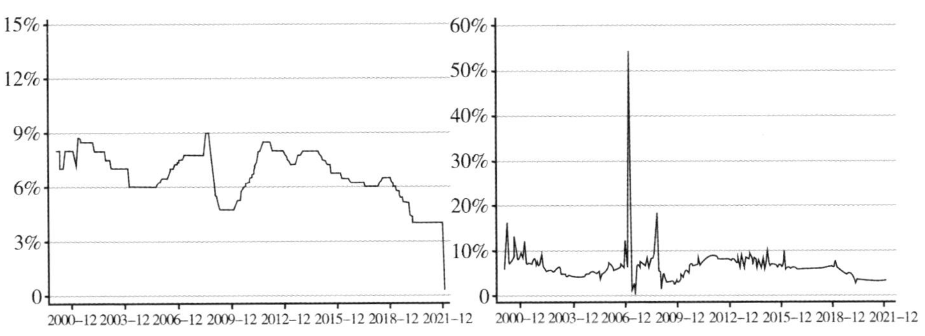

图 3-7　印度卢比 1 月期利率　　**图 3-8　印度卢比 3 月期利率**

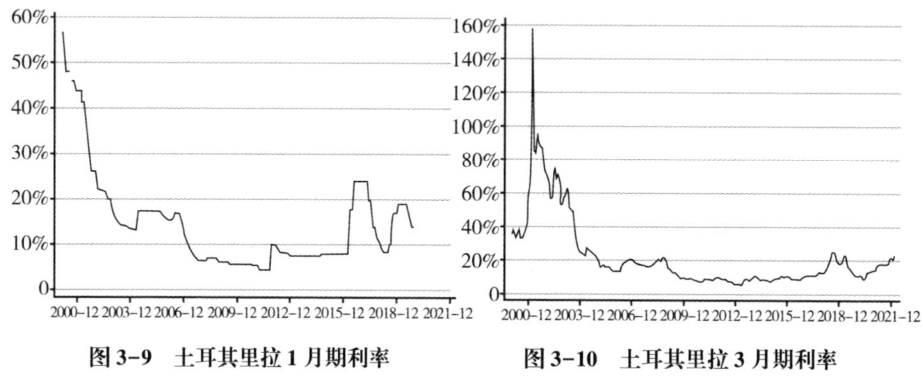

图 3-9　土耳其里拉 1 月期利率　　**图 3-10　土耳其里拉 3 月期利率**

人民币自 2005 年汇改之后，在相当长的一段时间内呈现出单边升值的状态，不但如此，人民币相对于日元、美元这样的国家来说利差也是相当的可观。通过低息货币融资，投放到人民币市场上来的话不仅可以取得利差上的收益还可以获得人民币单边升值带来的汇率收益。人民币这样一个属性使得大量的“热钱”流入中国，这也从某种程度上对人民币离岸金融市场的发展和完善提出了更新的要求。

随着人民币资本账户的不断开放，人民币离岸市场的不断完善，人民币国际化进程将不断加快，套息交易无疑会成为人民币市场化进程中的一个很大的助推器。

通过上面数据可以看出，国际市场上显然是存在许多高息—低息货币对的，其息差还是相当可观的，即使在全球降息的大背景下，不同的国家之间也存在 3—5 个百分点的息差，这也就为套息交易的产生提供了条件。当然，套息交易还涉及汇率方面的因素，但是这里仅进行利率方面的阐述，利率给国际市场上进行套息交易提供了基础。

第四节　套息交易的策略与收益分析

前文为套息交易的收益计算做了大量的叙述，也推导出了套息交易的收益率计算公式即公式（3.1），套息交易的超额收益率即公式（3.4）、（3.5）。本节将计算套息交易的收益情况。

一　套息交易的交易策略

套息交易作为外汇市场上最流行的基本面交易法之一，套息交易的根本原理就是利用不同国家在不同的历史发展阶段，结合本国的各种现实情况执行不同的利率政策，以低息货币作为融资工具，将低成本融资而来的资金投资到高息货币资产中，以期获得更高的投资收益。

套息交易需要有一个健康稳定的外部条件，当发生全球金融危机时，利率、汇率波动性将会变得极大，套息交易带来的风险比较大，这种情况下投资者就不适合进行套息交易了。一般情形下套息交易的持有期限也很长，有些机构投资者一年才交易几次。本书在后面的论述中也证实套息交易的期限应该长一些，期限较长的套息交易可以产生更高的夏普比率。投资者只需要先从基本面的角度判断货币的长期走势，剩下的就是保持持有。由于套息交易可以获得显著的正向收益率，而且又有双重获利性，所以很受投资者的青睐。

套息交易的交易策略非常简单，总体来说有以下几条。

第一，先选择一种货币对，两者之间存在利率差，根据利率的高低决定建仓方向。例如历史上的澳元—日元（AUD/JPY）货币对、英镑—日元货币对（GBP/JPY）等。套息交易就是以利率的高低作为套息方向的依据，在进行套息交易的时候，做多高息货币，做空低息货币。

第二，根据基本面分析货币的长期走势，判断是否适合建预设的多仓或空仓。套息交易的最终收益不仅包括利差收入也包括汇差收入，从某种程度上说，利差的变动范围不会很巨大，而且利差的变动对套息交易收入的影响并不是很大，但是汇率的波动将会对套息交易的收益产生巨大的影响，如果能够正确的判断出货币的长期走势势必会给套息交易带来更多的收益。

第三，根据资金量建适量的仓位，最好不用杠杆以规避风险。外汇市场是保证金交易市场，这也就意味着外汇交易的过程中可以存在杠杆，实际交易过程中市场上可以为投资者提供的杠杆比例将会是巨大的，为了规避风险防止爆仓。为了保障套息交易的顺利进行，建议适量建仓，降低杠杆，规避风险。

第四，不设止损，这是极少数的不建议设止损的外汇交易之一。套息交易之所以不设止损的原因就是套息交易伴随的都是高收益或者高亏损。

长期以来的套息交易者的经验说明这个投资策略是可以显著取得正向的收益，即使套息交易在短时间内遭遇大幅亏损，也不应该轻易止损，而是要继续持有组合。这也是为什么在这个可以利用杠杆的市场上，不建议采用高杠杆进行套息交易的原因，因为要保障套息交易组合的不断存续，而不是被强行平仓。

第五，当达到预设目标或基本面有变化时平仓。套息交易的投资策略不设止损就意味着套息交易者也不应该草草收尾进行平仓。触发平仓的条件就是当投资组合的收益率达到预设的目标时也就是常说的止盈线时平仓，或者当这个市场波动加剧，经济下行压力大，整个市场的基本面不好时也应该及时控制头寸。

二　套息交易的收益情况

1. 日元的套息交易

众所周知，日元是国际市场上最著名的低息货币，这也造成了日元成为套息规模最大的货币之一。日元的零利率，使得日元与其他的货币之间存在着不小的利息差，伴随着日元套息交易的进行，不仅仅会赚到息差，在远期外汇升水之谜存在的情况下，在套息交易过程中还将获得汇差的收入。

表 3-1 显示了日元对其他货币之间的套息交易的收益情况，具体的统计信息如下：其中 min——超额收益的最小值，median——收益率的中位数值，mean——收益的均值，max——收益的最大值，sd——收益的标准差，sharpe——收益的夏普比率，Meand——套息货币之间利差的均值，Sdd——套息货币之间利差的标准差，OBS——观测值的数量。

表 3-1　　　日元与 EM 区域货币之间 1 月期套息的超额收益情况

EM 货币①	min（%）	median（%）	mean（%）	max（%）	sd（%）	sharpe	Meand（%）	Sdd（%）	OBS
中国台湾	-109.18	5.77	1.52	101.44	34.19	0.04	0.83	0.40	119

① EM 货币是指 Emerging Market，新兴市场区域的货币是发展中经济体的代表。尽管智力、以色列、捷克、斯洛伐克以及中国台湾等经济体近年来逐渐成长为发达经济体，但是本章遵循文献惯例，仍然将其货币作为新兴市场经济体货币进行分析。

续表

EM 货币	min（%）	median（%）	mean（%）	max（%）	sd（%）	sharpe	Meand（%）	Sdd（%）	OBS
泰国	-120.62	5.28	5.89	104.88	33.62	0.18	2.49	1.02	186
南非	-257.72	7.29	2.93	169.90	68.15	0.04	7.86	2.34	109
土耳其	-263.58	13.19	13.26	170.26	62.74	0.21	15.92	10.59	154
菲律宾	-125.48	4.77	6.59	129.71	38.15	0.17	5.64	2.74	186
韩国	-183.16	9.80	4.94	143.20	50.02	0.10	3.07	0.87	131
中国（在岸）	-73.73	4.54	5.15	113.72	34.97	0.15	3.43	1.61	104
中国（离岸）	-33.16	5.26	14.59	67.29	28.14	0.52	2.85	0.87	23
印度	-138.88	9.76	6.23	113.40	41.55	0.15	7.41	1.97	186
波兰	-253.41	8.33	5.36	142.53	56.95	0.09	6.22	4.70	160
捷克	-175.03	10.45	7.50	133.48	49.97	0.15	2.06	1.53	186
智利	-271.82	11.31	6.58	158.79	51.24	0.13	3.86	1.62	135
墨西哥	-227.54	10.31	6.48	129.55	50.93	0.13	6.76	3.43	186
斯洛伐克	-197.90	8.90	7.25	103.99	46.28	0.16	4.09	2.16	160
哥伦比亚	-161.06	10.45	7.75	139.92	51.94	0.15	6.92	2.78	135
印度尼西亚	-229.15	26.21	28.92	228.91	73.06	0.40	9.08	3.62	186
以色列	-174.99	10.07	5.91	102.66	41.65	0.14	3.91	2.84	135

资料来源：从 Data Stream 数据库下载后经处理。

表 3-2　　日元与 G9 区域货币之间 1 月期套息的超额收益情况

G9 货币①	min（%）	median（%）	mean（%）	max（%）	sd（%）	sharpe	Mean（d）	Sd（d）	OBS
澳大利亚	-264.54	12.03	8.29	131.23	51.95	0.16	4.57	1.27	186
加拿大	-224.52	9.53	3.54	98.22	45.17	0.08	1.99	1.47	186
美国	-89.11	3.22	3.04	99.08	33.33	0.09	1.91	2.05	186
新西兰	-111.89	4.16	9.64	107.09	52.86	0.18	4.89	1.94	49
挪威	-216.76	11.48	5.88	144.60	48.34	0.12	3.42	2.01	186
瑞典	-201.32	5.70	3.97	121.32	46.78	0.08	2.23	1.33	186

① G9 文中是指世界上市场比较发达的 9 个经济体的团体，是发达经济体的代表。

续表

G9 货币	min（%）	median（%）	mean（%）	max（%）	sd（%）	sharpe	Mean（d）	Sd（d）	OBS
瑞士	-130. 67	2. 39	-0. 45	128. 18	41. 76	-0. 01	0. 85	0. 94	186
英国	-189. 75	10. 34	4. 85	109. 43	42. 70	0. 11	2. 89	2. 15	186
欧元区	-194. 58	3. 94	-0. 26	139. 23	44. 10	-0. 01	1. 93	1. 50	186

资料来源：从 Data Stream 数据库下载后经处理。

在这里，笔者将套息分为 EM 和 G9 两个地区，分别计算了日元自 2000 年 1 月至 2015 年 6 月以来的套息交易的收益。计算过程中在每月的最后一天通过对比相应货币对的 1 月期（3 月期）利率差，确定 1 月期（3 月期）套息交易的方向，买入高利率货币卖出低利率货币，1 月期（3 月期）到期后卖出高利率货币偿还低利率货币，结算收益，获得年化后的套息交易的 1 月期（3 月期）的收益。表中分别列出了套息交易年化收益的最小值、中位数、均值、最大值、标准差和夏普比率以及和利率有关的利差以及利差的标准差这些统计量。表 3-1 和表 3-2 是每月月初以上月月底的利率大小确定方向，进行一次为期 1 个月的套息交易，在比较了日元和其他的地区货币之间的 1 月期利率后，以低息货币套高息货币，一个月后平仓，收回高息货币，偿还低息负债后得到的超额收益情况。而表 3-3 和表 3-4 则是日元和不同区域货币进行的为期三个月的套息交易的超额收益率结果。

表 3-3　　日元与 EM 区域货币之间 3 月期套息的超额收益情况

EM 货币	min（%）	median（%）	mean（%）	max（%）	sd（%）	sharpe	Meand（%）	Sdd（%）	OBS
中国台湾	-65. 76	1. 34	0. 59	52. 10	22. 29	0. 03	0. 75	0. 45	117
泰国	-61. 80	3. 25	5. 58	72. 54	21. 03	0. 27	2. 49	1. 06	184
南非	-124. 67	4. 39	2. 52	140. 88	39. 59	0. 06	7. 92	2. 44	109
土耳其	-124. 00	15. 76	13. 18	145. 80	39. 64	0. 33	16. 14	11. 00	152
菲律宾	-67. 70	6. 77	7. 08	63. 26	23. 59	0. 30	5. 43	2. 62	173
韩国	-138. 17	10. 75	5. 09	76. 87	29. 86	0. 17	3. 12	0. 95	129
中国（在岸）	-49. 19	2. 58	4. 70	62. 51	23. 11	0. 20	3. 37	1. 42	102

续表

EM 货币	min（%）	median（%）	mean（%）	max（%）	sd（%）	sharpe	Meand（%）	Sdd（%）	OBS
中国（离岸）	-17. 00	17. 27	15. 16	59. 20	19. 87	0. 76	2. 87	0. 71	21
印度	-87. 57	8. 39	5. 71	70. 18	25. 86	0. 22	7. 73	1. 93	184
波兰	-133. 41	9. 15	5. 98	77. 90	35. 19	0. 17	6. 19	4. 67	158
捷克	-103. 68	10. 30	6. 82	78. 17	28. 99	0. 24	2. 06	1. 53	184
智利	-123. 36	5. 64	5. 87	86. 87	30. 83	0. 19	3. 89	1. 83	133
墨西哥	-122. 22	8. 92	6. 43	75. 22	32. 93	0. 20	6. 86	3. 64	184
斯洛伐克	-102. 38	4. 40	2. 12	60. 82	28. 42	0. 07	3. 29	2. 98	158
哥伦比亚	-116. 59	10. 42	8. 15	84. 14	32. 03	0. 25	6. 82	2. 83	133
印尼	-126. 90	22. 21	15. 93	90. 36	33. 17	0. 48	9. 24	3. 66	184
以色列	-83. 59	6. 83	4. 56	78. 23	25. 90	0. 18	3. 85	2. 86	133

资料来源：从 Data Stream 数据库下载后经处理。

表 3-4　　日元与 G9 区域货币之间 3 月期套息的超额收益情况

G9 货币	min（%）	median（%）	mean（%）	max（%）	sd（%）	sharpe	Meand（%）	Sdd（%）	OBS
澳大利亚	-140. 24	12. 60	8. 24	110. 09	30. 44	0. 27	4. 51	1. 34	184
加拿大	-102. 86	6. 69	4. 24	58. 34	25. 63	0. 17	2. 00	1. 51	184
美国	-62. 99	3. 82	2. 57	50. 14	20. 20	0. 13	1. 94	2. 05	184
新西兰	-51. 14	11. 68	11. 26	67. 86	26. 55	0. 42	4. 84	2. 02	49
挪威	-125. 18	9. 91	5. 84	78. 38	27. 78	0. 21	3. 42	2. 04	184
瑞典	-118. 67	6. 36	4. 04	77. 96	27. 44	0. 15	2. 23	1. 37	184
瑞士	-81. 22	4. 14	-0. 55	69. 43	22. 18	-0. 02	0. 94	0. 93	184
英国	-121. 51	5. 63	4. 26	51. 57	24. 78	0. 17	2. 90	2. 19	184
欧元区	-101. 16	4. 21	-0. 37	72. 90	25. 33	-0. 01	1. 96	1. 51	184

资料来源：从 Data Stream 数据库下载后经处理。

通过以上四个表可以发现：①从表中的套息交易来看，以日元做套息交易，基本上来说都可以取得一个显著的正向超额收益。②对比 EM 经济体和 G9 经济体之间的收益可以发现，对 EM 经济体的套息交易的收益还是显著高于对 G9 经济体进行套息交易的收益。③针对第二点，在经过思考后发现套息超额收益较高的货币，通常伴随着较高的利差，而且其实两者之间的标准差并没有很大的差距，但是 EM 经济体的夏普比率还是会高一点。④套息交易收益的极差是极大的，从统计表上看到的收益是均值，但是从实际上来看可以发现每一笔套息交易产生的结果都是巨大的，这也从侧面佐证了套息收益的高收益特点。

2. 美元的套息交易

表 3-5 至表 3-8 中表示的是美元作为套息货币对于这二十多种货币进行套息交易的结果，同样也是将货币分为两组，EM 经济体一组，G9 经济体一组。这次，以美元作为套息交易标的货币，分别做美元与 EM 经济体和 G9 经济体货币的套息交易，同样以 1 月期（3 月期）货币对之间的利率高低来判断套息交易的方向，利用 R 计算美元套息交易的 1 月期和 3 月期的年化收益率。年化收益率如下：

表 3-5　　美元与 EM 区域货币之间 1 月期套息的超额收益情况

EM 货币	min（%）	median（%）	mean（%）	max（%）	sd（%）	sharpe	Meand（%）	Sdd（%）	OBS
中国台湾	-58.20	2.07	1.17	53.85	17.79	0.07	1.19	1.22	119
泰国	-64.77	0.42	1.21	61.91	21.40	0.06	1.33	1.06	186
南非	-182.70	4.77	3.37	155.79	57.10	0.06	5.95	2.31	186
土耳其	-192.51	15.70	10.40	155.50	50.31	0.21	14.49	10.19	154
菲律宾	-111.43	1.27	0.87	67.64	22.70	0.04	3.77	2.15	186
韩国	-151.99	2.50	0.00	188.83	42.96	0.00	1.86	0.92	131
中国（在岸）	-15.94	1.22	2.02	20.70	6.48	0.31	3.14	1.81	104
中国（离岸）	-17.22	3.65	1.96	20.60	8.78	0.22	2.78	0.85	23
印度	-85.48	3.62	2.39	96.79	26.29	0.09	5.50	2.56	186
波兰	-180.36	2.49	1.31	122.00	50.04	0.03	4.51	3.50	160
捷克	-132.43	5.36	3.29	131.70	43.83	0.08	1.15	0.86	186
智利	-203.31	-0.23	0.24	84.91	40.88	0.01	2.20	1.91	135
墨西哥	-155.08	3.71	2.44	91.53	33.20	0.07	4.84	2.17	186
斯洛伐克	-124.10	3.59	2.74	125.16	40.54	0.07	2.56	1.49	160

续表

EM 货币	min（%）	median（%）	mean（%）	max（%）	sd（%）	sharpe	Meand（%）	Sdd（%）	OBS
哥伦比亚	-125.51	6.51	4.20	143.63	44.11	0.10	5.01	2.07	135
印尼	-205.14	11.85	21.96	185.43	67.90	0.32	7.17	2.98	186
以色列	-97.87	0.29	-1.49	72.24	29.44	-0.05	2.12	1.99	135

资料来源：从 Data Stream 数据库下载后经处理。

表 3-6　　美元与 G9 区域货币之间 1 月期套息的超额收益情况

G9 货币	min（%）	median（%）	mean（%）	max（%）	sd（%）	sharpe	Meand（%）	Sdd（d）	OBS
澳大利亚	-195.26	10.41	6.83	114.91	45.62	0.15	2.71	1.34	186
加拿大	-103.02	2.76	-0.20	152.72	32.03	-0.01	0.74	0.47	186
日本	-89.11	3.22	3.04	99.08	33.33	0.09	1.91	2.05	186
新西兰	-119.95	-1.88	-1.54	91.02	46.17	-0.03	3.00	1.25	48
挪威	-143.85	1.85	1.31	91.66	40.89	0.03	2.03	1.32	186
瑞典	-127.67	4.53	4.28	114.63	40.44	0.11	1.45	0.87	186
瑞士	-166.95	0.76	-3.34	135.62	38.43	-0.09	1.19	1.29	186
英国	-115.42	0.84	0.73	106.01	30.31	0.02	1.07	1.00	186
欧元区	-120.70	3.98	3.15	114.96	36.51	0.09	0.95	0.74	186

资料来源：从 Data Stream 数据库下载后经处理。

同日元做套息交易一样，同样将地区区分为 EM 和 G9 两个部分，分别计算了美元自 2000 年 1 月至 2015 年 6 月以来的套息交易的收益。计算过程中在每月的最后一天通过对比相应货币对的 1 月期（3 月期）利率差，确定 1 月期（3 月期）套息交易的方向，买入高利率货币卖出低利率货币，1 月期（3 月期）到期后卖出高利率货币偿还低利率货币，结算收益，获得年化后的套息交易的 1 月期（3 月期）的收益。表 3-5 和表 3-6 是每月月初进行一次为期 1 个月的套息交易，在比较了美元和其他的国家货币之间的 1 月期利率后，以低息货币套高息货币，一个月后再收回高息货币，偿还低息负债后得到的超额收益情况。

表 3-7　美元与 EM 区域货币之间 3 月期套息的超额收益情况

EM 货币	min（%）	median（%）	mean（%）	max（%）	sd（%）	sharpe	Meand（%）	Sdd（%）	OBS
中国台湾	-30. 59	0. 83	1. 15	29. 30	10. 90	0. 11	1. 20	1. 24	117
泰国	-29. 35	2. 54	1. 17	32. 58	13. 37	0. 09	1. 29	1. 01	184
南非	-94. 11	2. 69	3. 24	107. 80	33. 84	0. 10	6. 01	2. 32	184
土耳其	-83. 95	9. 01	9. 98	123. 72	31. 63	0. 32	14. 71	10. 59	152
菲律宾	-36. 53	4. 22	2. 99	37. 83	12. 67	0. 24	3. 81	2. 16	173
韩国	-103. 08	0. 31	-0. 27	88. 02	22. 46	-0. 01	1. 86	0. 97	129
中国（在岸）	-12. 16	2. 05	1. 64	10. 55	4. 47	0. 37	3. 04	1. 62	102
中国（离岸）	-12. 71	4. 19	1. 57	9. 44	6. 32	0. 25	2. 83	0. 68	21
印度	-51. 53	2. 98	2. 09	40. 13	15. 64	0. 13	5. 83	2. 47	184
波兰	-107. 35	1. 01	0. 79	75. 88	30. 45	0. 03	4. 50	3. 47	158
捷克	-75. 90	3. 95	1. 57	85. 22	26. 46	0. 06	1. 17	0. 84	184
智利	-92. 17	0. 36	-0. 07	54. 25	23. 75	0. 00	2. 41	1. 85	133
墨西哥	-83. 96	5. 28	2. 44	65. 40	20. 33	0. 12	4. 95	2. 32	184
斯洛伐克	-74. 42	1. 71	2. 65	54. 86	24. 29	0. 11	1. 73	1. 93	158
哥伦比亚	-88. 45	6. 05	4. 87	78. 59	26. 89	0. 18	4. 91	2. 06	133
印尼	-88. 89	9. 29	11. 23	79. 40	28. 81	0. 39	7. 34	3. 02	184
以色列	-39. 85	1. 93	-0. 33	53. 97	17. 65	-0. 02	2. 06	1. 99	133

资料来源：从 Data Stream 数据库下载后经处理。

表 3-8　美元与 G9 区域货币之间 3 月期套息的超额收益情况

G9 货币	min（%）	median（%）	mean（%）	max（%）	sd（%）	sharpe	Meand（%）	Sdd（%）	OBS
澳大利亚	-114. 67	6. 90	7. 38	103. 53	26. 79	0. 28	2. 65	1. 35	184
加拿大	-62. 99	-0. 46	0. 24	62. 19	18. 19	0. 01	0. 74	0. 45	184
日本	-62. 99	3. 82	2. 57	50. 14	20. 20	0. 13	1. 94	2. 05	184
新西兰	-42. 53	-0. 30	-1. 21	35. 83	20. 06	-0. 06	2. 94	1. 24	46
挪威	-91. 49	2. 28	1. 67	75. 35	24. 44	0. 07	2. 04	1. 30	184
瑞典	-87. 34	3. 01	1. 95	62. 50	24. 39	0. 08	1. 45	0. 88	184
瑞士	-55. 82	-3. 53	-3. 71	46. 58	20. 20	-0. 18	1. 21	1. 26	184

续表

G9 货币	min（%）	median（%）	mean（%）	max（%）	sd（%）	sharpe	Meand（%）	Sdd（%）	OBS
英国	-78.46	0.93	0.61	59.45	18.48	0.03	1.09	1.01	184
欧元区	-72.97	2.40	3.03	54.25	21.16	0.14	0.96	0.73	184

资料来源：从 Data Stream 数据库下载后经处理。

对比表 3-5 至表 3-8 可以发现，美元做套息交易的结果与日元的套息交易的结果在很大程度上还是呈现出很多相似之处的，两种货币做套息交易的结果呈现出相似的收益和波动性特征。但是两者之间也存在着不同，下一节将着重进行对比分析。对这 20 多种货币套息交易结果的分析，基本上可以得出如下结论：①套息交易的过程往往伴随着高收益与高损失，但是综合来说，其还是会取得显著的正向超额收益。②套息交易的过程也伴随着高风险，其收益率的波动范围广，波动频率高。

第五节　套息交易的收益对比

通过整理，笔者将美元和日元的套息结果分 1 月期和 3 月期的套息结果进行了如下对比。

表 3-9　　日元和美元在不同期限上对 EM 和 G9 区域套息的收益结果

	min（%）	median（%）	mean（%）	max（%）	sd（%）	sharpe	Meand（%）	Sdd（%）
EM 日元 1m	-176.26	9.51	8.05	132.57	47.86	0.17	5.44	2.65
EM 美元 1m	-123.77	4.05	3.42	104.60	35.51	0.10	4.09	2.36
G9 日元 1m	-170.45	6.62	3.94	108.81	41.52	0.09	2.53	1.40
G9 美元 1m	-131.33	2.94	1.58	113.40	38.19	0.04	1.67	1.15
EM 日元 3m	-96.94	8.73	6.79	80.89	28.96	0.24	5.41	2.74
EM 美元 3m	-65.00	3.44	2.75	60.41	20.58	0.15	4.10	2.38
G9 日元 3m	-93.55	6.80	4.11	65.17	23.35	0.17	2.53	1.43
G9 美元 3m	-74.36	1.67	1.39	61.09	21.55	0.06	1.67	1.14

表 3-9 是将第二节中的八张表格融合在一起获得美元和日元对 G9 地区和 EM 地区的 1 月期和 3 月期的套息交易的超额收益的结果。下文将分别从美元和日元的角度、1 月期和 3 月期的角度以及 EM 地区和 G9 地区的角度对第二节中的八张表进行分析。

一 美元和日元套息交易间收益的对比

第一，以美元做套息交易的平均收益无论是 1 月期还是 3 月期均低于同期限以日元做套息交易的收益。其收益率的中位数也同样低于同期限日元做套息交易的收益率。

第二，以美元做套息交易的收益波动性无论是在 1 月期还是在 3 月期上也相应的低于以日元做套息交易的收益波动性。首先在极差上看出这个问题，以日元做套息交易的结果，其收益的最大值和最小值的绝对值均显著大于以美元做套息交易的收益结果，表 3-9 显示，在以日元做套息交易的时候相比于以美元做套息交易的时候其极大值和极小值上升了大约 30%-40%；从收益分布的标准差上来看，日元的套息交易的收益率的标准差也同样高于美元套息交易收益的标准差，其标准差大概上升了 20%-30%。

在这里笔者做出了自己的思考，日元做套息交易的收益波动性更高的原因主要在于文章的汇率远期数据均是以 1 美元对应的货币值来的，换句话说在这里假设美元的汇率恒定为 1，不存在波动，但是日元的汇率却是在不断地波动中，在计算收益的过程中，收益的波动不仅来自被套息货币的汇率和远期波动，还来自套息货币的相应数据的波动。所以这里日元套息交易收益的波动高于美元套息交易收益的波动是来源于日元的汇率及远期数据的变动更为剧烈。

第三，日元套息交易相对于美元套息交易，其套息交易策略的夏普比率也高于后者。前述表明日元套息交易相对于美元套息交易其收益和风险均大于后者，但是应该怎么比较两种货币的套息交易的效果呢，比较普遍的做法就是比较两者的夏普比率。两者的夏普比率结果显示日元套息交易相对于美元套息交易，其套息交易策略的夏普比率也高于后者。所以说日元做套息交易的过程中其收益的增加不仅仅弥补了其风险的增加，还存在一部分效用的增加。

二　1 月期和 3 月期套息的收益对比

抛开套息货币选择上的差异，同样从收益、波动性和夏普比率三个层面来分析比较对应货币在不同期限上套息的结果。

第一，1 月期套息交易收益略高于 3 月期套息交易的收益率。对应货币在 1 月期上的套息交易的收益率相比于 3 月期套息交易的收益率上升了 10%—20%，其收益的中位数也提高了 10%—20%。

第二，1 月期套息交易的波动性远大于 3 月期套息交易的波动性。其收益波动性远大于 3 月期套息交易的波动性体现在极差上，其极大值和极小值相比 3 月期均有 40%—50%的上升；从标准差来看其于 3 月期相比同样也有了 40%—50%的提升。

第三，1 月期套息交易的夏普比率远低于 3 月期套息交易的夏普比率。1 月期和 3 月期套息交易的收益率和收益的波动性均有不同程度的上升。同样在比较两种套息策略的时候应该比较两种交易策略的夏普比率。表 3-9 中分别计算出了两个不同持有期交易策略的平均夏普比率，结果显示出 3 月期套息交易的策略相比于 1 月期的交易策略会大大提高夏普比率。这里面夏普比率的提高主要是来自收益波动率的降低，可以看出长期的交易策略将大大降低套息交易收益率的波动性，进而提高套息交易的效率，这也从侧面验证了套息交易投资者在大环境没有发生大变化的情况下一般不用进行平仓。

第四，这一部分的分析其实是对于投资期限选择上的一个探讨，数据表明虽然短期的投资组合会产生更高的收益，却也伴随着更高的风险，这一部分讨论的结论就是为了追求较高的投资效率，在进行套息交易的过程中如果外部条件没有发生较大的改变的时候，应该长期持有投资组合。

三　EM 地区和 G9 地区之间收益的对比

第一，对新兴市场地区（EM）的套息收益率显著高于对发达地区（G9）套息的收益率。从前面的表中可以容易的发现，不论是美元还是日元，不论是一月期还是三月期的套息交易，其收益都一致地呈现出对新兴市场地区的收益率显著高于对发达地区的套息交易的收益率。究其原因，我们认为新兴市场地区的经济正在快速增长和不断发展的时期，其货币利率一般显著高于发达地区的货币利率，其币值也将稳中有升，币值走强的可能性要更高一点，所以对新兴市场地区货币进行套息交易，收益率要显著高于对发达国家地区的套息交易。

第二，对新兴市场地区（EM）的套息收益率的波动性与对发达地区（G9）套息的收益率波动性基本一致。虽然新兴市场地区的套息收益率显著高于对发达地区套息的收益率，但是在辨别投资策略的时候不仅要看策略的收益率，也要考虑策略的风险，即收益的波动性。前文的结果显示对新兴市场地区的套息收益率的波动性与对发达地区套息的收益率波动性基本一致，套息交易的收益波动与套息对象来自发达地区还是新兴市场地区没有显著影响。

第三，对新兴市场地区（EM）的套息收益率的夏普比率显著高于对发达地区（G9）套息的收益率的夏普比率。新兴市场地区的套息收益率的夏普比率显著高于对发达地区套息的收益率的夏普比率，这个结果显示对于新兴市场地区的货币进行套息会取得更高的套息效率。

第四，这一部分的分析提供的结论就是：无论从收益均值还是收益的标准差来看，对新兴市场区域进行套息交易要优于对市场发达区域进行套息交易，对于套息交易的投资者来说在选择套息货币时应该偏向于选择新兴市场区域的货币。

四　套息交易收益与息差方向的一致性

前文对比了日元和美元套息交易在 1 月期和 3 月期以及 EM 区域和 G9 区域的结果进行分析后，现在反过来考虑一个最基本的问题，套息交易以利率大小作为套息的方向，那么利率的大小作为套息交易方向的准确性有多大呢？在计算的过程中以利率的高低作为套息交易的信号，所以只需验证套息交易取得正向收益的频率就可以验证以利率作为套息交易信号的准确度了。

通过以日元和美元做套息交易的结果，计算出来的超额收益数据共有 25900 个观测值，其中缺省值 7211 个，收益与利差方向一致的观测值有 12539 个，收益与利差方向相反的观测值有 9110 个，具体区分日元和美元以及期限和套息区域后的统计结果如表 3-10 所示：

表 3-10　　息差信号的准确度

	正值	负值	缺省值	比例
日元 1 月期套息	3116	2307	1087	0.57
日元 3 月期套息	3336	2078	1026	0.62
美元 1 月期套息	2990	2415	1105	0.55
美元 3 月期套息	3097	2310	1033	0.57
总计	12539	9110	4251	0.58

资料来源：从 Data Stream 数据库下载后经处理。

表 3-10 的结果显示出：以利率大小做套息交易方向信号大约可以提供大约六成的成功率，虽然并没有达到 90%以上的成功率，但是其成功率显著高于 50%说明了以利率大小作为套息交易方向的这种策略是有效的。此外，前文中的统计结果显示了虽然套息交易的风险是巨大的，而且这里的结果也说明以利率大小作为套息交易方向的策略虽然具有一定的正确性，但是成功率却并不高，但是不要忘了，收益率的数据说明，即使套息交易没有给提供一个很高的成功率，但是依然可以取得一个显著的正向超额收益率均值，这也证实了套息交易的确是一个有效的交易策略，所以说以息差作为套息交易的方向信号是有效的。

五　套息交易的超额收益率与息差之间的关系

上文中提到套息交易的超额收益率的均值和息差的均值从数值上看是存在一定的相关性的，而且上一节第四部分统计的以息差作为套息方向的准确度虽大于 50%，却也仅仅不到 60%，这一部分将进一步探讨套息交易的超额收益率与息差的大小是否存在关系。我们将息差分为四层，分别统计四个分位数上套息交易的超额收益率的分布情况。统计结果如下：

表 3-11　　套息交易超额收益率的分布情况

	美元 1 月期	美元 3 月期	日元 1 月期	日元 3 月期
利差缺省数	399	422	399	422

续表

		美元1月期	美元3月期	日元1月期	日元3月期
Q（25%）	缺省数	22	15	2	1
	正值数	473	458	520	482
	负值数	659	654	626	633
	成功率	0.42	0.41	0.45	0.43
	均值（%）	0.64	0.14	1.63	0.27
Q（50%）	缺省数	64	49	48	45
	正值数	571	580	645	703
	负值数	520	506	462	385
	成功率	0.52	0.53	0.58	0.65
	均值（%）	1.84	1.86	11.15	11.07
Q（75%）	缺省数	126	138	77	60
	正值数	574	575	628	690
	负值数	454	426	455	401
	成功率	0.56	0.57	0.58	0.63
	均值（%）	14.05	8.52	20.14	13.17
Q（100%）	缺省数	131	129	215	222
	正值数	631	673	588	628
	负值数	398	343	357	296
	成功率	0.61	0.66	0.62	0.68
	均值（%）	8.32	7.3	13.22	10.43

表3-11中结果展示了一个更加直观的结果：（1）从套息交易的成功率来看：以利差大小为标准进行排序后可以发现，无论是美元还是日元，无论是1月期还是3月期，利差数据前25%的套息交易的都呈现出很低的交易成功率；从25%到50%再到75%再到100%，套息交易的成功率也从最开始的40%多单调增加到了60%多。可以说随着利差的增大，套息交易的成功率也在不断地上升。但是，在50分位数之后套息交易的成功率基本稳定在60%左右，并不会随着息差的增大而明显的增大，从这个角度来说投资者在进行套息交易的时候，为了保证套息交易取得成功可以选择利差较大的货币对进行套息，但却不能带来成功率的显著增加。（2）从套息交易的收益率均值来看：如图3-12所示，整体上看，随着息差的增大，套息交易的超额收益率的均值也呈现出不断增加这一特征。

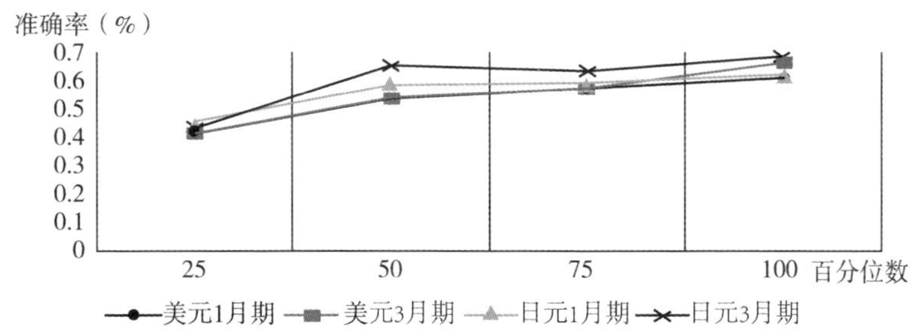

图 3-11　套息交易准确率变化趋势

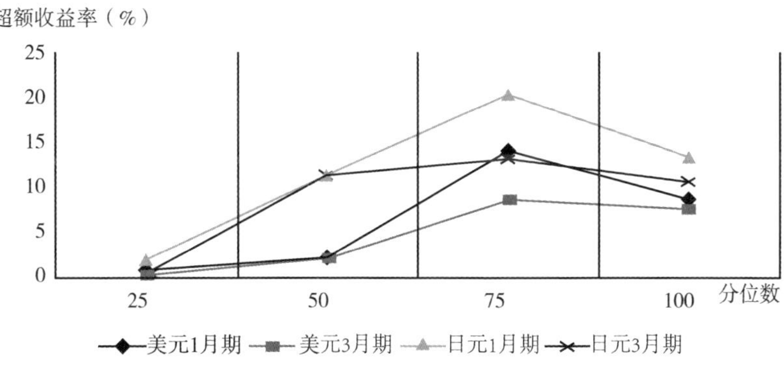

图 3-12　套息交易收益变化趋势

在第一分位数到第三分位数上表现得更为强烈，在这段区间内套息交易的超额收益率的均值随着息差的增大不断地增加；在第三分位数到第四分位数上套息交易的超额收益率的均值都呈现小幅度下降。从这一角度来看，对于投资者来说，在套息交易的过程中应该追逐利差大的货币对，但是却又要把握一个度，但是毫无疑问的是追逐高息差货币对的确是一个高收益的投资策略。

第六节　人民币套息交易的超额收益

图 3-13 和图 3-14 显示，以美元为融资货币的人民币平均年化超额收益率在新兴市场国家货币中居于前列。而且，图 3-15 还显示相较于其他货币，人民币累积超额收益率的回撤时间短、幅度小。因此，人民币已成为国际投资者重要的投资和投机目标货币之一。

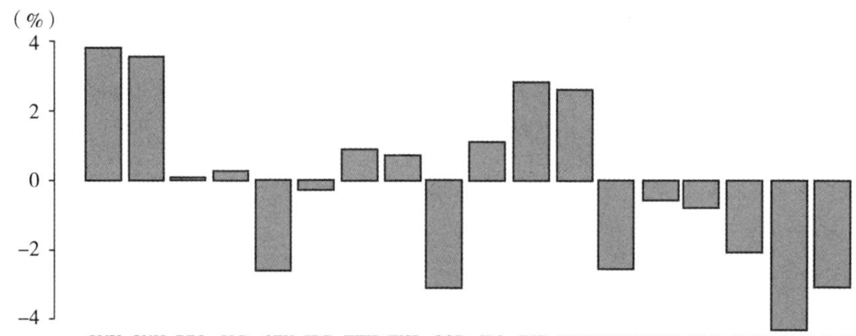

图 3-13 主要新兴市场国家货币的平均年化超额收益率

说明：融资货币：美元（USD）。投资货币：在岸人民币（CNY），离岸人民币（CNH），巴西雷亚尔（BRL），智利比索（CLP），捷克克朗（CZK），印尼卢比（IDR），新台币（TWD），泰铢（THB），哥伦比亚比索（COP），以色列新锡克尔（ILS），印度卢比（INR），韩国韩元（KRW），墨西哥元（MXN），菲律宾比索（PHP），波兰兹罗提（PLN），俄罗斯卢布（RUB），土耳其里拉（TRY），南非兰特（ZAR）。样本区间：2010 年 9 月至 2017 年 12 月。

资料来源：Datastream。

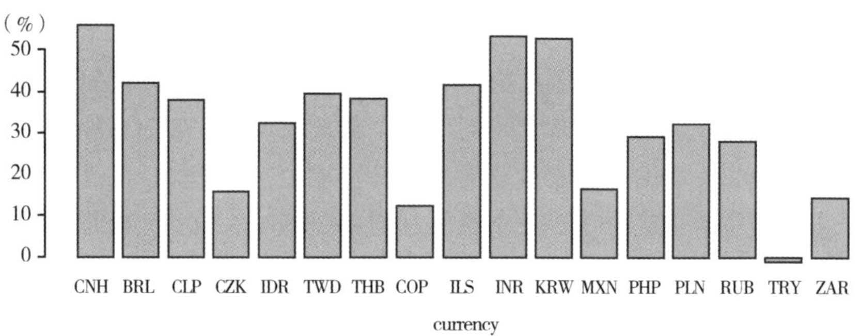

图 3-14 主要新兴市场国家货币的累计收益率

说明：融资货币：美元（USD）。投资货币：在岸人民币（CNY），离岸人民币（CNH），巴西雷亚尔（BRL），智利比索（CLP），捷克克朗（CZK），印尼卢比（IDR），新台币（TWD），泰铢（THB），哥伦比亚比索（COP），以色列新锡克尔（ILS），印度卢比（INR），韩国韩元（KRW），墨西哥元（MXN），菲律宾比索（PHP），波兰兹罗提（PLN），俄罗斯卢布（RUB），土耳其里拉（TRY），南非兰特（ZAR）。样本区间：2010 年 9 月至 2017 年 12 月。

资料来源：Datastream。

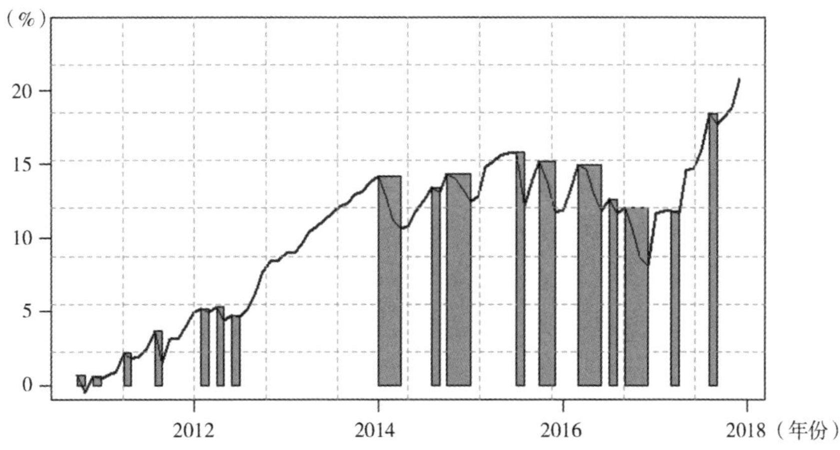

图 3-15　USD-CNH 累积超额收益率回撤图

说明：样本区间 2010 年 9 月至 2017 年 12 月。阴影部分为重要回撤。

第四章

人民币超额收益中的投机与投资因素

第一节　引言

外汇市场上，投资者的任何交易行为，总是出于投资或者投机动机。一方面，投资者可能基于对一国货币内在价值的判断，即通过将一国货币的内在价值与当前市场价格进行比较，从而做出投资决策。其中，实际汇率被认为是反映一国货币内在价值的重要指标（Froot 和 Ramadorai，2005）。实际汇率越高的国家，货币的升值趋势越强。因此，在本章中我们将以投资实际汇率较高的货币来获取货币升值收益的交易，称为投资驱动的外汇交易。另一方面，外汇市场上也充斥着大量的短期投机交易行为。其中，套息交易被认为是外汇市场上最受欢迎的投机策略之一。尽管根据无抛补利率平价理论，高利率货币贬值和低利率货币升值将使货币超额收益趋于零。但是，外汇市场的远期风险溢价之谜（例如，Bilson，1981；Froot and Thaler，1990；Engel，1996）使得无抛补利率平价并不成立，即市场上存在套息交易的投机机会。基于息差信号构建高利率与低利率货币的套息交易组合赚取超额收益的行为，我们称之为投机驱动的外汇交易。

自 2005 年 7 月人民币汇率制度改革以来，人民币兑美元汇率的浮动幅度不断扩大，市场上同时存在着投资和投机驱动的外汇交易行为。一方面，中国在过去十年间保持中高速经济增长的同时，还维持了物价的基本稳定。这使得人民币兑美元等重要货币的实际汇率处于长期升值趋势，催生了大量基于货币内在价值的人民币投资交易。另一方面，随着中国资本账户的逐步开放、离岸可交收人民币市场的建立以及人民币与主要货币间息差的逐步扩大，人民币套息交易变得更为便捷，而且吸引力越来越高。

于是，本章旨在探讨如下三个问题：第一，投资因素（以实际汇率衡量）与投机因素（以息差衡量）是否具有对人民币超额收益的时变解释力；第二，投资与投机因素对人民币超额收益驱动能力的相对重要性是否随时间及环境的变化而改变；第三，投资与投机因素相结合的双轮驱动模型是否能够更好地解释人民币超额收益。

具体而言，本章首先引入贝叶斯动态线性模型，考察投资与投机的单因素模型对人民币超额收益的预测能力。结果显示，相对于随机游走模型，实际汇率和息差对人民币超额收益都具有更优的预测能力，且投资与投机因素的预测力都具有显著的时变性。其次，基于贝叶斯后验概率，本章发现以实际汇率衡量的投资因素，在总体上对人民币超额收益具有更显著的解释力。但是，在汇率制度发生重大变化时，市场投机因素的影响会显著增强。最后，本章基于后验概率与贝叶斯模型平均方法，比较了实际汇率与息差同时作为解释变量的双轮驱动模型和单因素模型的预测能力，发现双轮驱动模型显著优于单因素模型。这表明，结合投资与投机两方面因素，才能更好地理解人民币国际化过程中外汇市场的交易行为。

本章余下部分构成如下：第二部分回顾相关理论与实证研究文献。第三部分为研究设计，提出本章的研究思路及模型设定。第四部分是数据来源与变量定义。第五部分报告实证研究结果。第六部分阐述本书研究结论和政策含义。

第二节 文献综述

本章主要与以下几个方面的文献密切相关：（1）人民币套息交易；（2）人民币国际化进程中的投资与投机因素；（3）实际汇率与息差对货币超额收益的预测性研究；（4）贝叶斯动态线性模型与贝叶斯模型平均方法。

第一，当前人民币已成为套息交易的重要目标货币之一，而且由于中国存在着一定程度的资本管制，导致中国长期以来存在着经常项目途径的套息交易的行为（邵映红，2014；Bruno and Shin，2017；Huang et al.，2018）。尽管这些文献分析了套息交易的存在性，但是并没有就其驱动因素进行探讨。陈思翀和刘静雅（2018）以及陈思翀和费阳（2018）进一步分析了套息交易对中国资本流动的影响。本章从投资与投机两个方面，分析、比较了人民币超额收益的驱动因素，并进行了严谨的实证研究。

第二，人民币国际化进程受到投资与投机两方面因素的影响。张斌和徐奇渊（2012）认为，在汇率与资本项目管制背景下，人民币国际化的主要驱动力量在于套利套汇。胡方和丁畅（2018）利用VAR模型分析人民币国际化进程的研究结果显示，贸易需求并非真正驱动人民币国际化的因素，投机活动才是主要力量。李曦晨、张明和朱子阳（2018）从人民币国际化双向流动和渠道差异的角度分析了人民币国际化的驱动因素，发现套利因素对人民币净流出和总流出的影响更显著，而基本面因素对人民币总流入的影响更大。但是，这些文献对投资与投机的定义有差异，且既没有将投资与投机因素进行直接的动态比较，也没有分析两者对人民币超额收益的驱动能力。本章不仅分析以实际汇率代表的投资因素和以息差代表的投机因素在人民币超额收益预测中的时变性特征，还动态考察两者的相对重要性。

表4-1　息差与实际汇率对货币溢价的驱动研究

驱动因素	结论	模型	作者
利率	对货币超额收益有预测能力	随机游走模型	Bilson（1981）
		GMM估计	Hansen，Hodrick（1983）
		OLS估计	Fama（1984）
		GARCH模型	Hodrick（1987）
实际汇率	对货币风险溢价有预测能力	VAR模型	Froot & Ramadorai（2007）
		误差修正模型	Jord'a & Taylor（2012））
		面板回归	Menkhoff，Sarno，Schmeling，& Schrimpf（2015）
		VAR模型	P. Balduzzi & I. E. Chiang（2014）

第三，在货币超额收益的预测性方面，早期的Hansen和Hodrick（1980）、Bilson（1981）以及Fama（1984）等研究发现，无抛补利率平价理论（UIP）并不成立，这为货币超额收益的预测性问题提供了理论与实证研究基础。Lewis（1995）和Engel（1996）对货币超额收益可预测性研究的早期文献梳理后发现，实际汇率和息差对货币超额收益具有预测能力。近年

来，文献针对实际汇率与息差对货币超额收益的解释力展开了进一步研究。Verdelhan（2011）、Ang 和 Chen（2010）分别从时间序列与横截面角度的研究结果显示，息差对货币超额收益有显著的预测性。Froot 和 Ramadorai（2005）、Jorda 和 Taylor（2012）使用面板数据证明了实际汇率对货币超额收益的预测能力。Menkhoff et al.（2016）以及 Balduzzi 和 Chiang（2014）发现以实际汇率衡量的货币价值能够显著预测货币超额收益。尽管以上文献验证了息差与实际汇率对货币超额收益率的预测能力，但是并没有提供人民币超额收益的经验证据，更没有对实际汇率和息差的预测能力进行比较。与之前研究不同，本章分析息差与实际汇率对人民币超额收益的预测能力，并比较人民币外汇市场交易中投资和投机因素影响的差异。

第四，为了对投资与投机因素的相对重要性进行动态比较分析，本书引入贝叶斯动态线性模型（West and Harrison，1989）和贝叶斯模型平均（Leamer，1978）。该方法不仅允许预测系数具有不确定性（投资与投机因素的时变性），还有助于对模型的不确定性进行比较分析（投资与投机因素的相对重要性）。Cremer（2002）、Dangl 和 Halling（2012）以及 Johannes et al.（2014）将贝叶斯动态线性模型（BDLM）和贝叶斯模型平均（BMA）应用到股票市场超额收益的预测中。他们发现，相对于常系数模型，BDLM 表现出更好的样本外预测能力。而且，BMA 方法有助于在不确定性中动态选择更优的模型解决方案。本章首次将 BDLM 与 BMA 应用到货币超额收益的预测研究中，探究投资与投机因素在人民币超额收益预测中的时变性与相对重要性，解决货币超额收益预测中估计系数与模型设定的不确定性问题。

表 4-2　　BDLM 模型与 BMA 方法研究

模型	数据	结论	作者
BDLM	1927—2007 年纳斯达克超额收益指数，1 月期国债利率	贝叶斯动态线性模型预测表现更好	Micheal Johannes, Arthur Korteweg, & Nicholas Polson（2014）
	1937—2002，S&P500 月超额收益，分红，收入等	加入时变系数后模型的预测能力增强	Thomas Dangl, Michael Halling（2012）

续表

模型	数据	结论	作者
BMA	1954—1998，S&P500月超额收益，收入，分红，利率等	BMA方法在预测股票收益时优于经典模型	K. J. Martijn Cremers (2002)
	1983—2000瑞典季度通胀率与经济数据	以样本外预测效果来看，BMA方法非常有效。	Jacobson & Karlsson (2004)
	140个国家1960—1992年GDP增长率，及其他62个解释变量	在解释国家间经济增长时，BMA方法对参数以及实证结果提供了更好的解释。	dFermandez, Ley, and Steel (2001)

第三节 研究设计

一 人民币超额收益

无论是出于投资还是投机的动机，以美元为本币的投资者获得人民币超额收益主要有以下两种方式：①在利率市场上借入低息美元的同时以高息人民币借出；②在远期市场上卖出远期美元的同时买入远期人民币。

首先，假设我们站在以美元为本币的国际投资者的立场上，以 i_t 表示 t 时期的美元无风险利率，以 i_t^* 表示 t 时期的人民币无风险利率，S_t 是 t 时期以美元表示的每单位人民币的即期汇率，S_{t+1} 是 $t+1$ 时期以美元表示的每单位人民币的即期汇率。那么，在传统的利率市场上获取人民币超额收益的操作策略如下（见图4-1）：t 时期，投资者以利率 i_t 借入1美元后，在即期外汇市场上兑换成人民币 $1/S_t$，并以利率 i_t^* 借出。$t+1$ 时期，投资者收到 $(1+i_t^*)/S_t$ 人民币，并将其兑换成 $(1+i_t^*)S_{t+1}/S_t$ 美元。偿还 $(1+i_t)$ 美元后，投资者获利 $(1+i_t^*)S_{t+1}/S_t-(1+i_t)$ 美元。因此，投资者在 t 时期的净现金流为零，而在 $t+1$ 时期获得 $(1+i_t^*)S_{t+1}/S_t-(1+i_t)$ 美元的超额收益。

一种在现实中更常用的替代方式是，利用远期外汇合约来获取人民币超额收益。具体操作策略如下（见图4-2）：t 时期，投资者以远期汇率 F_t 订立卖出美元买入人民币的远期（$t+1$ 时期）合约。其中，F_t 是 t 时期以美元

表示的 $t+1$ 时期每个单位人民币的远期合约 CNH/USD 的价格①。即投资者在 t 时期买入一个单位 $t+1$ 到期的远期人民币的美元价格为 F_t 。于是，投资者可以在 t 时期以利率 i_t 借入 X_t 美元作为保证金，购入一个单位 $t+1$ 到期的远期人民币。$t+1$ 时远期合约到期，投资者收到 $X_t(1+i_t)+(S_{t+1}-F_t)$② 美元，并偿还 $X_t(1+i_t)$ 美元融资，获得 $(S_{t+1}-F_t)$ 美元超额收益。如果我们假设该远期合约收取全额保证金（X_t），那么投资者购入一个单位远期人民币需要投入的保证金为 $X_t=F_t$ ③。投资者的超额收益率为：

$$er_{t+1}=\frac{S_{t+1}-F_t}{X_t}=\frac{S_{t+1}-F_t}{F_t} \tag{4.1}$$

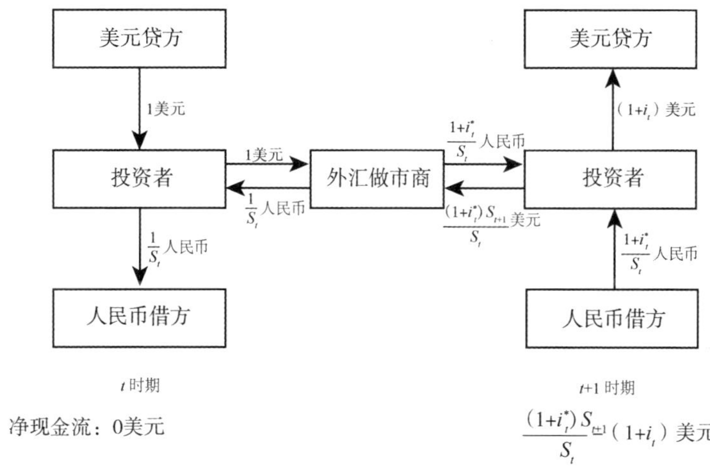

图 4-1　传统利率市场上获取人民币超额收益的策略

本章以下分析将主要基于远期市场操作策略计算人民币超额收益。理由如下：第一，在国际金融市场上，投资者更多运用远期市场操作的方式获取货币超额收益（Bilson，2013；Koijen et al.，2018）。第二，由于资本账

① 香港证券交易所（HKEX）于 2012 年 9 月推出以美元计价并支付保证金（denominated and margined in USD）且以美元交割（Cash-settled in USD）的可交收人民币远期产品（CNH/USD Futures），采用 USD per 10 RMB（例如：USD1.4876 per 10RMB）的报价方式。

② 由于远期合约在 $t+1$ 时期以未来的即期汇率（S_{t+1}）到期，因此 $F_{t+1}=S_{t+1}$。

③ 如果使用两倍杠杆，那么投资者的超额收益将同比例增长。

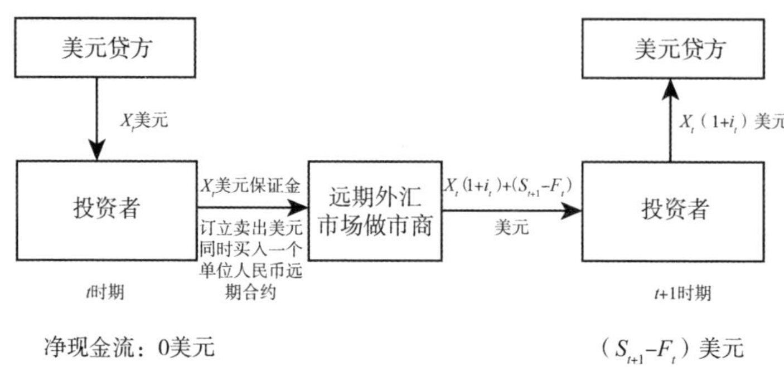

图 4-2　远期外汇市场上获取人民币超额收益的策略

户管制，国际投资者往往难以利用在岸市场利率工具。而在离岸人民币市场上，利率工具有限，且流动性较低。远期市场是实现人民币超额收益的更为现实且成本更低的交易方式。第三，当有抛补利率平价（CIP）成立时，上述两种方法计算的超额收益是等价的。但是，现实世界中的 CIP 并不总是成立，而且近期还有不断扩大的趋势（Du et al.，2018）。因此，以传统方式计算的人民币超额收益与实际可能形成较大的误差。基于远期市场的人民币超额收益及下文关于息差的定义，并不依赖于 CIP 的成立（Koijen et al.，2018）。

二　人民币市场上的投资和投机因素

一方面，外汇市场上充斥着大量投机性的交易。息差交易则是国际金融市场上最具有代表性的投机交易策略。即投资者通常基于息差信号，构建高利率与低利率货币交易组合赚取超额收益。由于息差是外汇市场上的重要投机信号，因此本书以息差（$Carry_t$）来代表投资者在 t 时期的投机动机。本书遵循 Koijen et al.（2018），根据前文基于远期合约对于人民币超额收益的定义，以人民币兑美元汇率在 t 至 $t+1$ 时期保持不变假设下（$S_{t+1}=S_t$）的人民币超额收益率来计算人民币与美元间的息差：

$$Carry_t = \frac{S_t - F_t}{F_t} \tag{4.2}$$

另一方面，投资者也通过对货币内在价值的判断进行投资交易。实际汇率通常被认为是反映一国货币内在价值的重要指标。本章以人民币兑美元实际汇率代表人民币内在价值和市场投资因素。具体而言，人民币兑美元在 t 时期的实际汇率（RER_t）的计算如式（4.3）所示，代表美国和中国商品的相对价格。实际汇率越高，人民币升值趋势越强。其中，考虑到商品的可贸易性，P_t^* 和 P_t 分别表示中国和美国相对于基期的生产者价格水平（PPI）。

$$RER_t = \frac{P_t^*}{S_t P_t} \tag{4.3}$$

三　研究假设

1. 投资或投机的单因素驱动人民币超额收益假说

本章首先研究投资或投机因素对人民币超额收益是否具有驱动能力。Ang 和 Chen（2010）分别从时间序列与横截面角度研究发现，息差对货币超额收益有显著的预测性。Froot 和 Ramadorai（2005）通过研究无抛补利率平价与实际汇率的关系，发现实际汇率能够驱动货币超额收益。本书遵循 Meese 和 Rogoff（1983）的传统，比较单因素模型与随机游走模型对人民币超额收益的预测结果，研究息差和实际汇率对人民币超额收益是否有显著驱动能力。基于此，本章提出如下假设：

H1：投资或投机的单因素模型对人民币超额收益的驱动能力优于随机游走模型。

2. 超额收益的时变驱动假说

在研究单因素对人民币超额收益的驱动能力时，本章主要关注外汇市场决定因素与制度环境的时变性导致单因素模型的系数不确定性问题。由于中国汇率制度经历多次重大改革，美国利率和国内利率出现多次调整，同时中美两国的宏观经济变量也发生重大变化，这使得常系数模型可能不足以捕捉市场变化。基于此，本书提出如下假设：

H2：可变系数模型的预测能力优于常系数模型。

3. 投资与投机因素的相对重要性假说

在考察单因素对人民币超额收益的驱动能力后，本章同样关注投资与投机因素在不同时期对超额收益驱动能力的相对变化。市场的波动不仅导致模型系数的不确定性，同时也会引起投资与投机因素在人民币套息交易过程中的重要性的相对变化。Balduzzi 和 Chiang（2014）利用 34 个国家的数据研究发现，实际汇率是无抛补利率平价偏误的主要驱动因素。基于此，本书提出如下假设：

H3：投资因素是驱动人民币超额收益的主要因素。

4. 投资与投机因素双轮驱动假说

市场中是否同时存在投资和投机因素？前文分析显示，实际汇率与息差都可能驱动超额收益。而且当市场出现变动时，息差与实际汇率对超额收益的驱动能力还可能出现变化。因此，本书进一步考察由实际汇率与息差同时作为解释变量的双因素模型能否更加显著地解释人民币超额收益。本书提出以下假设：

H4：人民币超额收益受到投资与投机的双轮驱动。

四　投资和投机因素的时变性与贝叶斯动态线性模型

影响人民币超额收益的投资与投机因素往往具有时变性。首先，影响人民币超额收益的基本面因素会随时间发生变化。例如，中美两国间的相对经济增长率、通货膨胀率等在过去十年间发生了巨大的变化。其次，作为人民币套息交易投机信号的息差，在过去十年间也经历了显著改变。例如，中美两国的息差在 2005—2017 年出现多次反转。最后，人民币汇率制度也经历了多次重大市场化改革。制度冲击可能对市场上的投资与投机交易活动带来影响。因此，投资与投机因素对人民币超额收益的预测能力可能具有时变性，常系数模型或许不足以刻画预测能力的动态变化。换句话说，投资与投机因素的回归系数可能存在系数的不确定性问题。

在假设实际汇率、息差和人民币超额收益之间存在线性关系的基础上，本书引入贝叶斯动态线性模型（BDLM），允许解释变量系数为时变系数，从而解决投资与投机因素的系数不确定性问题。具体预测方程采用如下状态空间模型形式：

$$e\,r_{t+1} = X_t^{'}\,\theta_t + v_{t+1},\ v \sim N(0,\ V)\ (\text{观测方程}) \tag{4.4}$$

$$\theta_t = \theta_{t-1} + \omega_t,\ \omega \sim N(0,\ W_t)\ (\text{系统方程}) \tag{4.5}$$

其中，$X_t^{'}$ 表示 t 时期的实际汇率或息差，向量 θ_t 为不可观测的时变回归系数，v 是均值为 0、方差为 V 并服从正态分布的随机扰动项。方程（4.4）

为观测方程，表示 t 时期可观测的变量 X_t' 预测 $t+1$ 时期的人民币超额收益率。方程（4.5）显示，作为解释变量的实际汇率或息差的系数具有时变性，该系数会受到随机扰动项 ω 的干扰。ω 的均值为 0、方差矩阵为 W_t 。

当我们假定系统的系数 θ_0 服从正态先验分布，观测方程方差 V 服从逆伽马先验分布，可使先验分布与后验分布具有相同的分布。当 t = 0 时，参考 Cremers（2002），本书假定如下先验分布：

$$V \mid D_0 \sim IG[\frac{1}{2}, \frac{1}{2} S_0] \tag{4.6}$$

$$\theta_0 \mid D_0, V \sim N[0, g S_0 (X'X)^{-1}] \tag{4.7}$$

其中，$S_0 = \frac{1}{N-1} r'(I - X(X'X)^{-1} X')r$ ，g 表示观测方程的可变程度。

当系统方差较小时，随着样本规模增大系数向量的估计误差趋近于 0。当系统方差较大时，对系数的估计会出现较大误差，即系数的估计误差与系统方差正相关。

为了控制和比较不同可变程度下的模型预测能力，本书遵循 West 和 Harrizon（1997）的方法引入标度因子 δ（$0 < \delta \leqslant 1$）。通过极大似然估计，计算系统方程方差的极大似然估计值 W_{mle} ，令 $\omega \sim N(0, W_{mle}\frac{(1-\delta)}{\delta})$ 。如果 $\delta = 1$，即系统方差矩阵 W_t 为 0，回归系数 θ 将不随时间变化，动态线性模型退化为常系数线性回归模型。如果 $\delta < 1$，则估计系数具有时变性，δ 越小时变性越强。本书通过比较不同可变程度下单因素方程预测能力的强弱，研究时变的单因素模型是否能够更好地捕捉市场变化。

五　投资和投机因素的相对重要性与贝叶斯模型平均

不仅投资与投机因素的驱动能力本身具有时变性，而且其相对重要性也会随着市场的变化发生改变。例如，在某一时期，人民币超额收益可能主要由投资（投机）交易驱动，从而使得基于投资（投机）因素的单因素模型成为最优模型设定。而在另外一些时期，人民币超额收益可能由投资与投机因素共同驱动，此时双轮驱动模型才是最优模型设定。我们把投资与投机因素的相对重要性变化引发的上述问题，称作模型的不确定性问题。

模型的不确定性问题主要体现在以下两个方面：第一，投资与投机因素在不同时期的相对驱动能力变化是否导致最优模型设定发生改变？第二，人民币超额收益究竟由投资还是由投机驱动？抑或由投资与投机双轮驱动？为了解决上述模型不确定性问题，本章在动态线性模型的基础上，引入贝叶斯后验概率与模型平均方法。股票市场收益率的动态预测研究结果表明，模型具有显著的不确定性，贝叶斯模型平均方法（BMA）则是用来选择最优预测模型的重要方法之一（例如，Dangl 和 Halling，2012）。

具体而言，本章考虑分别反映投资与投机因素的 2 个潜在解释变量：中美两国息差与实际汇率。因此，备选模型共有 3 个：投资驱动模型、投机驱动模型、投资与投机双轮驱动模型。本书遵循贝叶斯模型选择方法，基于后验概率对不同模型设定的优劣进行判断。本书首先考察息差与实际汇率的两个单因素模型的后验概率变化，比较投资与投机因素对人民币超额收益的预测能力。进一步，本书加入由息差和实际汇率共同作为解释变量的双轮驱动模型，利用后验概率分析人民币市场是否为投资与投机双轮驱动。本书还根据式（4.8）所示的贝叶斯模型平均的方法，将每个候选模型的后验概率作为权重，加权平均计算 $t+1$ 时期人民币超额收益的 BMA 预测值。

$$er_{t+1}^{BMA} = E(\widetilde{er}_{t+1} \mid D_t) = \sum_{i=0}^{2^k-1} \widetilde{er}_{i,\ t+1} P(M_{i,\ t} \mid D_t) \tag{4.8}$$

其中，$M_{i,\ t}$ 表示第 i 个模型，$\widetilde{er}_{i,\ t+1}$ 代表 t 时期模型 $M_{i,\ t}$ 预测的超额收益率，D_t 表示 t 时期的已知信息。初始时，我们赋予每个模型相同的权重，即相同的先验概率。通过对后验概率的不断修正，我们不仅可以得到每个模型的后验概率变化及每个模型为最优模型时的概率，还可以得到一个综合的最优模型预测。此处，后验概率（$P(M_{i,\ t} \mid D_t)$）根据贝叶斯公式（4.9）以及观测数据和预测值进行修正。

$$P(M_{i,\ t} \mid D_t) = \frac{P(D_t \mid M_{i,\ t}) P(M_{i,\ t})}{\sum_{i=0}^{2^k-1} P(D_t \mid M_{i,\ t}) P(M_{i,\ t})} \tag{4.9}$$

第四节　数据

以下，本章选取香港离岸可交收人民币交易数据作为基础样本，研究影响人民币超额收益的投资与投机因素的时变性及相对重要性。这是因为，首先，本书研究动机之一在于人民币国际化过程中，国际投资者究竟是由经济基本面驱动还是由市场投机驱动。其次，相对于具有资本管制的在岸市场，离岸人民币市场作为人民币国际化的主要推手，不仅相关制度得到不断完善，而且其交易规模与流动性不断增大。离岸可交收人民币市场已经取代 NDF 成为国际投资者的主要参与市场。最后，本章也使用在岸人民币数据进行稳健型检验。

基于离岸人民币市场的建立时间与数据可得性，本章选取的样本区间为 2010 年 9 月至 2017 年 12 月。本章选取离岸人民币兑美元即期名义汇率、离岸人民币兑美元远期名义汇率、中美两国月度 PPI 数据，分别计算人民币超额收益、息差和美元人民币实际汇率。同时，本书选取 2010 年 9 月到 2017 年 12 月的在岸人民币兑美元即期名义汇率、在岸人民币兑美元远期名义汇率进行稳健性检验。以上数据皆来自 Bloomberg 数据库。

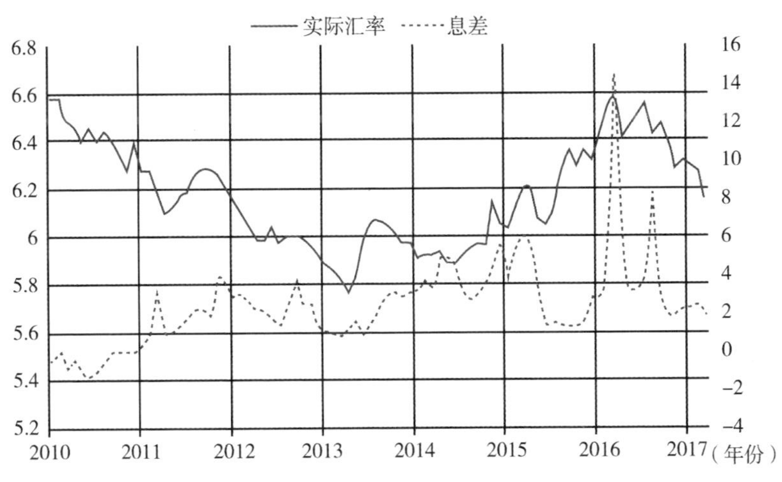

图 4–3　息差与实际汇率波动

说明：本图显示了 2010 年 9 月到 2017 年 12 月实际汇率与息差的走势。其中，左轴代表实际汇率，右轴代表息差。

图 4–3 显示了代表投资因素的美元人民币实际汇率和代表投机因素的人民币美元息差在样本区间的波动情况。由于国际金融危机以及美国量化宽松政策的影响，美元无风险利率长期处于接近于零的低水平状态，因此，

2011 年后，人民币兑美元的息差长期保持正值水平。正向的高息差为中美间的套息交易提供了机会。2016 年 1 月，香港离岸人民币市场出现流动性短缺，隔夜拆借利率上升；2016 年 9 月，人民币发生贬值，中国人民银行开始收紧离岸人民币市场的流动性，特别是在 10 月 1 日人民币正式加入 SDR 货币篮子前夕，这导致香港人民币 HIBOR 飙升。于是人民币美元息差扩大。与此相对，2013 年之后人民币实际汇率逐步升高，这是由于中国宏观经济向好，经济运行处于合理区间。经计算，实际汇率与息差的相关系数仅为 0.044。这表明实际汇率和息差可能为投资者提供了不同的信息。

图 4-4 显示了不同期限的人民币超额收益的变动情况。首先，以一个月期限为例，伴随 2015 年的“8·11 汇改”，市场不确定性增强，人民币超额收益的波动随之增大。我们发现，人民币超额收益虽然波动较为剧烈，但是整体上处于大于零的状态。这说明以美元为融资货币的人民币投资或者投机行为可获得正向收益，从而吸引了大量的投资和投机交易。

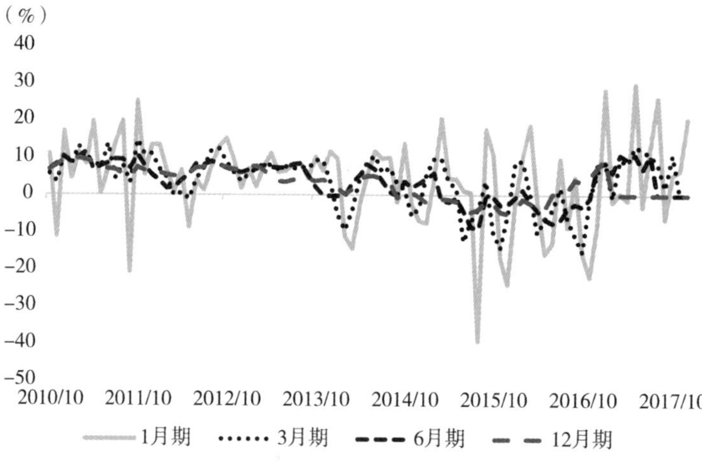

图 4-4　不同期限的人民币超额收益

表 4-3　描述性统计　　**单位：%**

变量名称	最小值	平均值	最大值	标准差
一个月超额收益	-39.18	4.10	29.87	12.10
三个月超额收益	-15.30	3.97	14.67	7.05

续表

变量名称	最小值	平均值	最大值	标准差
六个月超额收益	-8.95	3.86	11.53	5.19
12 个月超额收益	-4.98	3.44	9.78	4.15
息差	2.09	3.87	7.87	1.29
实际汇率	5.70	6.11	6.51	0.21

注：本表报告了不同期限的人民币超额收益率、中美两国息差、以及人民币美元实际汇率的主要描述性统计。人民币超额收益与息差皆为年化后的数据。

表 4-3 报告了人民币超额收益、息差与实际汇率的描述性统计。经年化后，一个月超额收益的最大值为 29.87%，最小值为-39.18%，波动较大。平均超额收益为 2.67%，这说明长期投资离岸人民币市场可获得较高的正向超额收益。息差的平均值为 4.10%，表明人民币对美元间存在正向的息差回报，而高息差正是吸引套息交易投机者的重要因素之一。息差的最大值达 3.87%，最小值为 2.09%，波动较为剧烈。实际汇率在样本区间内变动则较为平缓。

第五节　实证分析结果

首先，本书基于贝叶斯动态线性模型分别考察投机与投资因素对超额收益的预测能力及其时变性。其次，针对投机与投资因素的相对重要性的不确定性问题，本书通过考察投机与投资的单因素模型在预测超额收益时的后验概率变动情况，比较市场投机因素与投资因素哪个驱动能力更强。最后，本书将包含投资与投机因素的双轮驱动模型与单因素模型进行比较，考察市场是否为双轮驱动，并通过贝叶斯模型平均法动态选择最优模型。

一　投机驱动的人民币超额收益

息差是外汇市场的套息交易的重要投机信号。为了考察息差对超额收益是否有预测能力本书以息差作为解释变量，比较息差模型与随机游走模型的预测误差。具体而言，本书首先在不同可变程度（标度因子 $\delta=1$，0.9，0.8，0.7）下，比较息差模型与随机游走模型的预测效果。其次，本书通过绘制相对累计预测误差图，以观察息差模型预测误差的时变性及其发生重大变化的时点，并结合具体背景进行解释。最后，本书通过 BMA 方法，比较常系数模型与变系数模型的后验概率变化。同时，根据后验概率求出最优的 δ 值，即模型最优可变程度。

表 4-4 报告了随机游走模型与不同时变性程度下息差模型的预测结果的三个统计指标（Mean Absolute Percentage Error（MAPE），Mean Absolute Deviation（MAD），Mean Squared Error（MSD））。首先，随机游走模型三项指标均最大，表明息差模型的预测结果优于随机游走模型，息差对人民币超额收益有明显的预测能力。其次，变系数模型的预测情况优于常系数模型。随着 δ 的减小 MAPE、MAD 与 MSE 三个指标均逐渐下降，说明模型预测的误差随着可变程度的增加而逐渐减小。总体而言，可变系数模型预测能力明显优于常系数模型。

表 4-4　　息差模型与随机游走模型预测结果比较

	随机游走	息差模型			
δ	–	1	0.9	0.8	0.7
MAPE	2.63	1.27	1.25	1.16	1.16
MAD	12.16	8.03	7.30	6.50	5.54
MSE	279.92	126.24	103.04	78.23	59.91

注：当 δ 为 1 时，时变系数动态线性模型变为常系数动态线性模型。随着 δ 的增大状态方程方差增大，动态线性模型系数可变程度增加。MAPE 为平均绝对百分误差，MAD 为平均绝对差值，MSE 为平均平方误差。误差项单位为%。

图 4-5 描绘了常系数息差模型相对随机游走模型的累计误差、BMA 息差模型相对随机游走模型累计预测误差。首先，相对残差平方和为负，说明息差模型的预测残差绝对值较小，息差模型优于随机游走模型。其次，BMA 方法下息差模型的相对残差平方和位于常系数息差模型的下方，说明 BMA 方法下的变系数模型优于常系数模型。最后。两模型累计相对残差平方和在 2011 年 9 月和 2015 年 8 月均出现大幅度下降。同时我们注意到，2011 年 9 月。2015 年，“8·11” 汇改进一步放开人民币汇率，表明面对汇率改革或汇率变动冲击时，息差对超额收益有显著预测能力，市场存在投机因素。

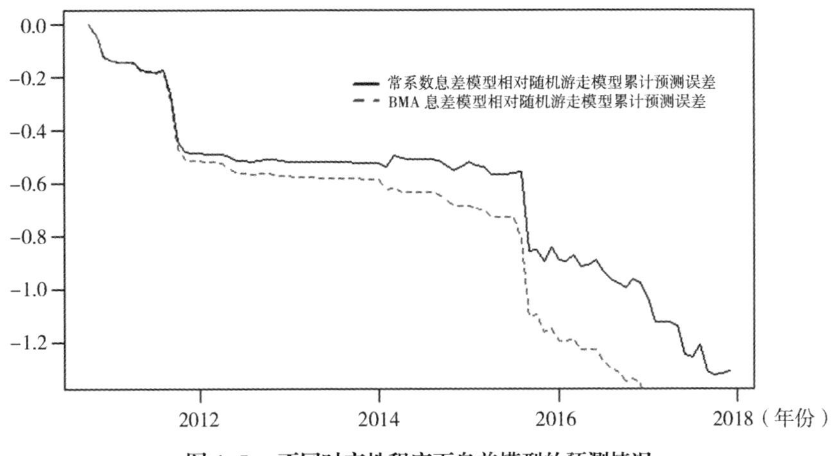

图 4-5　不同时变性程度下息差模型的预测情况

说明：本图描绘了常系数息差模型相对随机游走模型的累计预测误差、BMA 息差模型相对随机游走模型累计预测误差。相对预测误差计算方法为，息差模型预测误差项的平方与常系数模型预测误差项的平方之间的差值，进行累计求和。

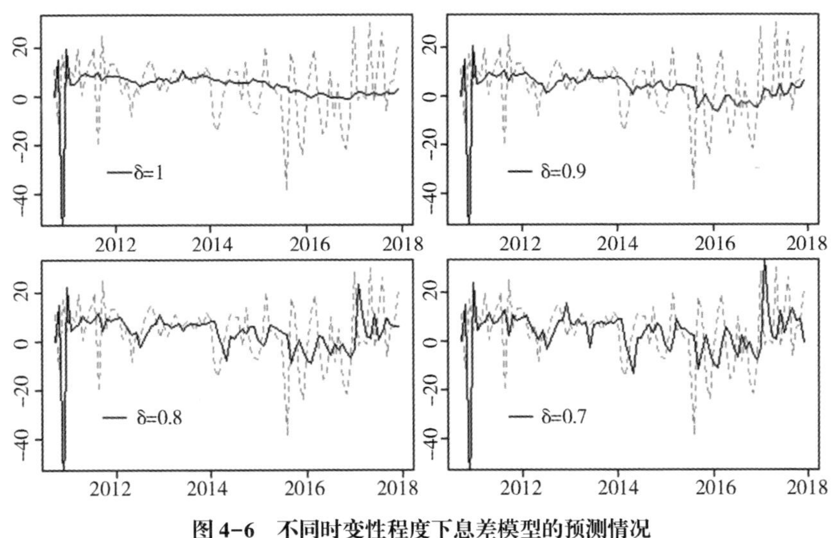

图 4-6　不同时变性程度下息差模型的预测情况

说明：本图描绘了 δ = 1、0.9、0.8、0.7 时的息差模型的预测值与实际值。实线代表预测值，虚线代表真实值。当 $\delta=1$ 时，模型实为常系数模型。单位：%

其次，本书考察不同可变系数下息差模型的预测情况变动。图 4-6 分别描绘了不同时变性程度下息差模型的预测情况。当 $\delta=1$（即常系数模型)，息差模型基本不能预测到人民币超额收益的变动。当 $\delta=0.9$ 时，模型仅捕捉到了超额收益的波动，并不能能进行很好的预测。随着 δ 的减小，息差模型的系数时变性增大，预测值与真实值的拟合程度变高。$\delta=0.7$ 时息差模型已经能够较好地预测超额收益。

最后，为了动态比较息差的常系数动态线性模型与变系数动态线性的预测能力变化，本书进一步比较了两者贝叶斯后验概率的变化。本书假设在初始时，常系数息差模型与变系数模型先验概率均为 1/2（即 $\delta=0.9$、0.8、0.7 时，三个变系数模型的先验概率均为 1/6）。图 4-7 上显示，在样本初期，两模型均未准确捕捉收益变化，因此后验概率变化不大。随着样本数量的增加，人民币超额收益持续变动，常系数息差模型的后验概率快速下降，可变系数模型后验概率快速上升。此后，可变系数模型后验概率一贯处于压倒性的优势。图 4-7 下显示 δ 的经过后验概率加权后的平均值变动呈现出相同的趋势。特别是在 2013 年之后，δ 的后验概率加权均值基本处于 0.7 附近，说明息差模型的估计系数时变性较强。综上所述，代表投机

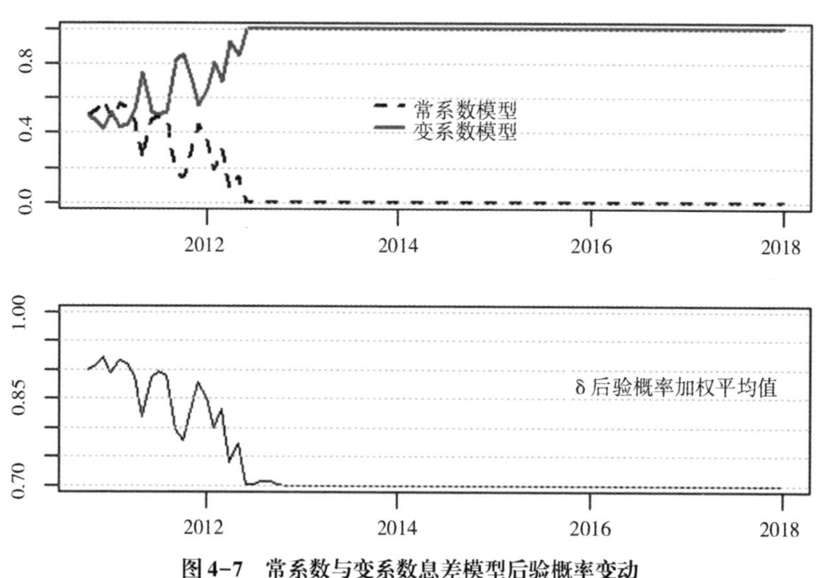

图 4-7 常系数与变系数息差模型后验概率变动

说明：变系数模型后验概率等于 $\delta=0.9$、0.8、0.7 时模型的后验概率之和。δ 加权平均以不同 δ 下的预测模型的后验概率为权重进行加权平均。$t=0$ 时，常系数模型先验概率为 0.5，$\delta=0.9$、0.8、0.7 的变系数模型先验概率均为 1/6。

因素的息差能够显著预测人民币超额收益。而且，息差的预测能力具有较强的时变性。因此，具有可变系数的动态线性模型在息差模型预测人民币超额收益上，相对于常系数模型具有更优预测精度。

二　投资驱动的人民币超额收益

实际汇率内含货币的内在价值，代表人民币离岸市场的投资因素，本书以实际汇率作为解释变量考察市场的投资因素对人民币超额收益的预测能力。本书使用于息差同样的方法，研究实际汇率对人民币超额收益的驱动能力。具体而言，本书考察不同可变程度（标度因子 δ=1，0.9，0.8，0.7）下，实际汇率模型与随机游走模型预测的数量指标。接着，绘制相对累计预测误差图形，观察累计误差图形发生重大变化的时点，并结合具体时间进行解释。最后通过 BMA 方法，比较常系数模型与变系数模型的后验概率变化。同时，根据后验概率求出最优的 δ 值，即模型最优可变程度。

表 4-5 报告了随机游走模型与不同时变性程度下实际汇率模型的预测结果的三个统计指标。首先，随机游走模型三项指标均最大，表明实际汇率模型的预测结果优于随机游走模型，实际汇率对人民币超额收益有明显的预测能力。其次，变系数模型的预测情况优于常系数模型。随着 δ 的减小 MAPE、MAD 与 MSE 三个指标均逐渐下降，说明模型预测的误差随着可变程度的增加而逐渐减小。总体而言，可变系数模型预测能力明显优于常系数模型。

表 4-5　　实际汇率模型与随机游走模型预测结果比较

	随机游走	实际汇率模型			
δ	-	1	0.9	0.8	0.7
MAPE	2.63	1.53	1.42	1.18	1.04
MAD	12.16	8.09	6.77	5.58	4.63
MSE	279.92	134.44	93.69	67.96	47.25

注：当 δ 为 1 时，时变系数动态线性模型变为常系数动态线性模型。随着 δ 的减小状态方程方差增大，动态线性模型系数可变程度增加。MAPE 为平均绝对百分误差，MAD 为平均绝对差值，MSE 为平均平方误差。误差项单位为%。

图4-8描绘了常系数实际汇率模型相对随机游走模型的累计误差、BMA实际汇率模型相对随机游走模型累计预测误差。首先，相对残差平方和为负，说明实际汇率模型的预测残差绝对值较小，实际汇率模型优于随机游走模型，市场存在投资因素。其次，BMA方法下息差模型的相对残差平方和位于常系数息差模型的下方，说明BMA方法下的变系数模型优于常系数模型。最后，两模型累计相对残差平方和在2011年9月和2015年8月均出现大幅度下降。前文提到，2011年9月，人民币出现大幅贬值。2015年，“8·11”汇改，进一步放开人民币汇率。表明面对汇率改革或汇率变动冲击时，实际对超额收益有预测能力减弱，总体上实际汇率模型优于随机游走模型，市场存在投资因素。

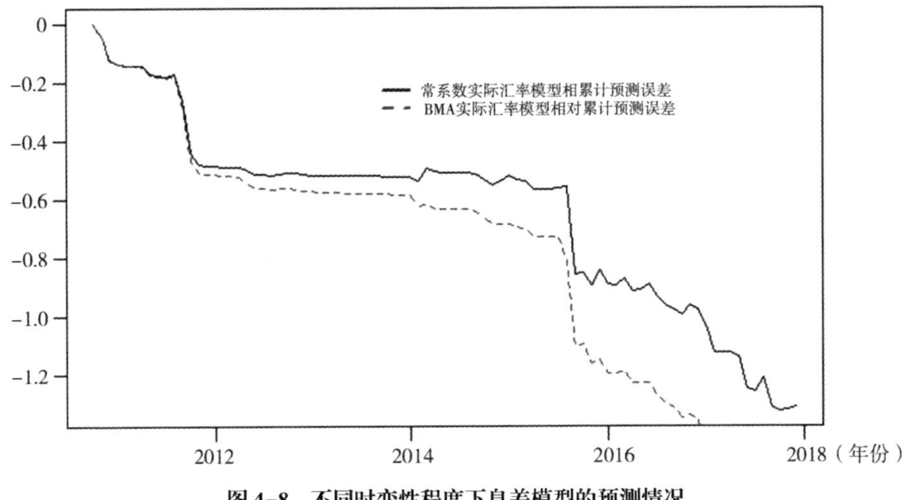

图4-8 不同时变性程度下息差模型的预测情况

说明：本图描绘了常系数实际汇率模型相对随机游走模型的累计预测误差、BMA息差模型相对随机游走模型累计预测误差。相对预测误差计算方法为，息差模型预测误差项的平方与常系数模型预测误差项的平方之间的差值，进行累计求和。

其次，本书考察不同可变系数下实际汇率模型的预测情况变动。图5-9分别描绘了不同时变性程度下实际汇率模型的预测情况。当$\delta=1$（即常系数模型），实际汇率模型基本不能预测到人民币超额收益的变动。当$\delta=0.9$时，模型仅捕捉到了超额收益的波动，并不能能进行很好的预测。随着δ的减小，实际汇率模型的系数时变性增大，预测值与真实值的拟合程度变高。

$\delta=0.7$ 时实际汇率模型已经能够较好地预测超额收益。

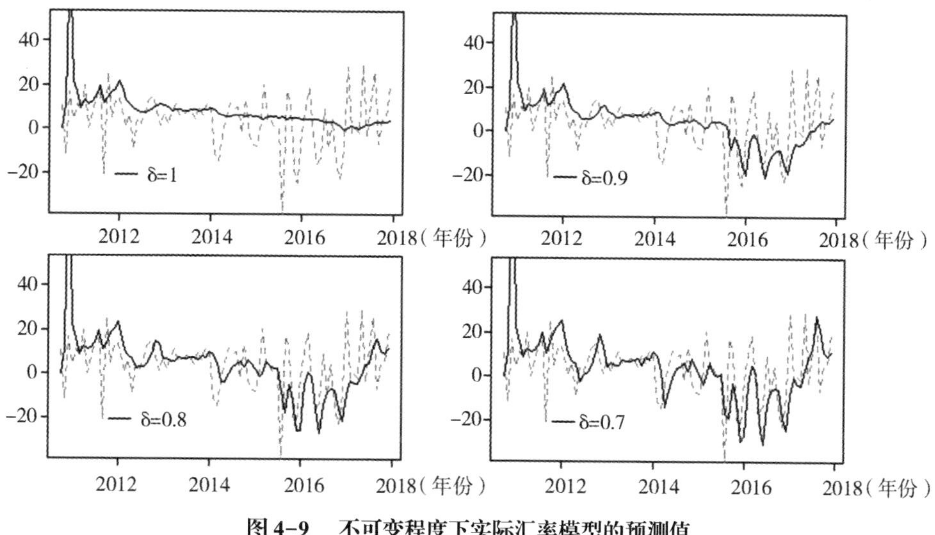

图 4-9　不可变程度下实际汇率模型的预测值

说明：$\delta=1$、0.9、0.8、0.7 时的预测值与真实值，当 $\delta=1$ 时模型变为常系数模型。实线表示预测值，虚线表示真实值。

最后，为了动态比较实际汇率的常系数动态线性模型与变系数动态线性的预测能力变化，本书进一步比较了两者贝叶斯后验概率的变化。本书假设在初始时，常系数模型与变系数模型先验概率均为 1/2（即 $\delta=0.9$、0.8、0.7 时，三个变系数模型的先验概率均为 1/6）。图 4-10 给出了使用 BMA 方法比较比较常实际汇率的常系数动态线性模型与变系数动态线性的预测能力变化。图 4-8 显示，在最初较短一段时间内，由于超额收益波动较大，常系数模型与变系数模型都未能较好的捕捉变动趋势，两者后验概率在 0.5 附近波动。随着样本量的增加，变系数模型后验概率快速上升。2012 年之后，变系数模型后验概率长期处于 1 的状态，说明由于外汇市场的不确定性，变系数实际汇率模型具有更好的预测能力。δ 加权平均值的变动呈现出相同的趋势，2012 年之后 δ 加权平均值基本处于 0.7 状态。δ 加权均值代表的最优可变程度接近 0.7，即可变程度越大，实际汇率模型预测效果越好。综上所述，代表投资因素的实际汇率能够显著预测人民币超额收益。而且，实际汇率的预测能力具有较强的时变性。具有可变系数的动态线性实际汇率模型，相对于常系数模型具有更优预测精度。

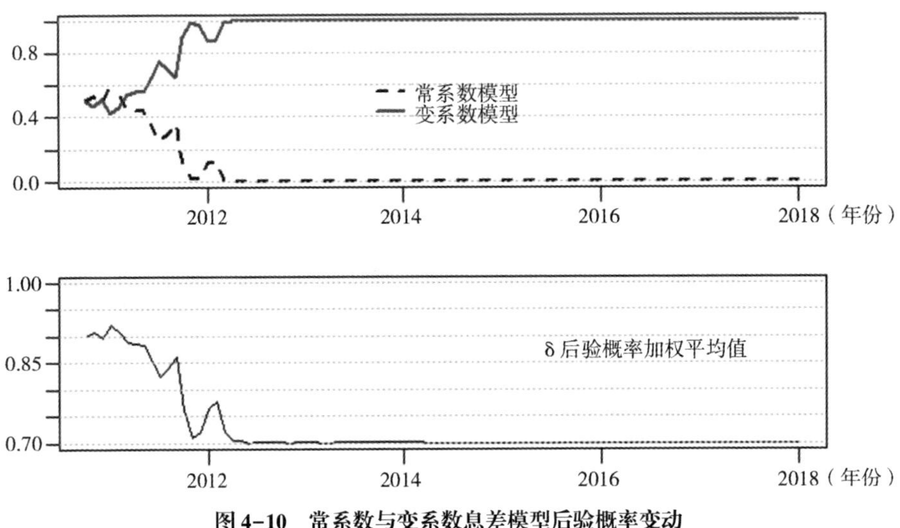

图 4-10　常系数与变系数息差模型后验概率变动

说明：变系数模型后验概率等于 δ =0.9、0.8、0.7 时模型的后验概率之和。δ 加权平均以不同 δ 下的预测模型的后验概率为权重进行加权平均。t=0 时，常系数模型先验概率为 0.5，δ =0.9、0.8、0.7 的变系数模型先验概率均为 1/6，

三　投资与投机因素的相对重要性分析

在研究投机与投资的单因素模型对超额收益的预测情况之后，本书接着对息差模型与实际汇率模型的预测能力进行比较，进而考察市场投资还是投机驱动因素更强。BMA 方法以其在解决模型不确定性问题上的卓越表现被广泛应用于各个领域。该方法通过迭代计算模型的后验概率，后验概率越大表明模型的重要性越强，模型越重要。在 2010 年 9 月到 2017 年 12 月，汇率与息差在不同时期经历不同因素的冲击，这将导致不同时期实际汇率与息差对人民币超额收益的预测能力产生较大变化。BMA 方法能够帮助我们动态分析不同时期不同冲击下，息差与实际汇率对人民币超额收益的预测能力变化，从而考察人民币外汇市场中投资因素还是投机因素对人民币超额收益驱动能力更强。

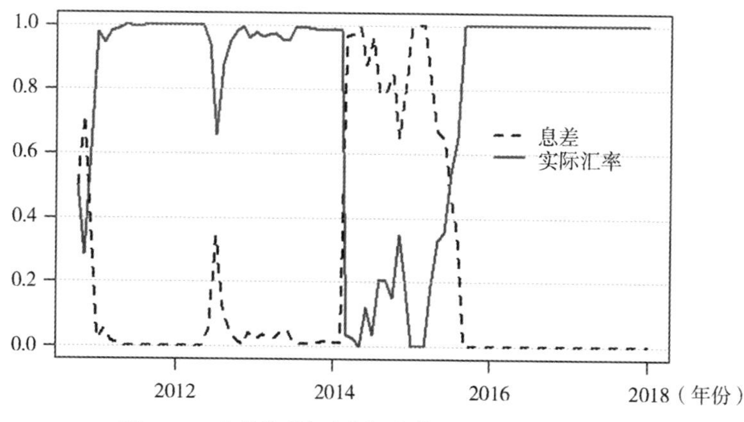

图 4-11　息差模型与实际汇率模型后验概率动态变化

说明：使用 BMA 方法比较息差模型与实际汇率模型动态变化。两个模型初始先验概率均为 0.5。

图 4-11 给出了息差与实际汇率模型的后验概率变化。整体上看，实际汇率模型后验概率大部分时间内高于息差模型，说明人民币超额收益主要受到投资因素驱动。在样本初期，实际汇率模型后验概率略有下降。但是，当模型迭代开始两个月之后，实际汇率模型即达到一个较高的后验概率水平。2012 年 4 月，人民币出现小幅贬值，实际汇率模型后验概率出现大幅波动，实际汇率的预测能力有所减小。之后，市场迅速回复，实际汇率驱动能力快速上升。其主要原因在于，中国人民银行决定自 4 月 16 日起，扩大外汇市场人民币兑美元汇率浮动幅度。银行间即期外汇市场人民币兑美元交易价浮动幅度由 0.5%扩大至 1%。外汇指定银行为客户提供当日美元最高现汇卖出价和最低现汇买入价之差不得超过当日汇率中间价的幅度由 1%扩大至 2%。2014 年 3—8 月，息差保持稳定而人民币出现长期贬值现象，息差模型的后验概率长期高于实际汇率模型，投机因素成为这一阶段市场的主要力量。此时主要原因在于，2014 年 3 月 15 日，中国央行（PBOC）宣布，将人民币兑美元日间允许波幅扩大一倍，从围绕中间价上下 1%扩大至 2%。市场再次出现剧烈波动，实际汇率模型后验概率急转直下，投机因素成为市场的主要力量。2015 年 8 月，人民币套息交易市场再

次出现反转，投机因素减弱而投资因素增强，并持续到样本期末。主要原因在于，2015 年 8 月 11 日，中国人民银行宣布调整人民币对美元汇率中间价报价机制，做市商参考上日银行间外汇市场收盘汇率，向中国外汇交易中心提供中间报价，继续推进人民币汇率市场化。

以上实证结果表明，在离岸人民币市场上，总体上实际汇率能够更好地预测人民币超额收益，市场投资因素对人民币超额收益具有更强的驱动能力。在人民币汇率制度出现较大变动时，市场投资因素减弱，投机因素增强。即人民币汇率改革可能会引发外汇市场投机因素的增强。

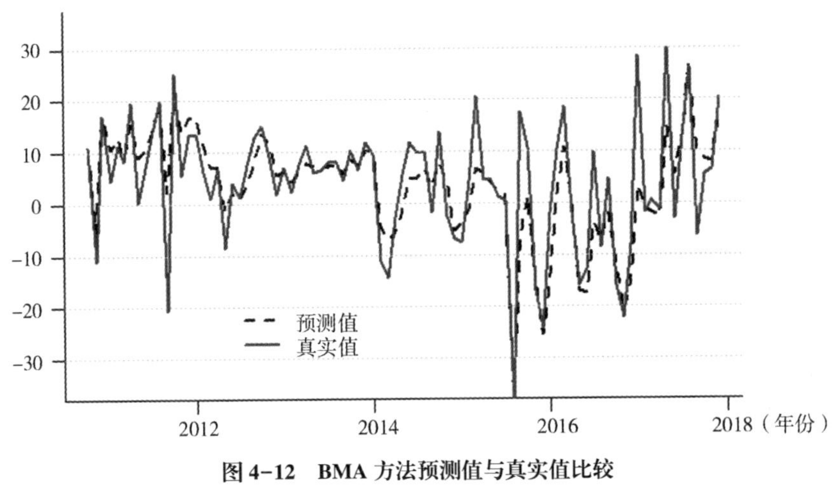

图 4-12　BMA 方法预测值与真实值比较

说明：BMA 根据 ID 预测模型与 RER 预测模型的后验概率，将两个模型的预测值加权平均求 BMA 预测值

图 4-12 给出了经后验概率加权求和的 BMA 方法对人民币超额收益的预测结果。结合表 4-6，实际汇率预测结果的 MAPE、MAD 与 MSE 指标优于息差，这表明，投资因素模型的预测效果优于投机因素模型。但是，当我们使用结合投资与投机因素的 BMA 方法进行预测时，MAD 与 MSE 指标均优于单一模型预测的值，表明结合两个单因素模型预测值的加权平均结果优于单一模型。尽管在人民币离岸市场上，相对于投机因素，投资因素对超额收益的驱动能力更强。但是，上述结果表明人民币超额收益不仅是投资因素驱动，同时也是投机因素驱动。

表 4-6　　　　单变量 BDLM 模型与 BMA 方法预测结果比较

	ID	RER	BMA
MAPE	1.17	1.08	1.07
MAD	5.67	4.74	4.58
MSE	61.67	49.10	47.26

注：BMA 预测值根据 ID 预测模型与 RER 预测模型的加权平均求得，权重为息差与实际汇率的后验概率。单变量 BDLM 模型的评价指标为 $\delta=1$、0.9、0.8、0.7 后验概率加权平均得到。

四　投资与投机因素的双轮驱动模型

以下，本书进一步比较由投资与投机因素双轮驱动模型与投机与投资单变量模型的后验概率大小。结果报告在表 4-7 中。后验概率的结果再次证实，人民币超额收益受到投资与投机双因素共同驱动。由息差与实际汇率共同作为解释变量的动态线性模型的后验概率为 1，投资与投机的单因素预测模型的后验概率均为 0。息差变量的加权系数为 2.43，说明息差增加大时，市场投机因素增大，未来人民币套息交易收益有增加的趋势。同样，实际汇率后验概率加权平均系数为 14.34，意味着，当实际汇率增大时，人民币内在价值升高，同样会使未来人民币超额收益增大。

表 4-7　　　投资与投机双轮驱动模型与单因素模型的后验概率比较

Intercept	ID	RER	Coef. ID	Coef. RER	Post Prob
1	1	1	2.89	14.34	1
1	0	1	—	—	0
1	1	0	—	—	0

注：1 表示预测模型包含该解释变量，0 表示预测模型不包含该解释变量，coef. ID 与 coef. RER 分别表示息差与实际汇率加权平均系数，Post Prob 表示模型的后验概率。

五　稳健性检验

为了保证结果的稳健性，从以下两个维度进行检验。第一，本书使用不同期限的超额收益作为被解释变量进行稳健性检验。期限越长，市场的投机因素可能相对会相对减弱；期限越短，投机因素则可能更加显著。因此，本书首先基于不同期限，分别计算 3 个月、6 个月和 12 个月的人民币超额收益，考察息差与实际汇率对不同期限超额收益的驱动能力。第二，本书使用在岸数据进行稳健性检验。尽管在岸市场存在资本账户管制，导致国际投资者的投机交易活动主要是在离岸市场进行。但是人民币离岸与在岸市场之间的互动机制，使得离岸汇率波动会受到在岸汇率的影响。因此，本书选用在岸汇率数据计算超额收益和实际汇率的基础上，比较投机与投资因素驱动能力强弱。

首先，本书从 3 个月、6 个月、12 个月等不同期限考察投机因素与投资因素驱动能力强弱。如图 4-13 所示，不同期限的预测结果也显示，在整体上实际汇率对在岸人民币超额收益的预测能力更强，这说明人民币外汇市

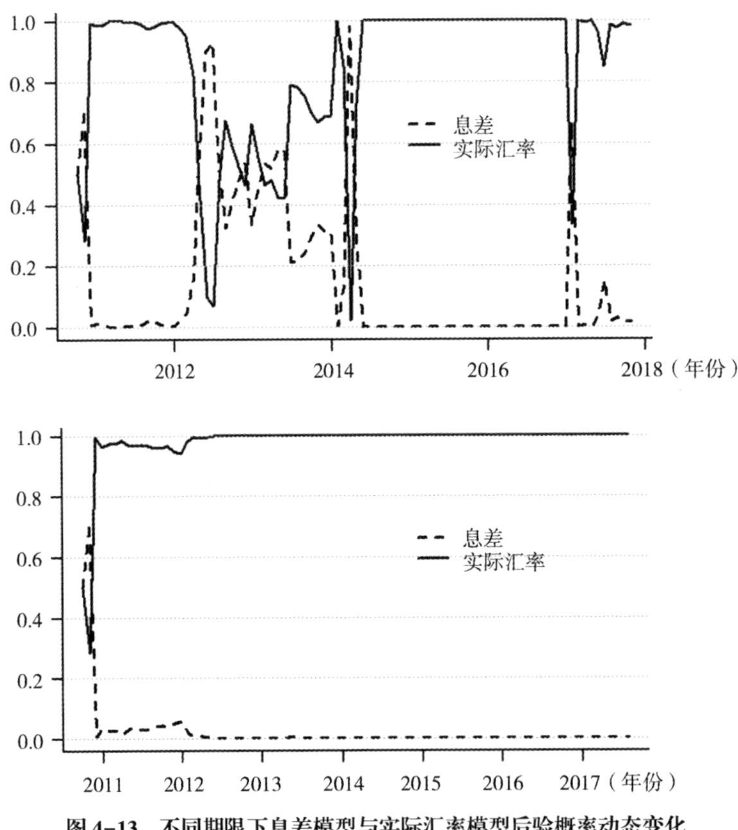

图 4-13　不同期限下息差模型与实际汇率模型后验概率动态变化

说明：使用 BMA 方法比较息差模型与实际汇率模型动态变化。两个模型初始先验概率均为 0.5。三个图分别表示两模型对未来 3 个月、6 个月的超额收益预测的后验概率变化。

场上投资因素的驱动能力更强。进一步对比不同期限的模型后验概率，我们发现期限越短，市场投机因素就越显著。具体而言，三个月期限的预测结果显示，尽管投资因素占据主要地位，但是市场投机因素在 2012 年、2014 年以及 2017 年的某些时段会更加活跃。六个月期限的预测结果则显示，投资驱动模型的后验概率占据绝对主导地位。这可能是由于期限较长，平滑了短期冲击对超额收益带来的影响，因此后验概率较为平稳。

其次，本书基于在岸汇率进行结果的稳健性检验，结果同样支持在人民币汇率改革时期，投机因素上升。由于 SHIBOR 是从 06 年 9 月份开始，本书在用在岸数据做稳健型检验时选取的样本区间为 2006 年 9 月到 2017 年 12 月。在岸数据超额收益同样采用一个月套息期限计算超额收益。如图 4-14 所示，在岸数据支持原结论，即整体上套息交易市场受到投资因素驱动。2010 年 6 月，央行结束了人民币盯住美元的汇率制度，同样使市场不确定性增强，投机因素在当期上升。但 2012 年 4 月到 2015 年 8 月，息差模型的后验概率更大，主要原因有两个方面：第一，2012 年 4 月汇改导致投机因素上升，人民币汇率贬值使投资因素长期较弱，表现为实际汇率模型的后验概率为 0；第二，由于后验概率受到先验概率的影响，当先验概率 0 或者为 1 的极端情况出现时，只有面临较大的冲击才会使模型后验概率改变。2015 年“8·11”作为市场冲击后，息差和实际汇率两模型的后验概率，同样支持汇改是市场可预测性的重大不确定性因素这一重要结论。

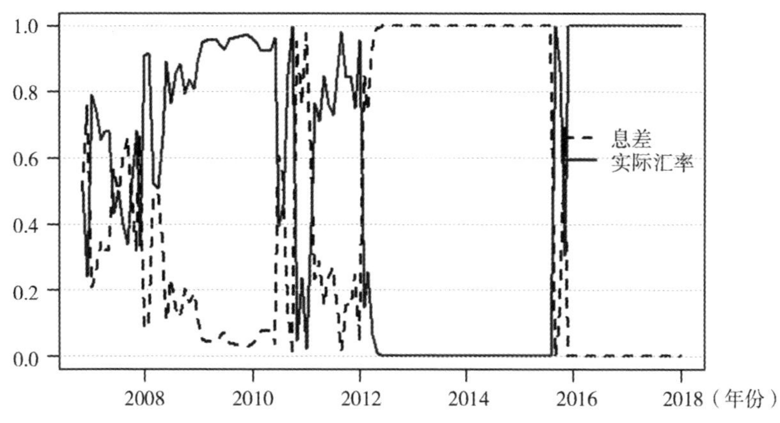

图 4-14　息差模型与实际汇率模型后验概率变化（基于在岸汇率数据）

说明：使用在岸汇率进行计算的超额收益作为被解释变量，考察两个模型短期预测能力的强弱。

第六节 结论与政策建议

本书引入贝叶斯动态线性模型，以 2010 年 9 月至 2017 年 12 月的离岸和在岸人民币市场为样本，考察以实际汇率代表的投资因素和以息差代表的投机因素对人民币超额收益解释力的时变性及其相对重要性。结果显示：首先，投资与投机因素对人民币超额收益率都具有时变的预测能力；其次，尽管投资与投机因素对人民币超额收益解释力的相对重要性随时间和环境不断变化，但是总体而言，相对于投机因素，贝叶斯后验概率显示投资因素对人民币超额收益具有更强的预测能力；最后，通过贝叶斯模型平均方法比较投资与投机因素不同模型组合的后验概率，本书发现结合投资与投机因素的双轮驱动模型对人民币超额收益具有更好的解释力。同时，基于在岸人民币市场数据、不同期限的人民币超额收益以及不同方法计算实际汇率与息差的稳健性检验，我们得到了一致的结论。与离岸市场相同，在岸外汇市场的投机因素在人民币汇率制度出现较大变动时驱动能力有所上升，在汇率较为稳定的时期，人民币超额收益主要受到实际汇率的驱动。

基于以上结果，本书认为，投资因素才是影响人民币超额收益的主要驱动力量。因此，中国首先应该抓住经济增长速度在世界主要经济体中仍然位于前列的时间窗口，进一步推动人民币汇率制度改革，增强对国际资本流入的吸引力。但是，由于每当汇率改革的窗口时期，投机因素皆有所抬头，因此在推动改革的过程中，应充分做好风险应对预案，防止投机因素对人民币改革进程的干扰。其次，随着近年来美国经济复苏与逐步加息，以及中国经济由高速增长向中高速的转变，中国在进行资本项目开放的时候，更应当注意基本面因素变化导致的资本外流风险，合理选择改革时机；在应对资本外流风险的政策选择上，应主要关注市场投资的基本面因素。再次，由于市场交易中投机与投资的驱动因素并存，因此中国应当密切关注市场上投资与投机驱动因素的变化。最后，在推动人民币国际化的过程中，中国应当以增强人民币基本面与投资价值的政策为主导，而非通过短期投机收益推动人民币的国际化进程。

第五章

套息交易与人民币汇率改革

第一节　引言

自 2005 年人民币汇率形成机制改革以来，人民币对美元汇率已经形成了以市场供求为基础、围绕中间价在一定区间内上下波动、有管理的浮动汇率体制。而且在此之后，中国人民银行还历经数次，将人民币波幅由 3‰，逐步扩大至 2%（2014 年 3 月 15 日）。进入 2015 年后，由于人民币兑美元屡次出现逼近跌停状况，因此不少市场人士预计，人民币波幅区间在今后可能会继续扩大。与之相对，时任中国人民银行副行长、国家外汇管理局局长易纲在两会期间却表示，人民币波幅尚无迫切需要进行调整。那么，继续扩大人民币波幅究竟是否为中国汇率改革的当务之急？本章将在国际金融“三元悖论”假说下，汇率调整在宏观政策组合中的作用、人民币日波幅与汇率调整的关系、人民币日波幅调整对套息交易以及人民币汇率波动带来的影响等几个方面，对今后进一步扩大人民币波幅的政策含义，以及其政策必要性和紧迫性进行分析。

一个普遍的观点认为，在美国退出量化宽松政策并即将升息、全球主要经济体货币政策取向出现分化的同时，中国经济进入由高速增长转为中高速增长、人民币汇率双向波动逐渐增强、资金呈现流出压力的新常态背景下，扩大人民币波幅的重要意义在于，将会使得中国货币政策获得更大的操作空间。这一论断的主要依据是，国际金融领域著名的“三元悖论”假说。但是，本章以下分析却显示，即使依据“三元悖论”假说的逻辑基础，扩大人民币波幅也可能无法达到增强宏观经济政策调整空间的目的。

尽管如此，利率平价之谜的分析显示，人民币波幅扩大带来的汇率风险上升，将会造成人民币投资者经过风险调整后的收益率下降，从而有助于遏制套息资金大量而且频繁地流入流出，缓解中国宏观经济政策调整面临的国际压力。

但是，人民币日波动率上升，频现触及波动上限的状况，也许更多是由于中间价形成机制对市场价格反应不足。因此，笔者认为，人民币日波幅尚无迫切需要进行进一步调整。中国汇率改革的核心应当是，形成更为透明而且市场化的人民币中间价形成机制，甚至是放弃人为的人民币中间价设定，代之以一定波幅制约下的市场化汇率调整。只有这样，才能真正实现灵活的人民币汇率调整。特别是在当前可能会出现资本外流风险的条件下，真正灵活的汇率调整才能够真正减小国际资本流动对中国宏观经济带来的冲击。

第二节　人民币汇率调整构成中国宏观经济政策组合中的重要一环

“三元悖论”假说显示了一国政府在国际经济交往中面临的政策困境。当一个国家决定向国际金融市场上的各路资本敞开大门，那么同时，它也必须在究竟是拥有自主的宏观经济政策，还是进行汇率管理之间进行抉择。这是因为，究其根本，影响一国国际收支的各种经济条件在不断发生变化。无论是由于货币金融领域的原因，还是实体经济的理由，也不论该变化是来自国内还是国外。各种变化的产生是客观事实，所以必须进行调整。剩下的问题只是，如何进行调整。

通常，我们的政策选项有三个半。第一，可以通过汇率进行调整。这是由于国家间的经济活动都将涉及货币兑换，所以各种变化带来的调整压力通常最初会反映在汇率上。第二，一国还可以通过限制经常账户和金融账户下的资本流动，直接对调整压力进行压制。第三，也许是最痛苦的选项，一国可以允许利率在内的国内价格体系进行全面调整。最后，在短期内，一国政府还可以通过外汇储备调整和冲销政策来暂时缓解压力。但是，由于这个选项面临很大的约束，只能在一定的时期和范围内奏效，所以我将其称为半个选项。例如，余永定指出，中国现在已经越来越难以利用冲销手段，跨越不可能三角的困境。鉴于冲销手段的局限性，因此，从相对较长的期限来看，我们实际上仍然只有三个选项。如果在以上三个不同的政策选项中，必须选择其中一个，就构成了传统的“三元悖论”假说的政策困境。

当然，也可以选择多个政策组合。也就是说，一国政府可以避开“三元悖论”假说的角点解，而去选择相对中庸的政策。例如，相对具有弹性的固定汇率制度或是有管理的浮动汇率制度；针对部分资本流动进行暂时管制，等等。从中国政策实践来看，中国似乎正是选择了这样一条，融合了多种政策组合的中庸之道。首先，中国舍弃了过去死死钉住美元的汇率政策，而是实行参照一揽子主要货币进行调节、有管理的浮动汇率制度。人民币兑美元汇率累积升值调整幅度接近三成。其次，中国逐步放松了对跨境资本流动的管制。在国际货币基金组织（IMF）的分类条目下，目前中国仍然进行管制的项目其实已经非常有限。最后，和美、日、欧等主要发达国家和地区同步，中国近年来也实行了较为宽松的货币政策，国内价格体系进行了一定的调整。当然，中国的货币当局也成功地通过大规模冲销政策，在一定程度上缓解了资本流入给货币政策带来的巨大压力。

但是，自 2014 年以来，随着美国退出量化宽松政策的预期逐渐升温的同时，国内经济也进入由高速增长转为中高速增长的“新常态”，中国已经开始经历资本外流的压力。在这种新形势下，为了保持相对独立的货币政策应对经济下行压力，从而实现稳增长保就业的经济目标，根据“三元悖论”假设的理论以及其在应用中的国际经验 ，中国可以采取以下政策或者政策组合：第一，中国可以利用其庞大的外汇储备进行适当干预，并且配合反向冲销政策进行管理；第二，中国可以在 IMF 等国际组织所容忍的范围内，针对流动性较强的国际短期资本，保留适当的资本管制措施；第三，中国可以增强人民币汇率的灵活性，允许货币在一定范围内进行调整。

综上所述，“三元悖论”假说的理论逻辑及其应用的国内国际经验都显示，无论是在面临资本流入还是流出的背景下，人民币的汇率调整都是中国宏观经济政策组合的重要一环。

第三节　人民币波幅扩大和宏观经济政策调整空间之间没有必然联系

现在的问题是，在“三元悖论”假说的政策逻辑下，我们究竟具体应该怎么做才可以拥有更加独立的宏观经济政策调整空间？即不通过国内的利率和物价体系进行调整，或是减少通过国内利率和价格体系进行调整的部分。继续扩大人民币波幅是一条可行之路吗？

首先，我们来看看其他政策选项的发展现状。在加入世界贸易组织（WTO）之后的十余年里，中国在经济贸易领域的自由度不断上升，对经常账户下的经济活动实施管制的可能性越来越小。而且，在近年来加速推进人民币国际化战略的发展过程中，中国逐步放松资本管制，促进国际资本流动便利化的步伐也正在不断加快。如果，在这方面的政策变动方向是不可逆转的，那么就意味着，中国直接通过管制经常账户和金融账户下的资本流动进行调整的能力将会不断减弱。

在其他渠道调整空间缩小的情况之下，如果中国仍希望保持货币政策的调整空间，那么必须加大汇率调整的弹性。也许正是因为如此，现有分析基本上都是从增加汇率弹性的角度，来论述扩大人民币波幅有助于加强中国货币政策操作空间的重要意义。此处，本章并不讨论“三元悖论”在中国宏观经济政策搭配中的适应性问题。本章认为，即使在“三元悖论”假说的政策逻辑下，人民币波幅扩大仍然可能会由于以下三个方面的问题，从而无助于扩大中国货币政策的调整空间。

首先，扩大人民币波幅并不意味着人民币汇率具有更大的弹性。因此，无法为货币政策释放出更多的操作空间。注意，这里的汇率弹性调整是指，由于影响国际收支的经济条件发生变化，在一段时期之内，需要通过汇率变化进行调节，并不是指每日的波动幅度是否足够大。即使人民币每日允许的波幅保持为2%，但是只要这是真正以市场供求为基础的可调整的弹性，那么在短短一个月之内，人民币也能够进行高达50%以上的调整。而且，数据显示，即使是欧元、日元等主要货币，其对美元的95%以上的日波幅，也是小于2%的。因此，如果没有货币当局可能以中间价等其他形式进行的干预，人民币的弹性不可谓不大。

但是，我们并没有发现人民币有如此弹性的调整。原因有二：一是可能在现行制度下，人民币汇率已接近均衡，不需要大幅度的调整；二是可能另有货币当局之手在直接或间接地干预市场的调整。无论是哪一种原因，扩大人民币波幅都无助于人民币汇率拥有更大的弹性，也就无法给中国货币政策带来更大的操作空间。无论是2%还是3%的波幅，汇率是否具有更大弹性，关键还在于中国人民银行是否能够顶住压力，减少参与外汇市场交易的直接干预或是减少通过对人民币中间价进行管理的间接干预。例如，李远芳（2013）的研究显示，中间价对市场价格信号的反应滞后，构成人民币汇率波动幅度加大的主要原因。因此，除非更有利于央行减小对中间价等的干预程度，否则人民币波幅扩大和汇率弹性以及货币政策调整空间之间就没有直接的必然联系。

二是，传统的“三元悖论”政策逻辑也正受到挑战。即使人民币波幅扩大能够在一定程度上改善汇率弹性，可能也并不意味着中国能够获得更大的货币政策独立性。最有代表性的就是 Rey（2013）的论断。她发现，现今世界各国在资本流动、资产价格和信贷增长等方面，正在形成一个共同的全球金融周期。这一全球金融周期的最重要影响因素正是中心国家的货币政策。不仅如此，全球金融周期还受到国际金融市场的不确定性以及投资者的风险规避程度的影响。因此，包括资本流动在内的全球金融周期，紧紧地和中心国家货币政策，以及宏观经济不确定性和风险规避程度联系在一起。

在资产价格、信贷增长以及资本流动中存在共同的全球金融周期，意味着国际金融市场和传统的无抛补利率平价之间，出现了大幅偏离。一方面，无抛补利率平价构成了“三元悖论”假说的理论基石；另一方面，文献早已不断证实，无抛补利率平价在现实中并不成立。与传统的利差引致资本流动模型相比，现在国际金融市场上的资本流动，更多的受到利差之外的各类风险因素的影响。因此，雷认为，在开放经济条件下，只要资本能够在经济体之间自由的流动，无论具有何种汇率制度或是何种程度的汇率形成机制灵活性，全球金融周期都将限制各个经济体的货币政策空间。换句话说，当且仅当资本账户得到一定程度的合理管制，一国才能够真正获得货币政策的独立性。因此，在目前的经济政策实践中，中国实际上可能面临的不是“三元悖论”假说，而是“两难困境”。

根据全球金融周期理论，为了应对“两难困境”，我们只能采取以下几种政策措施：第一，进行目标资本管制；第二，控制中心国家的货币政策；第三，通过宏观审慎措施，控制上行周期时的信贷扩张和杠杆率上升；第四，严格控制所有金融机构的杠杆率。显然，即使进一步扩大即期汇率日波幅能够增强人民币汇率弹性，也无助于实现上述应对“两难困境”的政策措施，因而对中国获得更大的宏观经济政策空间无济于事。

例如，2002 年之后美国的低利率和弱势美元组合，使得国际资本市场上的大量资金从美国流向新兴市场国家。如果这些新兴市场国家采取了完全灵活的汇率政策，并且没有采取任何措施有效阻止本国货币的升值，那么，利率差再加上内生性的货币升值将会使得追逐趋势的息差交易者双重获利。换句话说，更加灵活的汇率政策反而提高了息差交易回报率，从而进一步增加了该新兴市场国家货币的吸引力，导致更多套息资金的流入。根据麦金农（McKinnon，2013）的测算，在 2008 年国际金融危机之前的 2000—2007 年，利用美元融资投资于巴西等新兴市场国家能够获得高达近 8%的息差交易回报。相反，如果中心国家的货币政策开始转向，或是国际金融市场上的避险情绪出现大幅上升，则会导致上述套息交易出现逆转。这个时候，大量资本流出会形成内生性的汇率贬值，从而引发更大规模资本外流的风险也会进一步加大。

这样一来，相对于固定汇率制度，更大的汇率弹性不仅不会增加一国货币政策独立性，反而会使货币政策的调整空间更小。因此，对于上述新兴市场国家而言，仅仅拥有更有弹性的汇率制度，并不能保护本国不受到国外宏观经济政策的影响。例如，在金砖国家之中，巴西由于不仅具有较高的利率，而且采取了完全浮动的汇率制度，经济更容易受到国际金融市场的巨大冲击。一方面，当套息交易带来大量资本流入时，巴西出现了本国货币大幅升值和国内货币供应失控的状况；另一方面，当套息交易退潮时，则出现本国货币大幅贬值和大量资本外逃的状况。与之相对，而且，虽然中国近年来同样也经历了热钱大量涌入，但是由于中国实施了更加稳定的有管理浮动汇率政策，并且配之适当的国际资本流动管制，以及合理实施的大规模冲销措施，因此，中国经济受到国际金融市场的影响相对较小。也许正是因为基于这一现实，现在 IMF 似乎已经改变了态度，对各国针对流动性较强的国际资本流动采取的管制措施，采取了更为容忍的态度。

而且，在20世纪90年代末期，中国也正是由于实施了钉住美元的汇率政策的同时配合较为严格的资本管制措施，才能够在亚洲金融危机中得以岿然不动。

以上分析显示，即使“三元悖论”假说的理论逻辑在中国的宏观经济政策的搭配组合中具有现实适用性，我们仍然不能据此简单认为，人民币波幅扩大将有助于改善中国宏观经济政策的调整空间。

第四节　套息交易与人民币波幅调整

那么，扩大人民币波幅究竟对改善中国宏观经济政策的操作空间是否具有积极作用，又是通过何种途径产生作用呢？根据利率平价理论，境内外的利率差是引起国际资本流动，并带来政策同步性的重要因素。虽然利率平价理论显示，利率较高的国家货币会出现贬值趋势，但是，国际金融文献中的利率平价之谜分析显示，利率较高的国家货币不仅不会贬值，反而会出现升值。而且，过去近十年中国的经济实践也显示，人民币不仅具有较高的利率，还出现了持续升值的趋势。因此，人民币成为国际金融市场上套息交易的重要投资货币。

所谓套息交易，是指以利率较低的货币借入资金，投资于利率较高的货币，从而赚取利差收益，乃至汇差收益的外汇市场交易。为什么中国会成为国际套息资本的重要流入地区呢？毫无疑问，重要原因之一当然是人民币资产套息交易的高收益性。一方面，美、日、欧等主要发达国家异常宽松的非常规货币政策，给国际金融市场带来了天量的低成本资金。另一方面，中国等新兴市场国家具有相对较高的潜在经济增长率和自然利率。国际资本当然要从低成本的美元资金流向中国等新兴市场国家。不仅如此，在过去很长一段时间里，由于中国经济增长迅速，并且经常账户和资本账户长期保持双顺差，人民币具有强烈的单向升值预期。因此，国际资本通过各种途径流入中国。其中，最重要的可能是通常被称为“热钱”的，套息交易带来的巨额资本流入。

结果，一方面，套息资本赚取了大量利差和汇差。另一方面，中国不仅为国际资本提供了隐形的补贴，同时也被迫积累了巨额的外汇储备，还给国内货币政策操作带来了巨大压力。因此，中国人民银行不得不采取巨量冲销政策予以应对。但是，从现在外汇占款在中国人民银行资产负债表中的占比可以发现，冲销是具有限度的，而且我们正在接近极限。不仅如此，随着套息交易以及进出口的兴起与退潮，当前中国外汇占款还出现了在增长和下降之间不断波动的状况。因此，中国的货币政策将不可避免地受到国际因素的影响。

但是，在新兴市场国家当中，即使综合考虑人民币美元之间的利差、以及人民币升值收益，投资人民币资产带来的套息收益也并不是非常高。那么投资者为何如此青睐人民币资产呢？这是因为，投资者不仅要考虑收益，还要考虑风险。一个通常使用的、经过风险调整的收益指标是夏普比率。根据彭博的统计，基于美元融资对新兴市场国家货币的套息交易当中，如果考虑风险调整，以人民币为目标的套息交易收益率经常是最高的。原因很简单，人民币汇率波动很小，而且具有单向变动趋势。

中国人民银行扩大人民币波幅的重要意义在于，可以向市场发出信号：人民币汇率的波动性将会进一步增大。无论波动性的增大是由于市场行为还是中国人民银行干预造成的，都将意味着投资者持有人民币的汇率风险会增大。因此，即使分子不变，分母的增大也将会降低套息交易者经过风险调整的收益率。特别是在 2014 年，人民币出现了短期贬值的波动。人民币套息交易的夏普比率不断下降，甚至成为负数，成为新兴经济体中最不具有吸引力的套息交易。这样一来，通过加大人民币套息交易的投资风险，降低人民币套息交易的吸引力，将有助于减缓国际资本流动对中国货币政策带来的巨大压力。从这个意义上，扩大人民币波幅仍然有助于中国加强宏观经济政策的操作空间。

即使进一步扩大人民币日波幅可能也无法显著改变套息交易风险。但是，值得注意的是，扩大人民币日波幅在将来能否增加投资者面临的外汇市场风险，还有待检验。毕竟，扩大允许的每日波动幅度，只是带来了风险增加的可能性。这主要是基于以下两个原因。首先，人民币即期汇率变化由于受到中间价等形式的管理，在较长期限内的波动率仍然十分有限。虽然继续扩大人民币波幅，可能会使得日波动率有所增加。但是，过去几年的历史数据却证明，以较为长期的波动性来衡量，人民币波动性却并未显著上升，更是难以和欧元、日元、澳元等主要货币对美元的波动性相提并论。因此，人民币波幅扩大究竟是否能够加大套息交易的风险，需要进行更仔细的观察和更深入的研究。肖立晟（2014）对上次波幅扩大至2%的研究显示，人民币即期汇率波动率受制于中间价波动率，仍然处于较低水平。

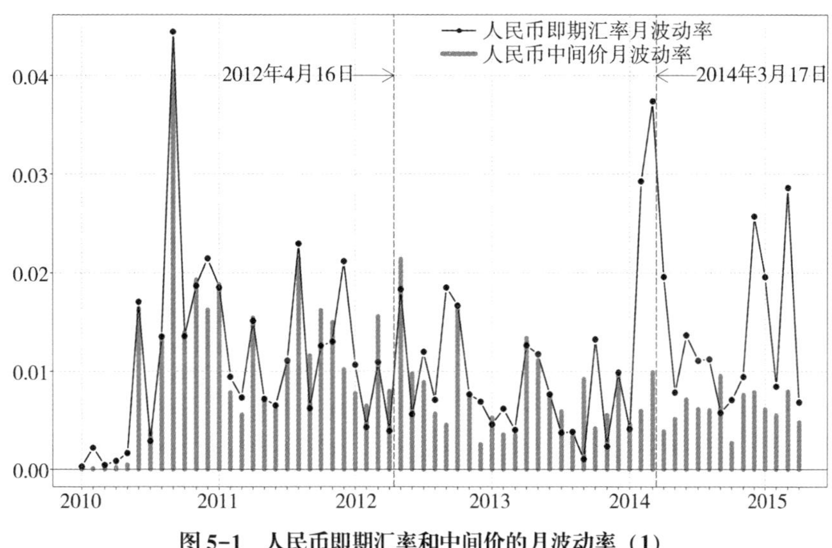

图 5-1　人民币即期汇率和中间价的月波动率（1）

说明：图 5-1 显示了自 2010 年以来，以标准差计算的人民币即期汇率和中间价的每月波动率。图中点实线描述了人民币即期汇率的月波动率；垂直实线则显示了人民币中间价的月波动率。两条垂线代表中国人民银行在 2012 年 4 月 16 日以及 2014 年 3 月 17 日，先后将人民币即期汇率的日波动幅度，分别提升至 1%和 2%。

资料来源：Wind 数据库。

图 5-1 显示了自 2010 年以来，以标准差计算的人民币即期汇率的每月波动率。从图中可以发现，虽然中国人民银行在 2012 年 4 月 16 日以及 2014 年 3 月 17 日，先后分两次将人民币即期汇率的日波动幅度，提升至 1%和 2%的水平。但是，人民币即期汇率的月波动率却并没有发生显著变化。具体而言，我们以 2012 年 4 月 16 日和 2014 年 3 月 17 日为分界线，将样本区间分为三个不同阶段。然后，将各个区间的人民币汇率月波动率的平均值进行比较后，我们发现三个阶段的平均月波动率并没有显著差异，分别为 0. 012、0. 010 和 0. 013。如果将样本区间内人民币即期汇率的月波动率进行排序，我们发现，月波动率最大的是 2010 年 9 月，为 0. 044。其次是 2014

年3月的0.037，以及2014年2月的0.029。因此，仍然没有证据显示，扩大人民币日波幅将显著提高人民币月波动率。同时，图5-1还显示，虽然人民币即期汇率的月波动率并没有发生显著变化，但是人民币中间价的月波动率却出现了较为显著的下降。而且，随着时间的推移，特别是在进入2014年之后，人民币即期汇率和中间价的月波动率之间，出现了较为明显的偏离。因此，虽然在样本区间内人民币日波幅在逐渐扩大，但是由于人民币中间价等形式的管理，人民币汇率的月波动率并没有出现显著的提升。即使将样本区间扩大至2021年底（图5-2），我们仍然没有发现证据显示人民币月波动率呈现出逐步扩大的趋势。从图中可以看出，除了“8·11”汇改时期出现了短暂的波幅扩大，之后人民币汇率的月波动率相对都比较稳定，进入2020年之后还出现不断下降的趋势。

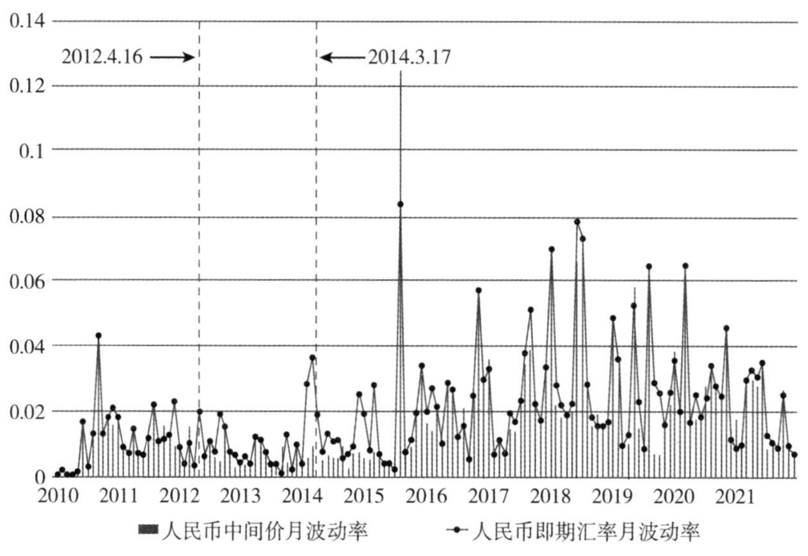

图5-2 人民币即期汇率和中间价的月波动率（2）

说明：图5-2显示了自2010年以来，以标准差计算的人民币即期汇率和中间价的每月波动率。图中点实线描述了人民币即期汇率的月波动率；垂直实线则显示了人民币中间价的月波动率。两条垂线代表中国人民银行在2012年4月16日以及2014年3月17日，先后将人民币即期汇率的日波动幅度，分别提升至1%和2%。

资料来源：Wind数据库。

其次，如果市场波动的增加，主要是由于中国人民银行干预引发的市场主体对汇率走势的不同见解，那毫无疑问，外汇市场风险增加了。但是，如果市场波动的影响因素主要是来自中国人民银行的干预，那么就要小心了。因为，这个时候，中国人民银行带来的波动对投资者而言，究竟是风险的加大，还是获利机会的增加，还有待观察。正如陈思翀（2015）所述，如果中国人民银行的干预有其固有规律，而且逐渐被市场所预见，那么波动性的增加对于投资者而言，非但不是风险，反而是机会。例如，即使将人民币波幅由目前的2%，进一步扩大到3%—5%，但同时却不对中间价等干预方式进行改革，则可能将无法实质性的显著提升人民币汇率调整的灵活性。一方面，人民币即期汇率变化在相对较长的期限内，仍然会逐渐收敛于受到管理的中间价。但是另一方面，人民币日波动可能会继续上升。这时，日波幅的扩大与中间价调整的滞后，反而可能给投资者更多的套利机会，而不是增大套利交易风险，从而造成过度的短期资本流动，对金融体系与宏观经济形成更大的压力。

第五节　结语

那么，为什么人民币对美元会屡次出现触及涨跌停边界的状况，从而导致市场出现今年人民币波幅将会进一步扩大的预测呢？如图5-3（A）所示，尽管中国人民银行在2012年4月16日以及2014年3月17日，先后两次调升日波幅，但是人民币即期汇率反而出现了频繁触顶的情况。这主要是因为，在2005年人民币汇率形成机制改革后，人民币汇率除了受到波幅的限制，更重要的是还存在着中间价设置的制约。如图5-3（B）所示，人民币即期汇率接近日波幅上限的时候，往往对应着人民币中间价设定相对市场汇率的偏离程度比较大的区间。因此，只要货币当局以中间价等形式的汇率管理仍然存在，即使进一步扩大人民币日波动幅度，人民币即期汇率仍然可能由于中间价偏离市场汇率水平，从而出现不断触及波动边界的状况。但是，如果将样本区间扩展至2021年底（图5-4），我们发现“8·11”汇改之后，即进行了人民币汇率中间价形成机制的改革后，中国已基本退出对汇率的常态化干预，人民币汇率长期触及波动边界的状况也已经不复存在。

综上所述，基于上述理论和现实两方面的分析显示：人民币日波幅尚无迫切需要进行调整。与之相对，当前人民币汇率改革的核心应当是，形成更为透明而且市场化的人民币中间价形成机制；甚至是放弃人为的人民币中间价设定，代之以一定波幅制约下的市场化汇率调整。只有这样，才能真正实现灵活的人民币汇率调整。特别是在当前可能会出现资本外流风险的条件下，真正灵活的汇率调整，再加上针对流动性较强的资本进行（IMF 等国际机构也都采取了更加容忍的态度）管制措施，才有可能真正减小国际资本流动对中国宏观经济带来的冲击。

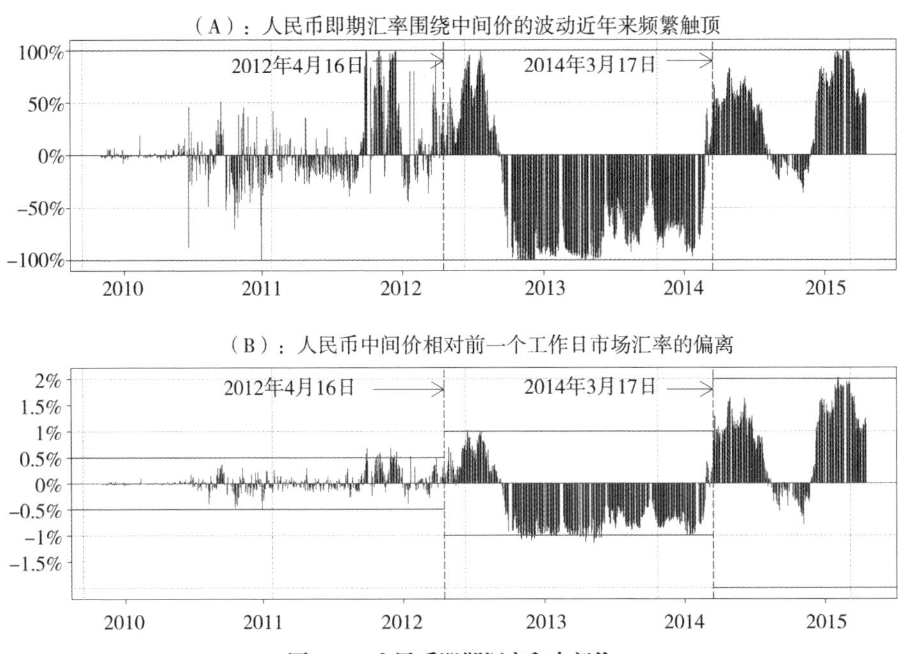

图 5-3　人民币即期汇率和中间价

说明：本图中（A）显示了近年来人民币即期汇率围绕中间价的偏离程度占最大日波幅的比例情况；（B）则显示了人民币中间价相对于前一个工作日市场汇率的偏离情况。

资料来源：Wind 数据库。

总的来说，继续扩大人民币日波幅无助于实现真正汇率灵活性。因此，调整人民币日波幅和宏观经济政策调整空间之间没有必然联系。虽然，进一步扩大人民币日波幅可能会加大人民币套息交易的投资风险，从而减缓国际资本的流入流出对中国货币政策的压力。但是，由于人民币即期汇率受到中间价等形式的管理，如果继续扩大人民币日波幅，不仅无助于显著提高人民币在较长期限内的波动率，还反而可能催生更多套利机会，而不是增大套利交易风险。因此，人民币汇率的日波幅尚无迫切需要进行进一步调整。

（A）人民币即期汇率围绕中间价的波动近年来频繁触顶

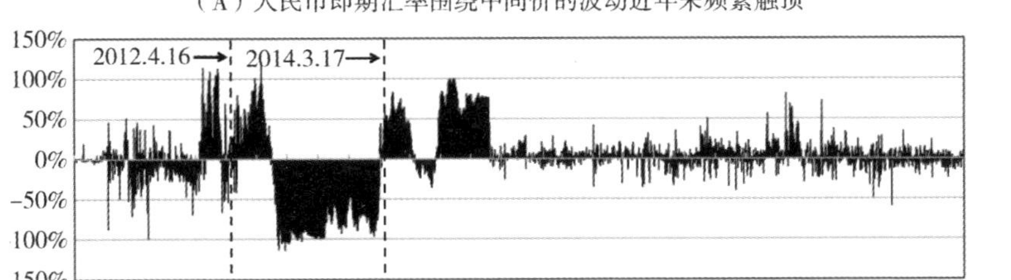

（B）人民币中间价相对前一个工作日市场汇率的偏高

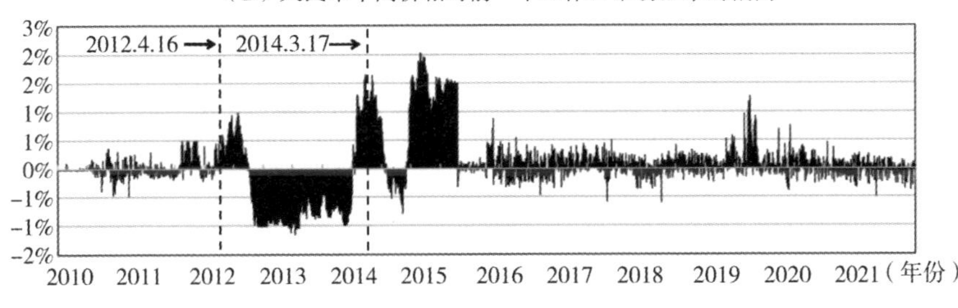

图 5-4　人民币即期汇率和中间价

说明：本图中（A）显示了近年来人民币即期汇率围绕中间价的偏离程度占最大日波幅的比例情况；（B）则显示了人民币中间价相对于前一个工作日市场汇率的偏离情况。

资料来源：Wind 数据库。

第六章

套息交易与中国的资本流动

第一节　引言

近年来，无论对于新兴市场国家还是发达国家，跨境资本流动都变得越来越普遍。不仅规模持续扩大，而且资本流动的方向和结构也在不断发生变化。潘功胜（2017）指出，21 世纪以来的全球跨境资本流动主要经历了两大阶段。第一个阶段是从 2000 年到 2013 年，国际资本大量流入新兴经济体。第二个阶段是自 2014 年以来，国际资本开始从新兴经济体流出。中国短期资本流动在 2003 年之后由流出转为流入，2005 年之后持续增长。从 2006 年开始，中国短期资本净流入与流出交替进行，并且其波动幅度和频率也不断上升。2014 年后，中国短期资本再次转为净流出状态，而波幅与频率仍处于较高态势。直到 2020 年，随着美国经济增速放缓和新冠疫情的冲击，美联储再次实施更大规模的量化宽松政策。国际资本再次向高利率的新兴经济体流动。但是，截至本章发稿的 2022 年初，由于通货膨胀高企，美联储不得不大幅加息，并再次逐步退出量化宽松政策。因此，国际资本再次出现了从新兴市场向美国回流的趋势。

当前，由于新冠疫情的持续、俄乌冲突等地缘政治危机的爆发以及世界主要经济体货币政策的分化，全球经济增长面临较大不确定性，国际金融市场风险逐渐累积，跨境资本流动双向波动也进一步加剧。尤其是近年来，在国内外多种因素的作用下，中国的跨境资本流动经历了高强度的冲击和考验。因此，理清中国跨境资本流动的内在逻辑并防范其带来的风险具有重要意义。本章选择将套息交易作为分析中国短期资本流动的切入点，并且从国际投资者最优资产组合调整的角度，研究其对中国短期资本流动的影响。

套息交易被认为是影响短期跨境资本流动的重要因素。不同货币之间进行的这种套息交易，往往会引起各国间尤其是短期资本的流动（史文胜，2007；韩剑，2011）。孙立坚（2008）认为，中国经济的基本条件增加了逐利型的国际短期资本在中国栖息的魅力。彭述涛（2009）也指出，尽管人民币目前还未实现可自由兑换，但中国香港和深圳之间的准套息交易已经出现。在国内利率水平较高和人民币升值背景下，国际"热钱"也借人民币国际化之机涌入中国（丁志杰等，2008；刘莉亚，2008），对国内金融体系和实体经济形成冲击。种种迹象显示，虽然中国目前仍存在较为严格的资本管制，虚假贸易等手段可能正成为一个重要的人民币套利交易途径。离岸公司还可以通过银行的外币理财产品和离岸结售汇业务实现人民币的套息交易。而且，由于很多套息策略本身可以通过金融衍生工具进行，并不直接反映到资产负债表上，这使套息交易在中国外汇市场上存在可能，并造成套息交易的度量和监管困难。套息交易的投机性所造成的国际资本的频繁且剧烈的流进流出，还容易使得一国经济面临不利冲击。随着人民币国际化逐步实施，人民币套息交易极有可能对中国短期资本流动产生重大影响。经典理论表明，一个理性投资者应该通过在不同国家间进行投资以期实现其资产组合的风险分散和收益最大化。因此，投资者往往会根据市场状况不断调整其国际资产组合的最优权重，从而引起国际间的资本流动。那么，如果我们将套息资产看作是风险资产的一种，能否从套息交易的国际资产组合最优权重调整的角度来解释国际资本流动呢？于是，本章试图从国际投资者套息交易的动态最优资产组合配置这一视角出发，研究套息交易对中国短期跨境资本流动的影响。

第二节　文献综述

一　短期国际资本流动的度量

根据张明（2011）对中国短期国际资本流动测算方法的梳理，目前在研究短期国际资本流动规模时，大多利用国际收支账户 BOP 数据，采用一定的估算方法对其进行估算。具体而言，国际上一般采用以下三种方法来测算短期国际资本流动：直接法、间接法和混合法。其中，直接法最早由 Cuddington（1986）提出，该方法是指根据该国的国际收支平衡表中的几个科目之间直接相加而得到对短期国际资本度量。世界银行（1985）最早使用间接法，该方法又被称为余额法，是指一国的短期资本流动可以用外汇储备增量减去一国的国际收支平衡表中的相关项目得到短期国际资本流动的规模。混合法最早由 Dooley（1986）提出，该方法本质上是直接法与间接法的结合。

表 6-1 短期国际资本流动的度量

直接法	短期国际资本流入 = 误差与遗漏项（流入）+ 私人非银行部门短期资本流入	Cuddington（1986）
间接法	短期国际资本流入 = 外汇储备增量 - 经常项目顺差 - FDI 净流入 - 外债增量	世界银行（1985）
混合法	短期国际资本流入 = 误差与遗漏项（流入）-本国居民除 FDI 外对外债权增量-从 World Debt Table 中获得的债务增量与该国国际收支平衡表中外债增量之差+产生国际平均收益的对外债权额	Dooley（1986）

一般而言，直接法计算得到的短期国际资本流动规模较小，间接法得到的短期国际资本流动规模较大，混合法的结果在直接法与间接法之间。在进行经验研究时，学者们往往将直接法估计结果作为短期国际资本流动的下限，间接法估计结果作为短期国际资本流动的上限。考虑到度量的准确性与数据的可得性，本章将参考间接法来度量中国短期国际资本流动。

二　国际资本流动的影响因素①

笔者通过对资本流动的影响因素相关研究进行梳理发现，目前文献中关于资本流动影响因素的研究，主要包括以下几大因素。

首先，利差因素是其中一个重要因素。麦克杜格尔（G. D. A. MACDougall，1960）早在 1960 年就提出麦克杜格尔模型，后经肯普发展，用于分析国际资本

① 本部分并非对资本流动理论发展逻辑进行完整梳理，感兴趣的读者可通过参考文献进行更全面的认识：Fernandez-Arias（1996）、Forbe 和 Warnock（2011）、张明和谭小芬（2013）。

流动对资本输出国、资本输入国及整个世界生产和国民收入分配的影响。麦克杜格尔和肯普认为，国际间不存在限制资本流动的因素，资本可以自由地从资本要素丰富的国家流向资本要素短缺的国家。资本流动的原因在于各国利率和预期利润率存在差异，认为各国的产品和生产要素市场是一个完全竞争的市场，资本可以自由地从资本充裕国向资本稀缺国流动。Knut Wichsell（1901）认为提高利率可以促使国外资本流入本国，并阻止国内资本外流，同时还会使国外的投资回流本国。王世华和何帆（2007）使用协整误差修正模型研究中国短期资本净流入的影响因素，结果发现利差是影响中国短期资本净流入的主要拉动因素。Ahmed 和 Zlate（2013）也验证了影响亚洲和拉美等新兴市场的主要因素是利率差异。

其次，汇率因素则是影响资本流动的另一个重要因素。汪洋（2004）指出，1994 年以来汇率对中国资本流动的影响最大，利差次之。Cerutti 等（2015）使用 MCMC 的估计方法，对 2000 年至 2015 年期间 34 个新兴市场的季度资本流动数据进行实证研究，研究结果发现美国真实有效汇率对这些新兴市场的资本流入有显著影响。

最后，文献还分别讨论了风险偏好、金融开放程度、人口结构、外汇制度改革、资本账户管制和一国货币政策对国际资本流动的影响（例如，Milesi-Ferretti and Tille，2011；张明和肖立晟，2014；Byrne and Fiess，2016；朱超等，2013；王琦，2006；苟琴等，2012；Cardenas 和 Barrera，1997；Gregorio et al.，2000；Rey，2015）。朱超等（2013）认为人口老龄化造成国际收支不平衡，从而推动本国资本的跨界流动。王琦（2006）发现外汇制度改革的政策因素对中国资本净流动具有显著影响。苟琴等（2012）研究发现当前资本账户管制能有效控制中国短期资本流动。而 Cardenas 和 Barrera（1997）讨论了哥伦比亚资本管制对短期资本流动控制的有效性，发现资本管制对控制资本流动并不是很有效。Gregorio et al.（2000）则分析了智利的无息准备金对短期资本流动的控制，发现也不太有效。Rey（2015）则从一国货币政策入手，分析其对国际资本流动的影响。研究结果认为中心国货币政策对资本流动和信贷增长有显著影响。另外，也有将影响因素划分为驱动和拉动两类的研究方式（例如，Fernander-Arias，1996；IMF，2011），这种划分影响了之后大批关于资本流动影响因素领域的研究，均沿用这一划分方法。

总体来看，学术界普遍认同国际资本流动能够促进生产要素在国际间自由流动和有效配置，进而促进各国经济的发展。而资本流动的特点在不同类型的国家（新兴市场、发达国家）之间会有不同的表现形式。虽然，在资本流动的影响因素方面，不同国家的资本流动的影响因素有所区别，并且在不同时段上（短期、中期和长期）影响中国的资本流动的因素也不相同。但是，目前文献一致认为利差和汇率是两个需要关注的主要因素。因此，本章在运用动态资产组合模型估计最优权重时加入这两个因素作为状态变量。

表 6-2　国际资本流动的影响因素

<table>
<tr><th colspan="2">影响因素</th><th>研究结论</th><th>研究方法</th><th>数据</th><th>作者</th></tr>
<tr><td colspan="2" rowspan="2">利差因素</td><td>利差是影响中国短期资本净流入的主要拉动因素</td><td>协整误差修正模型</td><td>1999—2006 年中国短期资本净流入</td><td>王世华、何帆（2007）</td></tr>
<tr><td>利率差异是净资本流动的主要影响因素</td><td>面板回归</td><td>2002—2012 年亚洲和拉美新兴市场资本净流入</td><td>Ahmed，Zlate（2014）</td></tr>
<tr><td colspan="2" rowspan="2">汇率因素</td><td>美国真实有效汇率对资本流入有显著影响</td><td>MCMC 估计</td><td>2000—2015 年 34 个新兴市场国家季度资本流动</td><td>Cerutti 等（2015）</td></tr>
<tr><td>汇率对资本总流动的影响最大</td><td>OLS 估计</td><td>1986—2002 年中国短期资本流动</td><td>汪洋（2004）</td></tr>
<tr><td rowspan="4">政治人文</td><td>人口结构</td><td>人口老龄化造成国际收支不平衡，从而推动本国资本的跨界流动</td><td>面板回归</td><td>1960—2010 年 190 个国家经常账户余额</td><td>朱超等（2013）</td></tr>
<tr><td rowspan="3">国别因素</td><td>1994 年外汇制度改革的政策因素影响中国资本净流动。</td><td>OLS 估计</td><td>1985—2003 年中国资本净流动</td><td>王琦（2006）</td></tr>
<tr><td>当前资本账户管制能够有效控制短期资本流动</td><td>OLS 估计</td><td>1999—2010 年中国短期资本流动</td><td>苟琴等（2012）</td></tr>
<tr><td>中心国货币政策对资本流动和信贷增长有显著影响</td><td>VAR 模型</td><td>1990—2013 年全球 7 大地区的季度外债流</td><td>Rey（2015）</td></tr>
</table>

三　中国跨境资本流动的主要影响因素

由于我们所关注的对象是中国的跨境资本流动的影响因素，于是笔者进一步针对中国资本流动影响因素的文献进行了梳理。具体而言，本章影响中国资本流动的因素可分为短期、中期、长期以及制度因素。本章的主要研究对象是中国短期的资本流动，根据对文献的梳理发现，和相关研究结果基本一致，汇率和利差是影响中国短期资本流动的两个主要因素（汪洋，2004；王世华和何帆，2007；张明和谭小芬，2013）。此外，随着资本市场和实体经济的不断发展，资产价格也逐渐成为影响资本流动的重要因素之一（例如，张谊浩和沈晓华，2008；张明和谭小芬，2013）。

表 6-3　　中国资本流动的影响因素

	主要影响因素	主要文献
短期	国内利率	汪洋（2004），王琦（2006），张明、谭小芬（2013），丁志杰等（2008），王世华、何帆（2007），杨海珍等（2010）
	股票价格	张明、谭小芬（2013），杨海珍等（2010），张谊浩、沈晓华（2008）
	即期汇率	王世华、何帆（2007）
中期	人民币升值预期	汪洋（2004），王琦（ 2006），张明、谭小芬（2013），丁志杰等（2008），曹媚（2009），王世华、何帆（2007），杨海珍等（2010），陶川（2010），张谊浩、沈晓华（2008）
	房地产价格	张明、谭小芬（2013），杨海珍等（2010）
	通货膨胀率	丁志杰等（2008）
	信贷增量	张明、谭小芬（ 2013）
	风险超额收益率	陶川（2010）
长期	经济增长	张明、谭小芬（2013），丁志杰等（2008），王世华、何帆（2007）
	贸易开放度	王琦（2006），曹媚（2009）
	人口结构	朱超等（2013）
制度	1994 年汇改	王琦（2006），汪洋（2004）
	资本管制程度	苟琴等（2012），陶川（2010）
	汇率干预程度	张勇（2015），范小云、潘赛赛（2008）

四　资产组合调整与国际资本流动

国际资产组合的调整能否影响一国的国际资本流动呢？经典理论表明，

投资者的分散投资会引起国际间资本的流动。例如，Harry M. Markowitz（1952）首先提出理性投资者会将资产分散于不同的国家进行投资，导致资本的流动。James Tobin（1958）在此基础上认为国际投资者的资产组合还应包含无风险资产和现金，风险资产的分散化投资将引起资本的流动。Grubel（1968）则认为，投资者构建国际资产组合，一是为了分散风险，二是希望获得国外资产组合收益和外汇升水带来的收入，这将引起国际间的资本流动。

此后，学者也尝试构建各类模型来验证国际资产组合的调整可以用来解释国际间的资本流动。例如，Branson（1968）使用 Markowitz-Tobin 模型验证了当投资者的资产组合与当前状态最优资产组合不一致时，调整资产组合权重的过程导致了国际资本流动。Devereux 和 Saito（2006）则构建了一个国际资本流动模型，通过该模型，他们说明了各国对债券其头寸的调整将导致各国的资本流动。林斌（2013）根据资产组合平衡理论得出资产组合的调整会影响中国短期资本流动的结论。

根据现代资产组合理论，投资者只有通过在不同国家的各类资产的分散化投资才能得到不包含非系统性风险的最优投资组合。当所持有的组合头寸不是最优的时候，投资者将会调整组合头寸占比。因此，随着时间和环境的变化，投资组合头寸的最优权重的变化可以被认为是影响资本流动的一种重要潜在因素。因此，本章试图从最优资产组合选择的角度出发，对中国短期资本流动进行解释。

五 套息交易对国际资本流动的影响

通过对套息交易相关的文献进行梳理发现，目前学术界对套息交易的研究则主要集中在以下几个角度。第一，套息交易策略存在的理论和经验分析（Verdelhan，2010；Bansal & Shaliastovich，2013）。第二，实证检验套息交易策略的超额收益及其原因（Burnside et al.，2011；Lustig et al.，2011）。第三，套息交易对外汇市场和国际资本流动的影响（黄少明，2007；彭述涛，2009）。其中，关于套息交易对中国跨境资本流动影响的研究文献，主要聚焦于现象描述与机制原理分析（史文胜，2007；韩剑，2011），缺乏套息交易对资本流动影响方面的实证研究。而且，更加缺乏从动态资产组合这一角度研究套息交易对国际资本流动的影响的文献。

本章正是基于这一角度，探讨套息资产的最优权重动态调整过程对中国国际资本流动的影响借鉴 Brandt 和 Santa-Clara（2006）的动态资产组合选择的方法求解动态资产组合最优权重。该方法的核心是将动态的资产组合选择过程，扩展资产空间化为静态的资产组合选择方法而得到对动态过程的近似解，通过状态变量随时间的改变得出最优资产组合权重的动态调整过程。

第三节　研究设计

一　研究思路

本章的研究思路如下：首先，将包括套息交易在内的各类头寸看作是各种基础资产，计算其收益率。用于构建资产组合的基础资产有三种：美元人民币套息交易资产、美元无风险资产和美元风险资产。由于笔者从国际投资者进行套息交易的角度研究资本流动，所以在配置资产组合时首先包含的便是美元人民币套息交易所构成的头寸；同时，如果站在一个美元套息交易者的角度，由于其对本国资本市场的交易制度更为清楚，资产组合中除了包括国外资产外，还应该包含本国的风险资产；另外，为了更加充分地分散风险资产组合的风险，资产组合中还应该包含无风险资产。正是出于上述几点考虑，本章选择这三大类基础资产构建国际资产组合。

然后，笔者借鉴 Brandt 和 Santa-Clara（2006）提出的动态资产组合选择的方法，对最优资产组合权重进行估计。

当汇率及利差等状态变量随时间发生改变时，由各资产组成的最优资产组合的权重也会随之发生改变。本章假设国际资产的最优资产组合权重的动态调整过程可以对资本流动进行解释。于是，将所得到的权重的变动率作为解释变量，将资本净流入的变动率作为被解释变量，研究套息交易对中国短期资本流动的影响。

二　研究假设

在本章的研究中有两个关键性假设。第一，假设最优资产组合的权重是各状态变量的线性函数，即 $x_t=\theta_{Z t}$。其中 x_t 表示资产权重，Z_t 表示各状态变量组成的向量，θ 为待估参数矩阵。由于决定套息资产收益率的两个关键要素是汇率和利差，于是本章首先加入中美实际汇率和实际利差作为两个主要的状态变量。本章还加入了股息率和 VIX 指数作为另外两个状态变量，这四个变量与资产组合权重之间存在线性关系。第二，本章假设各套息资产的收益率分布是平稳的①。只有在假设各套息资产收益率分布平稳时，通过 Brandt 和 Santa-Clara（2006）的方法求解得到的资产组合权重才是无偏且一致的。

本章选择人民币兑美元的实际汇率、实际息差、标准普尔 500 指数的股息率以及 VIX 指数作为状态变量，是基于以下几个方面的考虑。首先，对文献的梳理发现，汇率及息差是影响套息资产收益率的两个关键因素，因此，应当加入息差和汇率作为状态变量。其次，站在美元套息交易者的角度，其在配置国际资产组合时，也会将部分资产配置于本国的股票，而股息率可以在一定程度上反映本国股票的业绩表现，其与股票收益率具有高度相关性，于是在加入美国股票资产时，股息率也可以视作一个重要的状态变量。最后，基于投资者的避险的可能性，投资者在配置其国际资产时，会考虑到市场情绪的变换，而 VIX 指数是反映投资者市场情绪的很好的指标，于是笔者也将 VIX 指数视作另一个重要的状态变量。

三 美元兑人民币套息交易收益率的定义

本节基于无抛补的利率平价公式来计算美元兑人民币套息资产的收益率。令 S_t 表示即期汇率（S_t 表示在 t 期期初，1 单位美元可转换为 S_t 单位的人民币），$E(S_{t+1})$ 表示下一期的即期汇率的预期值，i_t^* 表示目标货币的利率，i_t 表示借入货币的利率，则套息收益率的预期值可表示为：

$$E(r_{t+1})=\frac{S_t}{E(S_{t+1})}(1+i_t^*)-(1+i_t) \tag{6.1}$$

四 基于动态资产组合模型的最优权重估计

遵循 Brandt 和 Santa-Clara（2006）的方法考虑一个单期问题。投资者

① ADF 检验结果显示各资产收益率为平稳的。

的效用函数为二次型效用函数。下一期的财富值基础上的效用函数的条件期望值为 W_{t+1}。目标函数为：

$$\max E_t \left[W_{t+1} - \frac{b_t}{2} W_{t+1}^2 \right] \tag{6.2}$$

这里，参数 b_t 为一个正参数，它足够小以保证投资者的边际效用函数为正。令 R_t^f 表示无风险利率，$r_{t+1}^p = R_{t+1}^p - R_t^f$ 表示投资者资产组合的超额收益，于是投资者下一期的财富值可表示为：

$$W_{t+1} = W_t \left(R_t^f + r_{t+1}^p \right) \tag{6.3}$$

将公式（6.3）代入（6.2）中，可得：

$$\max E_t \left[cte + r_{t+1}^p - \frac{b_t W_t}{2\left(1 - b_t W_t R_t^f\right)} \left(r_{t+1}^p \right)^2 \right] \tag{6.4}$$

这里 cte 为常数项，在 t 时刻信息已知，为了简化，上式可改写为：

$$\max E_t \left[r_{t+1}^p - \frac{\gamma}{2} \left(r_{t+1}^p \right)^2 \right] \tag{6.5}$$

这里忽略了常数项，γ 表示常系数。定义资产组合中所有风险资产的权重与收益率后，上式可化为：

$$\max E_t \left[x_t^T r_{t+1} - \frac{\gamma}{2} x_t^T r_{t+1} r_{t+1}^T x_t \right] \tag{6.6}$$

当基础资产收益率不是独立同分布时，假设最优资产权重与状态变量之间存在线性关系，最优资产权重与各状态变量的线性关系可表示为：$x_t = \theta_{Zt}$。这里，r_{t+1}表示基础资产的超额收益构成的向量，x_t 表示资产组合的权重，Z_t 表示状态变量所组成的向量，θ 是相应的系数矩阵。此时，单期效用函数的最大化可表示为：

$$\max_{\theta} E_t \left[\left(\theta_{Zt} \right)^T r_{t+1} - \frac{\gamma}{2} \left(\theta_{Zt} \right)^T r_{t+1} r_{t+1}^T \left(\theta_{Zt} \right) \right] \tag{6.7}$$

根据所加入的状态变量，可以将资产组合进行扩展：

$$\tilde{x} = vec\left(\theta \right) \tag{6.8}$$

$$\tilde{r}_{t+1} = Z_t \otimes r_{t+1} \tag{6.9}$$

其中，$\tilde{x}$ 表示扩展的资产组合的权重，$\tilde{r}$ 表示扩展的资产组合的超额收益，⊗表示直积运算。最后，根据 Brandt 和 Santa-Clara（2006）的方法，最优资产组合的权重可以表示为：

$$\tilde{x}=\frac{1}{\gamma}E\left[\tilde{r}_{t+1}\tilde{r}_{t+1}^{T}\right]^{-1}E\left[\tilde{r}_{t+1}\right]=\frac{1}{\gamma}E\left[(Z_tZ_t^{T})\otimes(r_{t+1}r_{t+1}^{T})\right]^{-1}E\left[Z_t\otimes r_{t+1}\right] \tag{6.10}$$

该模型通过扩展资产空间，将动态过程化为静态资产组合选择方法而得到近似解。即在静态均值方差理论的基础上，将最优资产权重表示为基础资产的收益率与各状态变量之间的线性解析解，通过状态变量随时间变化得到最优资产组合权重的动态调整过程。

五　套息交易最优资产组合权重对资本流动的解释

当求解得到最优资产组合权重之后，本章以中国短期资本流动为被解释变量，将最优权重的变化作为解释变量，研究套息交易资产最优权重的变化能否解释中国短期资本流动的特点。具体而言，本章采用的回归模型设定如下（式 6.11）。首先，套息交易资产最优权重变化为主要的解释变量。然后，在此基础上加入资产组合中另外两类资产的最优权重变动率作为控制变量以控制资产组合调整本身所带来的对资本流动的影响。最后，由于息差与汇率是影响中国短期资本流动的两大主要因素，因此将其作为控制变量，与套息交易的资产组合效应对资本流动的影响区分开来。

$$dCF_t=\alpha+\rho Weight_{CNY,t-1}+\beta Weight_{USD,t-1}+\beta Weight_{SP500,t-1}+doi+cur+\varepsilon_t \tag{6.11}$$

其中，dCF_t 表示中国短期资本净流入的变动率，通过中国外汇储备额的增量减去经常项目顺差及 FDI 净流入后测算得到。$Weight_{CNY,t}$、$Weight_{USD,t}$ 和 $\mathrm{Weight}_{SP500,t}$分别表示美元对人民币套息资产、美元无风险资产和美元风险资产的最优资产组合权重的变动率。*doi* 和 *cur* 是控制变量，分别表示中美两国实际息差以及人民币兑美元的实际汇率。

第四节　数据

一　数据来源与变量定义

1. 短期资本流动

参考世界银行（1985）间接法的测算方式，短期国际资本流入等于外汇储备的增量扣减经常项目顺差及 FDI 净流入和外债增量。考虑到数据的可得性及回归样本精度的权衡，笔者利用外汇储备、进出口贸易额及外商直接投资实际使用额等数据，对中国短期的资本流动进行测算。其中，中国的外汇储备数据为月度数据，进出口贸易额数据和外商直接投资中实际使用金额数据为月度数据。以上样本区间皆为 2006 年 7 月至 2016 年 12 月。考虑到月度资本流动波动噪声较大，本章基于月度数据计算三个月滚动求和短期资本流动数据作为本章的主要被解释变量。相关数据均来自万德（Wind）数据库中的宏观数据库。

2. 基础资产收益率

为了计算美元人民币套息交易的收益率，本章使用每月最后一个交易日的人民币对美元即期汇率，一个月期限的 LIOBR 利率和 SHIBOR 利率数据。同样的，利用每月最后一个交易日的美国 S&P500 股指收盘价计算美国 S&P500 指数的月度收益率作为美元风险资产收益率，LIBOR 利率作为美元无风险资产收益率。样本区间为 2006 年 7 月到 2016 年 12 月。其中，汇率数据来源于 Datastream 数据库；中美利率数据和股指数据分别来源于 Wind 数据库中的中国宏观数据库和全球宏观数据库。

3. 状态变量

本章使用如下数据构建实际息差、实际汇率、股息率和 VIX 指数四个状态变量。首先，针对上述利率与汇率数据，利用月度 CPI 数据对中美名义汇率和名义息差分别进行平减，得到月度的实际的汇率及实际息差数据。数据来源于 Wind 数据库和国家统计局。美国 S&P500 指数的股息率（dividend yield）月度数据来自 Robert Shiller 主页。此外，本章从 Wind 数据库中获得美国 VIX 指数每日收盘价位的日度数据，然后取每个月最后一个交易日的 VIX 指数收盘价作为月度 VIX 指数数据。以上样本区间为 2006 年

7月到2016年12月。

根据以上数据，本章不仅可以对中国短期资本流动进行度量，而且还可以计算美元人民币套息交易收益率、美元无风险资产收益率及美国股票收益率的资产组合中各基础资产收益率，以及中美实际息差、实际汇率、美国股票的股息率及VIX指数四个状态变量的月度数据。具体的变量定义及构造见表6-4。

表6-4　　基础资产收益率及状态变量构造及定义

	变量名	含义	构造
基础资产收益率	套息收益率	美元人民币套息交易收益率	$E(r_{t+1})=\frac{S_t}{E(S_{t+1})}(1+i_t^*)-(1+i_t)$
	无风险收益率	美元无风险资产的收益率	美元一个月LIBOR利率
	股票收益率	美国S&P500股指收益率	S&P500股指月底收盘价减月初收盘价比月初收盘价
状态变量	实际息差	经CPI指数平减后中美两国无风险利率之差	CPI平减后一个月SHIBOR减一个月LIBOR
	实际汇率	经CPI指数平减后人民币对美元的汇率	对即期人民币对美元汇率进行CPI平减
	股息率	美国股票的股息率	美国股票现金红利比上股指价格
	VIX指数	隐含波动率指数	每月底的日度VIX指数收盘点位

表6-5　　基础资产收益率、状态变量及资本流动变动率的描述性统计

	套息收益率	无风险收益率	股票收益率	实际息差	实际汇率	股息率	VIX指数	资本流动
最小值	-0.286	0.002	-0.169	-2.861	6.043	1.720	10.420	-17.872
最大值	0.235	0.057	0.108	7.832	8.144	3.600	59.890	24.600
1/4分位数	0.012	0.002	-0.016	1.150	6.286	1.870	13.720	-0.403
3/4分位数	0.085	0.025	0.031	4.101	6.932	2.110	23.400	0.214
均值	0.038	0.015	0.006	2.507	6.777	2.063	19.637	-0.007
中位数	0.035	0.003	0.011	2.728	6.655	2.010	17.010	0.005
均值标准误	0.007	0.002	0.004	0.214	0.052	0.029	0.737	0.338
标准差	0.082	0.019	0.041	2.398	0.608	0.340	8.750	3.549
偏度	-0.664	1.178	-0.769	-0.508	0.897	2.478	2.022	1.630
峰度	1.768	-0.386	1.927	-0.107	-0.355	6.729	4.856	25.688

二 描述性统计

表 6-5 报告了基础资产的收益率、各状态变量及中国短期资本流动变动率的描述性统计结果。从表中可以看出，套息收益率与股票收益率及实际息差的分布略微左偏，且除股息率和 VIX 指数外，其他变量的分布都呈现尖峰瘦尾的形态。无风险收益率的波动幅度不大（最大最小值之差为 0.035）而其他两资产收益的波动幅度相对较大（最大最小值之差分别为 0.52 和 0.37）。这说明无风险资产收益率的稳定，而套息资产和股票资产的风险较大。考虑到单个月的资本流动仅通过间接法度量得到的月度资本净流入数据的波动频率较大而波动幅度较小，而月度滚动求和计算得到的资本流动的变动较大。本章通过对每 3 个月的资本流动数据加和，得到滚动处理的资本流动数据。通过资本流动的偏度和峰度可以看出，资本流动分布呈现低峰肥尾且右偏的形态，说明在样本期内中国短期资本流动大部分时候呈现出资本净流入，而不是资本净流出。

1. 各基础资产收益率

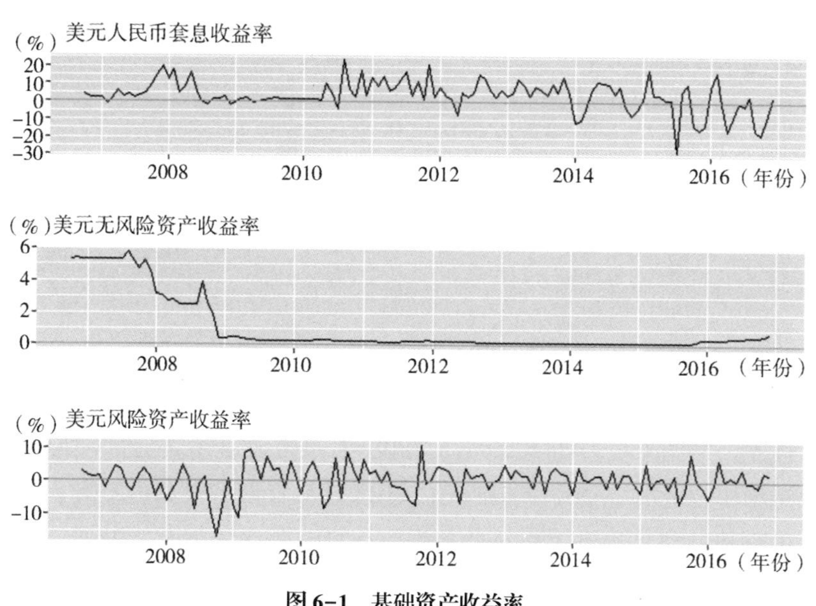

图 6-1 基础资产收益率

通过计算套息资产收益率可以看出，在 2014 年之前，中美套息资产收益率大体保持为正值水平，且在 2011 年间收益率水平保持在 10%左右的高收益率水平，而在 2014 年以后，中美套息收益率出现大幅波动。从上图中美元风险及无风险资产收益率时序图可以看出，美国 S&P500 股指收益在 2008 年国际金融危机时出现了明显的下行，其他时候收益率波动较为稳定。而受美联储量化宽松政策的影响，2009 年以后美元无风险利率持续保持低利率，这使套息交易投资者成本大幅下降，为美元成为套息货币提供了依据。

2. 状态变量

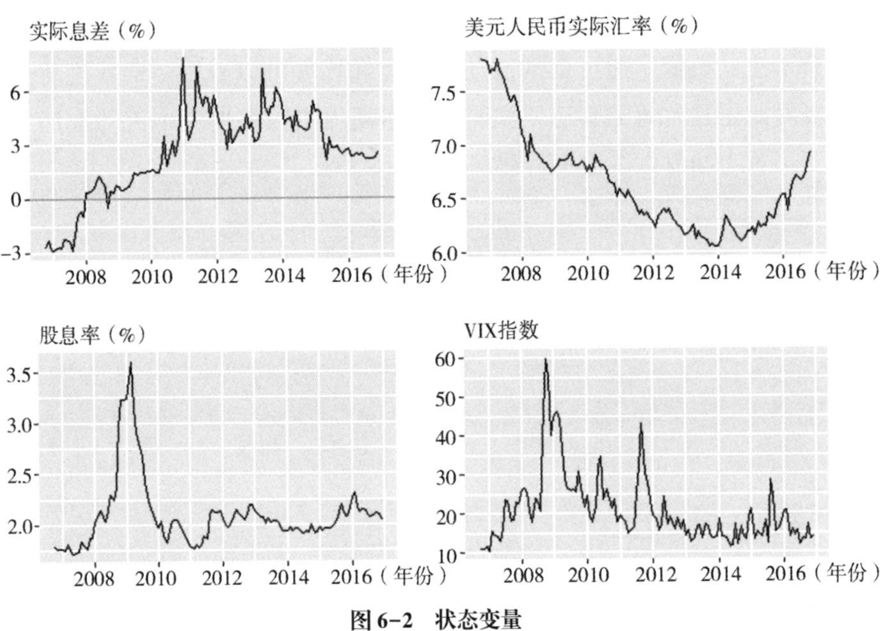

图 6-2　状态变量

首先，从图 6-2 中可以看出，2008 年开始人民币美元的实际息差一直保持为正，尤其在 2011 年和 2012 年之后一直保持较高的息差，这给投机者进行套息交易提供了充足的动机。而且，美国的低利率政策，使以美元为低息融资货币进行套息交易成为长期可能。其次，人民币对美元汇率走势图显示，人民币对美元汇率从 2006 年开始一路走高，汇率变化进一步增加了美元人民币套息交易的收益。美联储开始退出量化宽松政策并启动加息之后，中美息差与汇率走势在 2014 年开始出现拐点。人民币汇率的双向波动还使套息资产收益率出现剧烈变化。再次，股息率及 VIX 指数走势大体平稳，但在金融危机期间都有一个较大的波动。尤其是 VIX 在金融危机期间出现大幅上涨，反映了投资者在金融危机时的恐慌情绪的增强。而且，VIX 指数及股息率与投资组合中的三类基础资产收益率之间还显示出一定相关关系。

第五节　实证分析结果

一　基于动态资产组合模型的套息交易最优权重

首先，本节将人民币对美元的实际汇率、实际息差、S&P500 指数的股息率以及 VIX 指数作为状态变量，将人民币对美元套息资产、美元无风险资产及 S&P500 股票资产作为基础资产，构建基础资产收益率与状态变量之间的线性方程组，扩展基础资产的资产集。根据动态最优资产组合选择的权重的计算公式，得到月度的最优资产组合权重的时间序列数据。

2005 年 7 月 21 日，中国将历时 10 年的与美元挂钩的汇率制度改为以市场供求为基础，参考一篮子货币进行调节，实行有管理的浮动汇率制度。2007 年 5 月 21 日，中国人民银行宣布将人民币兑美元汇率日波动区间扩大。在此区间内，受汇改政策的影响，人民币对美元汇率波动幅度较大，从而导致计算出的权重波动很大，为了剔除由于政策冲击导致的序列不稳定的波动，笔者根据所计算出的权重值剔除了 2007 年 8 月以前波动较大的最优权重，得到如下调整后的三类资产最优资产组合权重时序图。

观察图 6-3（A）中各资产权重配置时序图，我们发现有两大特征值得关注。一方面，在 2008—2009 年，对套息资产权重的配置有小幅下跌，对美元风险资产的配置则基本维持稳定，对无风险资产的配置有小幅上涨，这也反映了金融危机时期，国际资产表现不好，虽然此时人民币相对美元升值，但国际投资者出于避险的考虑，减少了海外资产的配置。另一方面，从 2014 年开始，虽然美元对人民币汇率波动幅度加大，人民币相对美元贬值，但两国之间息差仍为正，存在套息机会，只要投资者认为汇率的波动不足以影响套息交易获得正的超额回报的机会，投资者便会对国

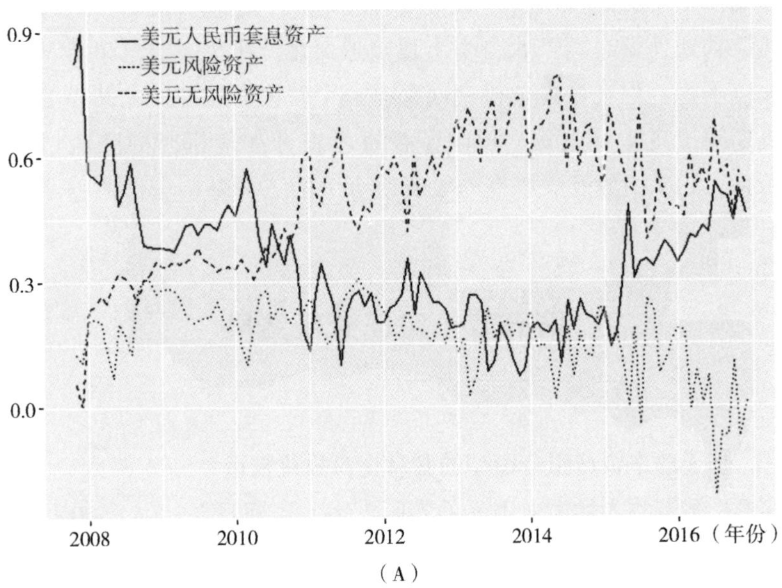

（A）

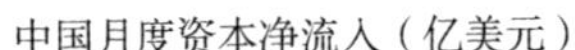

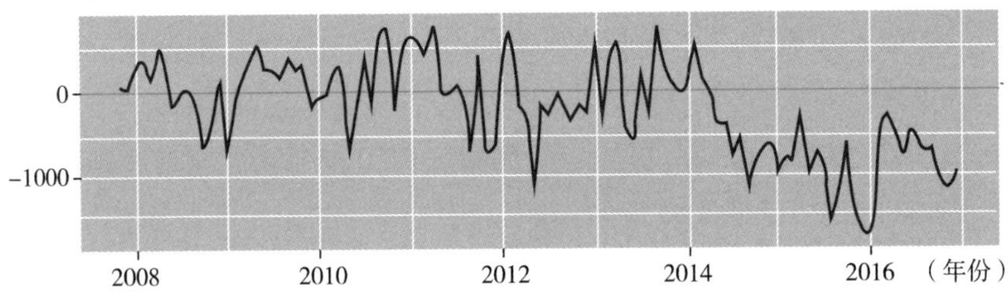

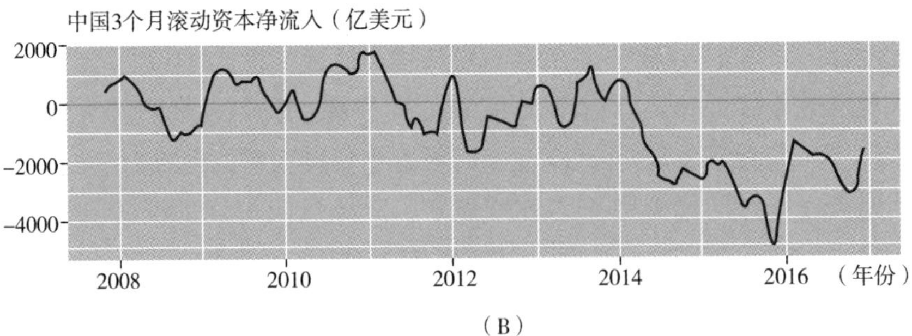

（B）

图 6-3　资产组合最优权重和短期资本流动的动态变化

外资产进行配置，再加上此时中国经济发展速度仍较强劲，投资机会较多，所以整体上美元人民币套息交易配比仍呈现上扬趋势，而对美元风险及无风险资产的配置则呈现下降趋势。这说明，对于短期投机者而言，可能出于投机动机，会加大海外资产的配置，以期在短时间内获得较高收益。另外，本章关注的是套息资产最优权重的短期波动对资本短期流动的影响，而不是关注长期趋势的变化，所以接下来还将进一步通过回归分析进行深入研究。

二　套息交易最优资产组合权重对资本流动的影响

接下来，本章将根据间接法测算得到的三个月滚动中国短期资本流动变化率作为被解释变量，以资产组合最优权重为解释变量，研究套息交易资产最优权重的调整对中国短期资本流动的影响，并且探讨资本流动发生趋势性改变的冲击下套息资产最优权重变动对资本流动影响的差别。图 6-3（B）显示，在 2014 年以后中国资本一直呈现净流出状态，但资本净流出程度在不断变动。《中国企业国际化报告（2014）》也指出，2014 年将成为中国企业对外直接投资的分水岭，中国在 2014 年将成为资本净流出国。而通过间接法测算的短期资本净流动数据印证了这一预测。这可能反映了以 2014 年为转折点，中国的企业和家庭部门进一步加大了对全球资源的配置力度，从而导致了资本流动出现趋势性变化。一方面，即使国际投资者对人民币套息资产的配置力度加大，但它并非影响中国资本流动趋势的决定性因素。另一方面，虽然中国跨境资本流动的趋势可能很大程度上由中国各经济部门对外的资产配置所决定，但国际投资者套息交易资产的配置会影响短期资本流动的变化。本章正是探讨套息资产最优权重的变化对中国短期资本流动变动率的影响。

1. 套息交易对中国短期跨境资本流动的影响

表 6-6 报告了全样本区间内美元人民币套息资产最优权重变化对中国三个月滚动求和短期跨境资本流动的影响的回归分析结果。其中，第（1）列是仅包括美元人民币套息资产最优权重变化的单变量回归。第（2）列将套息交易资产组合中三类资产最优权重的变化同时作为解释变量。第（3）列则进一步控制了息差与汇率变化的直接影响。

表 6-6　　中国短期资本流动的回归结果

	(1)	(2)	(3)
Intercept	-0.156 (0.146)	-0.138 (0.150)	-19.170 (13.614)
dw_ CNY	3.569** (1.775)	3.751* (1.976)	4.138* (2.122)
dw_ US		-0.001** (0.000)	-0.001*** (0.000)
dw_ sp500		0.051 (0.046)	0.035 (0.050)
doi			0.631** (0.263)
cur			2.622 (1.954)
adj. R^2	0.109	0.108	0.127

注：***、**和*分别代表 0.01、0.05 和 0.1 的显著性水平。括号内为 Newey-west 法计算的稳健标准误。

表 6-6 显示，无论是否加入美元无风险资产和美元风险资产最优权重变动率，美元人民币套息资产最优权重的变化对中国资本流动都具有显著的正效应。当仅加入美元人民币套息交易的权重变动率时，其系数显著为正（3.57），且在经济意义上具有显著性。在此基础上，加入美元风险和无风险资产最优权重变动率后，人民币套息资产最优权重变动率的估计系数仍显著为正，且变化不大（3.75）。此时，美元风险资产最优权重变动对中国短期资本流动的影响并不显著。美元无风险资产最优权重变动对中国短期资本流动的影响则在统计上显著为负，但其在经济意义上的影响较小（-0.001）。最后，当加入息差与汇率作为控制变量时，息差变量显著为正（0.63），说明当中美两国息差变大时的确会吸引短期资本流入中国。此时，美元人民币套息资产最优权重变动的系数估计值仍然显著为正（4.14）。以上回归结果显示，当投资者增加美元人民币套息交易配置时，会促进中国短期资本净流入，符合本书的理论预期。另外，当投资者出于避险需求，增加美元无风险资产配置权重时，则会导致中国短期资本流出。但是相比人民币套息资产最优权重的变化，其在经济意义上影响较弱，说明人民币

套息资产配置在中国短期资本流动的影响中占据主导作用。

2. 考虑风险冲击的非线性影响模型检验

以下，本书通过设置风险冲击虚拟变量，并将之与套息资产最优权重进行交互，考察风险冲击是否会改变套息交易对中国资本流动的影响。具体而言，考虑以下两个重大风险冲击：一是资本流动发生趋势性改变的风险冲击，二是中国汇改带来的制度性风险冲击。

首先，为了考察中国资本流动的趋势性变化是否会改变人民币套息资产最优权重对资本流动的影响，本节在回归模型（6.11）的基础上增加了一个代表资本流动趋势性变化的风险冲击的虚拟变量 IV1，并将之与套息资产组合最优权重变量进行交互。IV1 是一个 0-1 虚拟变量，代表中国资本流动在 2014 年 4 月发生趋势性变化，由趋势性流入变为趋势性流出时带来的风险冲击。IV1=0 表示 2014 年 4 月前趋势性流入时的样本，IV1=1 表示 2014 年 4 月后趋势性流出的样本。dw_ CNY ＊IV1、dw_ US＊IV1 和 dw_ sp500＊IV1分别是各最优权重变动率与代表资本流动趋势性变化的风险冲击的交互项。回归结果报告在表 6-7（A）中。

与表 6-6 的估计结果一致，表 6-7 也显示，随着美元人民币套息资产配置最优权重增加，中国短期资本净流入增加。无论是否加入美元无风险资产权重变动率、美元风险资产的权重变动率以及息差与汇率变化等控制变量，美元人民币套息资产最优权重变化对中国资本流动都具有显著的正效应。在 2014 年 4 月中国资本流动出现趋势性变化之前（即 IV1=0），美元人民币套息资产最优权重变动率的估计系数都显著为正。但是，在 2014 年 4 月出现资本趋势性流出之后（即 IV1=1），尽管美元人民币套息资产最优权重变动率的系数仍显著为正，但数值明显下降。以上结果显示，2014 年之后，中国短期资本流动发生了结构性变化。中国的对外投资开始超过了海外投资者的对内投资，导致中国资本净流动方向发生反转。因此，美元人民币套息资产最优权重的变动对中国短期资本流动的解释力度显著减弱。这表明，套息交易虽然能够在短期内对中国资本流动产生显著影响，但是套息交易的资产配置并不是导致中国资本流动出现趋势性变化的根本原因。

其次，为了剔除汇率政策变动的影响，考察汇改带来的制度性冲击是否会改变人民币套息资产最优权重变化对资本流动的影响，本书在回归模型（6.11）的基础上增加一个代表人民币汇改冲击的虚拟变量 IV2，并将之与套息资产组合最优权重变量进行交互后重新估计。IV2 是一个 0-1 虚拟变量，代表 2010 年 7 月人民币汇率制度变化带来的冲击。IV2=0 表示 2010 年 7 月汇改前的样本，IV2=1 则表示 2010 年 7 月汇改后的样本。dw_ CNY * IV2、dw_ US * IV2 和 dw_ sp500 * IV2 分别是各权重变动率与人民币汇率改革的制度性冲击虚拟变量的交互项。回归结果报告在下表 6-7（B）中。

结果显示，无论是否加入美元无风险资产和美元风险资产的权重变动率，以及息差与汇率变化等控制变量，美元人民币套息资产的最优权重变化对中国短期资本流动都具有显著的正效应。具体而言，在汇改前（IV2=0），加入美元无风险和风险资产最优权重变动率的同时，增加息差与汇率变动作为控制变量时，美元人民币套息资产最优权重变动率的估计系数显著为正。汇改后（IV2=1），美元人民币套息资产最优权重变动率的系数估计值虽然仍显著为正，但出现明显下降。此外，和文献中的结果一致，息差和汇率变化对中国短期资本流动的影响也都显著为正。这说明中美息差增大或人民币对美元升值，的确会引致中国短期资本流入的增加。但是，即使控制了息差和汇率等因素的直接影响，其仍然能够通过影响美元人民币套息资产最优权重的变化，通过资产组合机制对资本流动产生影响。

表 6-7　　考虑风险冲击的非线性影响回归结果

	（A）：冲击一			（B）：冲击二		
	（1）	（2）	（3）	（1）	（2）	（3）
Intercept	-0.108 （0.150）	-0.090 （0.158）	-21.774 （14.594）	-0.145 （0.135）	-0.029 （0.132）	-25.033* （12.740）
dw_ CNY	5.049*** （1.616）	5.771*** （1.889）	6.189*** （1.865）	4.368* （2.559）	11.288** （4.429）	12.222*** （3.811）
dw_ US		-0.001*** （0.000）	-0.001*** （0.000）		-0.001*** （0.001）	-0.001*** （0.005）
dw_ sp500		0.129*** （0.045）	0.124*** （0.043）		0.218** （0.087）	0.230*** （0.741）
doi			0.639** （0.284）			0.655** （0.275）
cur			3.023 （2.407）			3.526* （1.807）

续表

	(A)：冲击一			(B)：冲击二		
	(1)	(2)	(3)	(1)	(2)	(3)
dw_ CNY* IV1/IV2	-4.688*** (1.665)	-5.359*** (1.956)	-5.072*** (2.094)	-0.913 (3.213)	-8.058 (5.161)	-8.432* (4.625)
dw_ US* IV1/IV2		0.216 (0.179)	0.838 (0.699)		-0.875 (0.533)	-0.803 (0.546)
dw_ sp500* IV1/IV2		-0.140*** (0.043)	-0.163*** (0.051)		-0.236*** (0.087)	-0.278*** (0.070)
adj. R2	0.146	0.147	0.173	0.102	0.118	0.148

注：***、**和*代表 0.01、0.05 和 0.1 的显著性水平。括号内为 Newey-west 法计算的稳健标准误。

综上所述，即使考虑了资本流动的趋势性变化和人民币汇率制度变化带来的冲击，美元人民币套息资产最优权重的变化仍能很好地解释中国短期资本流动。一方面，投资者增加美元人民币套息资产配置，会促进中国资本的净流入；另一方面，美元风险及无风险资产最优权重的增加则会促进中国资本短期资本的流出。但是，美元人民币套息资产最优权重的变化与之相比，仍然在对中国短期资本流动的影响中占主导作用。

三　稳健性检验

以下，我们基于离岸人民币汇率数据，对本书以上结论进行稳健性检验。由于离岸和在岸市场相比，在资本管制与汇率形成机制等方面存在差异，因此该检验还有助于比较离岸与在岸市场上套息交易对资本流动影响的异同。由于离岸市场的数据可得性原因，稳健性检验的样本区间为 2011 年 3 月至 2016 年 12 月。数据来源于 Wind 数据库。为了进行对比，本书不仅利用离岸数据，也利用该子样本区间的在岸数据再次进行回归分析。稳健性检验的回归结果报告在表 6-8 中。一方面，回归结果显示，无论是在岸还是离岸数据，都能得到与前文一致的结论，即美元人民币套息交易最优权重的变动对中国短期资本流动具有显著的正效应。另一方面，加入美元无风险和风险资产最优权重变动率，并增加息差与汇率作为控制变量时，美元人民币套息资产最优权重变动率的估计系数，在离岸市场上的经济和统计意义更加显著。这种更加显著的影响，可能是由于离岸市场的汇率形成机制市场化程度更高、资本管制程度更低带来的。

表 6-8　　基于离岸和在岸汇率比较的稳健性检验

	离岸数据			在岸数据		
	(1)	(2)	(3)	(1)	(2)	(3)
Intercept	-0.192 (0.402)	-0.174 (0.418)	-38.029** (15.156)	-0.178 (0.414)	-0.156 (0.431)	-45.914** (17.952)
dw_ CNH/CNY	3.843*** (1.083)	3.641*** (1.242)	4.670*** (1.218)	3.859*** (1.099)	3.638*** (1.261)	2.507* (1.299)
dw_ US		-1.044 (2.657)	-0.275 (2.525)		-1.129 (2.714)	-1.993 (2.615)
dw_ sp500		-0.023 (0.092)	-0.074 (0.089)		-0.023 (0.093)	-0.082 (0.091)
doi			1.143*** (0.371)			1.009** (0.410)
cur			5.250** (2.252)			6.626** (2.701)
adj. R2	0.144	0.121	0.217	0.145	0.1211	0.195

注：***、**和*代表0.01、0.05和0.1的显著性水平。括号内为Newey-west法计算的稳健标准误。

第六节　结论与建议

一　研究结论

本章研究了当国际投资者调整其套息交易资产头寸时，美元人民币套息交易最优权重的变化对中国短期资本流动的影响。具体而言，本章首先将美元人民币套息交易资产、美元无风险资产和美元风险资产作为基础资产构建国际投资组合，借鉴 Brandt 和 Santa-Clara（2006）的动态资产组合选择的方法，计算套息动态最优资产组合权重。本章加入人民币美元实际汇率、实际利差、股息率及 VIX 波动指数这四个状态变量，扩展了基础资产的资产空间，该方法有效地将一个动态的问题转化为静态，从而得到动态最优资产组合权重。最后，本章将所得到的权重的变动率作为解释变量，将按照间接法测算的中国短期资本净流入作为被解释变量，研究套息交易对中国短期资本流动的影响。

本章研究结果显示：第一，当汇率及利差等因素随时间发生改变时，由各资产组成的最优资产组合的权重也会随之发生改变。2014 年起，虽然美元对人民币汇率波动幅度加大，并出现人民币相对美元贬值趋势，但由于两国之间息差仍为正，美元人民币套息交易配比仍呈现上扬趋势。第二，国际投资者资产组合的最优权重的动态调整对中国短期资本流动的变化具有显著的解释力度。当美元人民币套息交易权重配置力度加大时，会促进中国短期资本的净流入；而当投资者出于避险等考虑，加大无风险资产及本国资产的配置力度时，会导致中国短期资本流出。但值得注意的是，套息交易对中国短期资本流动的影响存在着显著的非对称性。当资本流动发生趋势性流出的时候，套息资产权重的变动对中国短期资本净流入解释力呈现明显下降。这说明，虽然套息交易最优权重占比对中国短期资本流动的变化具有显著的解释力，但是并不意味着它可以决定中国资本流动的趋势性变化。

二　政策建议

本章基于动态资产组合最优权重的变化研究了套息交易对中国短期跨境资本流动的影响。研究结果显示，当汇率及利差等因素随时间发生改变时，各资产组成的最优资产组合的权重也会随之发生改变。国际投资者资产组合的最优权重的动态调整对中国短期资本流动的变化具有显著的解释力度。当美元人民币套息交易权重配置力度加大时，会促进中国短期资本的净流入；而当投资者出于避险等考虑，加大无风险资产及本国资产的配置力度时，会导致中国短期资本流出。但是值得注意的是，虽然套息交易最优权重占比能够对短期资本流动的变化具有显著的解释力，但是并不意味着可以决定中国资本流动的趋势性变化。结合上述研究结论，本章从投资者和政府两个角度提出以下启示和建议。

对于投资者而言，应站在全球的角度来配置资产，当采用套息交易策略进行资产配置时，要尤其注意套息交易所隐含的风险。从历史数据来看，套息收益率与股票收益率的历史分布类似，都呈现左偏，且尖峰厚尾的形态，这说明套息资产本身蕴含着较大风险。在参与套息交易策略时不仅要关注两国之间的实际息差，更要关注汇率的波动。当汇率波动较大时，即使此时两国之间息差较大，出于避险的考虑，此时应退出套息策略，尤其是当外汇市场上某一货币发生大幅贬值时，这会造成套息头寸收益率减少甚至产生亏损，此时应该平仓；而只有在两国之间息差较大，且汇率与息差波动较为平稳时，才可以考虑进入套息交易。另外，套息交易策略仅适用于短期的资产配置。根据经典理论，虽然无抛补利率平价在短期并不成立（这也正是套息交易策略产生的理论依据）但从中长期来看，套息策略会失效。所以，投资者在进行资产配置时建议仅在短期采用套息策略。总之，投资者在考虑采用套息策略时应充分考虑存在的风险，应随时关注息差及汇率的波动情况。

对于政府而言，全球的跨境资本流动越来越普遍，不仅规模持续扩大，而且资本流动方向和结构也正不断发生变化。尤其近两年以来，在国内外多重因素的作用下，中国的跨境资本流动经历了高强度的冲击和考验。因此，理清中国跨境资本流动的内在逻辑并防范其带来的风险具有重要意义。在人民币国际化的进程中，由于国际资本的不断开放，当人民币满足套息交易成立的条件时，人民币不可避免地会进入到进行套息交易的国际投资者的投资篮子中去。这就要求政府防范外汇及国际市场上的一些风险因素通过套息交易影响到中国的资本流动，从而对国内经济造成的冲击。据此，笔者提出以下两点建议。

首先，中国要不断完善国际资本市场风险的监管和防范体系。人民币国际化不仅意味着人民币在国际上地位日益提升，也意味着中国的跨境资本流动会受到全球外汇风险的冲击和考验。根据本章的研究结果，国际投资者资产组合的最优权重的动态调整对中国短期资本流动的变化具有显著的解释力度，这说明套息交易会显著影响中国短期的跨境资本流动。因此，我们要不断完善人民币汇率及利率机制，稳步扩大人民币汇率的波动弹性，逐步开放资本账户管制，让市场交易主体充分地发挥自主性；同时我们也要更加重视国际资本市场的整体波动性风险和极端事件发生及随之产生的风险传染等隐患，要防范由于极端事件的影响，国际资本市场的恐慌情绪对中国资本流动及经济的不利影响，要注意防范外汇市场的整体风险及极端损失对中国跨境资本的冲击，加强对外汇市场的预警监测。

其次，要不断加强针对对外贸易企业相关业务的监管工作，完善跨境资金流动的监测预警体系。对于中国境内的投资者而言，在资本账户存在管制的情况下，对外贸易企业是其能够参与到套息交易策略组合的重要途径，有小部分对外贸易企业并没有实际的外贸经济业务往来，其只是作为一个空壳存在而实际上进行国际间的投机行为，从而导致我们对中国跨境资本流动没有一个准确真实的度量，且加大了中国跨境资本流动中所蕴含的风险，这将加大政府当局对这类外贸企业的监管难度，因此政府当局应该完善对异常跨境资金流出和流入的监测预警体系，要构建一套有效的对各类资本流动准确度量的标准，这将有助于防范中国跨境资本流动中所隐含的风险，促进人民币汇率、跨境资本流动及整体经济的稳定。

三　研究展望

本章研究的问题是站在国际资产组合的角度，分析套息交易资产的调整对中国短期跨境资本流动的影响。笔者借鉴 Brandt 和 Santa-Clara（2006）的动态资产组合选择的方法，通过加入息差、汇率等状态变量，求得动态的最优资产组合权重，并通过最优资产组合权重的变动解释了中国短期跨境资本的流动。该研究方法较为新颖，也提供了另一种解读国际资本流动的新思路。今后的研究，可以在此框架下进行一定的扩充。后续可以尝试使用其他的函数形式，或是找到其他合适的状态变量对最优资产组合进行求解，探讨最优权重的变动；或者可以尝试扩展基础资产集，对扩展的基础资产集进行最优资产组合权重的求解；又或者，研究对象可以扩展到多个国家的跨期资本流动，综合探讨国际间的套息交易对各国资本流动的影响等。

第七章

套息交易规模的度量及其决定因素

第一节　引言

近年来，套息交易被广泛认为是引起资本大规模流动的重要因素之一。根据无抛补利率平价理论，高利率货币预期贬值会抵消两国货币利差产生的超额收益，从而套利机会消失。然而，现实中存在资本约束、交易成本以及风险溢价等因素，使得无抛补利率平价理论并不成立。同时，大量研究表明，套息交易策略并不会导致高利率货币贬值，相反还会导致其升值，引起资本流向高利率国家。投资者不仅可以从利差中获得超额收益，而且还可以获得由高利率货币资本升值所带来的收益。因此，套息交易在国际金融市场上受到越来越多投资者关注。长期零利率的日元则是套息交易者最青睐的融资货币。

理论与实践表明，投资者持有套息交易头寸往往会获得超额收益（Plantin & Shin，2006）。然而，如果目标国家流动性急剧下降、货币政策收紧，或者出现经济危机都会导致投资者提前对套息交易策略采取平仓措施。Fukuta 和 Saito（2002）从流动性效应的角度分析远期折价之谜，发现流动性效应在一定程度上可以解释套息交易超额收益；Hui et al.（2009）研究发现流动性对套息交易收益率有着显著的影响。因此，流动性是否会通过套息交易渠道引起资本流动呢？国内外学者在研究套息交易规模时更多考虑利差和汇率波动等因素，而忽视了流动性这一因素。因此，本章从流动性角度分析套息交易规模影响机制，探究国际间资本流动的影响因素，为各国稳定金融环境提供新思路。

和现有文献相比，本章的贡献主要在于以下三个方面。第一，从流动性视角出发，实证研究其对套息交易收益与规模的影响。第二，将流动性对套息交易的异质性影响进行区分。首先，本章区分流动性对同一目标货币在不同时间上的动态影响，以及流动性对于横截面上不同目标货币套息交易的影响。其次，还基于非对称视角探究流动性对套息交易规模的影响，即分别比较流动性在发展中国家和发达国家的非对称影响，以及流动性增加与减少的非对称影响。最后，本章的经验研究选取跨国季度面板数据，而且样本的覆盖面更加广泛与全面。

余下部分结构安排：第二节回顾套息交易规模的测量及其影响因素的相关文献。第三节阐述理论基础并提出研究假设。第四节报告流动性与套息交易之间关系的经验研究结果。第五节是结论及政策建议。

第二节　文献综述

一　套息交易收益率的影响因素

套息交易活动在国际外汇市场上越来越活跃，导致短期资本无序流动，威胁各国经济的稳定性。国内外学者研究发现，套息交易收益率的影响因素主要是利差、汇率的波动性、流动性、投资者的风险偏好以及宏观经济的稳定性五个方面。

利差是指各国基准利率之间存在差异，短期资本从低利率国家流向高利率国家。利差的存在是套息交易活动发生的基础，是投资者在外汇市场进行套利的前提条件之一。国内外学者研究套息交易收益率的影响因素时，不可避免地关注各国货币的利差。大部分学者发现，利差和套息交易收益率之间是正相关的关系，利差越大套息交易收益率也就越大。Brunnermeier et al.（2009）运用 VAR 模型研究套息交易的影响因素时，发现利差受到冲击后会导致套息交易活动发生变化，同时也会引起双边汇率的显著变化。Baillie 和 Chang（2011）采用非线性平滑转化模型（LSTR）研究套息交易收益的影响因素，认为套息交易收益变动是由利差和汇率的大幅波动引起的。Hoffmann（2012）对东欧及中欧 10 国采用面板数据分析，实证研究套息交易超额收益率的影响因素，发现影响套息交易收益率因素包括利差、流动性、汇率政策、汇率波动及投资者风险偏好，其中利差对套息交易收益率有着显著的正向影响。Anzuini 和 Fornari（2012）运用 VAR 模型及混合回归模型估计研究套息交易收益率的影响因素，研究发现自 1986 年 1 月起六种货币相对美元的利差越大，套息交易超额收益率相对就会越大。Clarida et al.（2013）认为套息交易收益来源于两部分：一是利差，二是无抛补平价理论的支持。Macdonald 和 Nagayasu（2015）通过运用马尔科夫区制转换模型来研究利差与套息交易活动之间的关系，发现利差对套息交易活动有着更为直接的影响，利差的存在驱使着套息交易活动的发生。也有学者持有不同的观点，Nishigaki（2007）和彭述涛（2009）认为美元与日元的利差对套息交易收益率的影响并不显著。究其原因，可能是由于日本央行暂时性提高基准利率可能会导致日元在国际外汇市场上缺乏吸引力，所以导致利差对套息交易收益率的影响不显著。

汇率的波动会影响由利差所产生的收益，一旦汇率发生剧烈波动，投资者为了规避风险，会对套息交易活动采取平仓的措施。因此，国内外的学者普遍认为汇率剧烈波动不利于套息交易活动。Vistesen（2009）采用事件研究法估计经济危机前后套息交易的贝塔因子，从而探究套息交易收益率和汇率波动率的关系，实证结果表明汇率波动对套息交易超额收益率存在着显著的负效应。Hoffmann（2012）运用面板数据模型研究套息交易收益率的影响因素，发现汇率波动会削减套息交易收益率，汇率制度可能是影响套息交易收益率变量之一，探索不同汇率制度下套息交易收益能力需要做出更深远的研究。Lustig et al.（2011）借用 Fama-French（1993）三因子的思想，运用 1983 年至 2007 年月度数据，发现外汇风险因子在一定程度上能够解释套息交易超额收益率。Menkhoff et al.（2012）运用两阶段最小二乘法和广义矩估计实证研究外汇市场波动率与套息交易收益的关系，发现套息交易超额收益率和汇率波动率负相关。Cenedese et al.（2014）运用分位数回归研究外汇风险对套息交易收益率的预测能力，研究结果表明外汇波动越剧烈，套息交易收益率越低；当外汇波动率处在较高水平时，套息交易越容易遭到平仓。同时也有学者从外汇隐含波动率的角度解释套息交易收益率，例如 Briere 和 Drut（2009）、Tom 和 Laurens（2015）。他们研究认为，汇率的隐含波动率越高，则套息交易的亏损就越大，表明汇率波动和套息交易收益率之间存在着负相关关系。与此同时，国内学者也研究发现汇率波动对套息交易活动存在着显著负的影响。例如，韩剑（2011）运用自回归分布滞后模型研究套息交易的影响因素时，认为汇率风险和套息交易之间存在着短期和长期的均衡关系；戴超亮（2015）研究认为外汇波动率上升 1%，套息交易月平均收益率下降 0.15%，年化后平均下降 1.79%。

对于流动性对套息交易超额收益率的影响，Fukuta 和 Saito（2002）将欧拉方程跨期消费和投资的分配推广到外汇市场，推导出流动性影响套息交易收益率的理论公式，从流动性效应的角度分析套息交易超额收益率，发现流动性效应在一定程度上可以解释套息交易的超额收益。Hui et al.（2009）采用 LIBOR 和隔夜拆借互换利率来度量流动性，研究发现流动性对套息交易收益率有着显著的影响。Mancini et al.（2013）研究发现流动性对套息交易超额收益率存在着显著的影响，可以从流动性角度来解释套息交易收益率。

对于投资者风险偏好对套息交易超额收益率的影响，国内外学者普遍采用芝加哥期权交易所在 1993 年推出的 VIX 指数来衡量投资者风险偏好，该指数是投资者心理情绪变化的一个量化指标。VIX 指数又被称为恐慌指数，其反映了投资者是否愿意付出多少成本匹配自己的投资风险，VIX 指数的数值越高，代表投资者愿意付出的价格越大，从而面临的风险也越大；VIX 指数的数值越低，表明股票市场上的股票指数变动将趋缓，投资者将面临的风险也越小。例如，Liu et al.（2012）使用 2003 年至 2009 年季度数据，采用完全修正的最小二乘法模型研究发现投资者风险偏好与套息交易收益率正相关。Tse 和 Zhao（2012）认为套息交易收益溢出效应的大小与市场风险情绪正相关，同时认为套息交易收益率可能受到投资者风险偏好情绪的影响，并且投资者风险偏好与套息交易交易超额收益之间可能呈现出正相关的关系。Diebold 和 Yilmaz（2012）研究套息交易收益溢出效应时，发现套息交易收益与市场风险情绪有着一定的联系。韩剑（2011）认为当投资者的避险情绪较高时，套息交易的收益率就会下降。

国内外学者研究发现宏观经济稳定性也是影响套息交易收益率的因素之一，且两者之间存在着正相关关系。全球经济的稳定性是进行套息交易活动从而产生超额收益的基础与前提。当经济动荡不安时，特别是在经济危机爆发的时候，全球外汇市场相应地也会不稳定，投资者基于避险的目的则会对套息交易提前采取平仓措施，及时止损与保证收益。Hattori 和 Shin

（2009）研究发现，发生次贷危机会严重削弱套息交易活动产生的收益。Burnside et al.（2011）则认为传统风险因子和套息交易收益大小无关，但是不可观测的极端风险事件可能会解释套息交易的收益。Anzuini 和 Fornari（2012）认为宏观经济振动对套息交易的收益能力有着显著的影响。Doskov 和 Swinkels（2015）研究发现夏普比例并不能解释套息交易的收益性，而事故风险则在一定程度上可以解释套息交易的超额收益，比如 Farhi 和 Gabaix（2015）的灾难风险、Brunnermeier et al.（2009）的事故风险、Doukas 和 Zhang（2013）的货币自由兑换风险、Burnside et al.（2011）的比索事件等可以解释套息交易的超额收益。

二　套息交易规模的测量

套息交易的超额回报率驱使投资者为了追求更高的收益进而选择具有高利率的目标货币进行投资。由于套息交易形式具有多样性，直接测量套息交易规模较为困难。因此，国内外学者一般采用间接数据衡量套息交易规模大小，主要是从汇率期货净头寸和银行体系国外净资产两种方法来测量套息交易规模。在梳理套息交易规模测量文献后笔者发现：第一，汇率期货净头寸尽管反映了套息交易规模的大小及其变化趋势，但是该方法包含的货币类型较少，只有美元、瑞士法郎、日元、欧元等6种货币，并不能代表全球套息交易的状况；第二，银行体系对外债权不仅可以表示套息交易规模，而且其统计数据包含了1996—2016年全球大部分国家。因此本章选取国际清算银行（BIS）统计的日本银行体系对外债权作为套息交易规模代理变量。

表7-1　　测量套息交易规模文献

方法	指标	作者
汇率期货净头寸	美国商品期货交易委员会（CFIC）公布非商品交易商对外汇期货的净头寸	Brunnermeier 等（2009）
		Anzuini 和 Fornari（2012）
	芝加哥商品交易所（CME）非商业净头寸	Nishigaki（2007）
		Gagnon 和 Chaboud（2007）
		彭述涛（2009）

续表

方法	指标	作者
银行体系国外净资产	IMF 的各国的银行体系国外净资产	韩剑（2011）
	BIS 统计的各国的银行体系对外债权	Heath 等（2007）

三　货币流动性的衡量

在学界，流动性的高低衡量了一项资产能够迅速变现的难易程度。货币流动性也被称为宏观流动性，美联储副主席 Roger Ferguson 认为货币流动性具有广义和狭义之分，广义货币流动性是从宏观的角度出发，主要表现为货币政策变化或者央行利率水平；狭义货币流动性是从微观的角度出发，主要表现为各国央行向实体经济投放的基础货币供应量。

学术界衡量货币流动性的指标主要有以下六种：价格缺口法、货币缺口法、货币过剩法、马歇尔 K 值系数、超额货币增长率和货币流动性比例。

其中，价格缺口法和货币缺口法是通过实际水平偏离标准水平的程度大小衡量货币流动性，这两种方法都依赖于基期的选择、均衡价格以及均衡货币供应量。杨祖艳（2009）、杜晓宇等（2009）等学者采用货币缺口衡量中国货币流动性。

货币过剩法依赖于均衡货币供给量的确认，从名义货币供给量与均衡货币供给量之差的角度衡量货币流动性。采用货币过剩法衡量货币流动性学者主要有许涤龙和叶少波（2008）、李建军（2006）。

马歇尔 K 值系数也是货币流动性的一种衡量指标，是由广义货币供应量 M2 与名义 GDP 的比值来表示。该比值反映了宏观货币供给与实体经济货币需求之间的关系，其变化趋势体现了实体经济中货币供给是否过剩与短缺。Rueffer 和 Stracca（2006）采用该指标研究全球流动性过剩的问题。Belke et al.（2008）采用该指标研究流动性过剩和房地产价格的关系。Chen（2008）、Zhang 和 Pang（2008）也采用该指标研究中国的货币流动性问题。张明（2007）、封丹华（2010）、张天顶（2011）、赵树佼（2015）等使用该指标衡量货币流动性。

超额货币增长率是指货币供应量增长率同 GDP 增长率之差。Baks 和 Kramer（1999）认为货币增长率超过名义 GDP 的部分反映了市场经济中货币供给的短缺与过剩，可以采用超额货币增长率来度量货币流动性。Bruggeman（2007）采用该指标作为一国的货币流动性，研究 18 个国家 30 余年的货币流动性过剩问题。北京大学中国经济研究中心宏观组（2008）选用广义货币供给量的超额增长率来作为货币流动性的衡量指标。

货币流动性比例是指 M1 与 M2 的比例，国研网金融研究部认为可以用 M1/M2 的比值来度量货币的流动性。陶希晋、勾东宁（2010）认为该指标反映了货币的供给变化情况，可以作为货币流动性的衡量指标。陈继勇（2013）选用 M1/M2 作为货币流动性的度量指标，运用该指标研究流动性和资产价格之间的关系。

在上述六种衡量货币流动性指标中，其中价格缺口法和货币缺口法都依赖于基期的选择、均衡价格和均衡货币供应量的确认，以及货币过剩法依赖于均衡产出的确认。这三种方法存在着一些缺陷，比如其要求的均衡指标较难确定，不同的计算方法可能会得出不同的结论。货币流动性比例反映了货币的交易需求和储蓄需求之间的比例，赵海华（2011）认为随着收入分配格局的变化，居民财富由藏富于国转变成藏富于民，居民的货币需求也随之上升，M1 和 M2 的比例也随之发生结构性的变化，因此货币流动性比例变化并不一定体现出货币供应过剩与短缺问题。相反，马歇尔 K 值系数和超额货币增长率不仅具有理论依据，而且简单易行、不依赖于均衡产出的影响，在实证分析中被广泛采用。因此，本书实证研究部分采用 M2 与名义 GDP 的比值来度量货币流动性。同时，本章也采用超额货币增长率对实证研究结果进行稳健性检验。

四　套息交易规模影响因素

国内外学者研究发现影响套息交易规模主要有利差、汇率波动、国家经济波动、投资者风险偏好等因素。影响套息交易规模相关文献梳理见表 8-2。

首先，利差是影响套息交易规模的重要因素之一。研究利差影响套息交易规模的文献主要分为两类。第一类认为利差对套息交易规模影响并不显著。例如，Nishigaki（2007）利用结构 VAR 模型研究日元与美元套息交易规模的影响因素，发现美元和日元的利率差对套息交易规模的影响并不显著。第二类认为利率差对套息交易规模有显著正的影响。例如 Galati 和 Melvin（2004）、Tosborvorn（2010）、Brunnermeier et al.（2009）、Macdonald 和 Nagayasu（2015）等学者。究其原因，Nishigaki（2007）认为日本央行提高基准利率可能会导致日元在国际外汇市场上缺乏吸引力，所以认为利差对套息交易规模影响不显著。

其次，汇率波动也是影响套息交易规模的重要因素之一。例如 Vistesen（2009）利用事件研究法分析汇率对套息交易规模的影响，发现汇率波动和套息交易规模之间负相关。Cenedese et al.（2014）使用分位数回归、韩剑（2011）使用自回归分布滞后模型得出类似的结论。

再次，影响套息交易规模的因素还包括国家经济波动、投资者风险偏好等因素。例如，Brunnermeier et al.（2009）运用向量自回归模型研究发现国家经济波动对套息交易规模有显著负的影响；Anzuini 和 Fornari（2012）运用多元回归模型研究发现，经济越稳定套息交易规模就越大，经济越动荡套息交易规模就越小。Hattori 和 Shin（2009）、彭述涛（2009）实证研究发现投资者风险偏好和套息交易规模正相关，投资者风险偏好程度越高则套息交易规模相应也就越大。

表 7-2　　套息交易规模文献梳理

影响因素	结论	方法	数据	作者
利差	不相关	多元回归分析	1999 年 1 月 1 日至 2003 年 10 月 7 日的周数据，欧元与美元的利率差	Brzeszczynski 和 Melvin（2006）
		结构 VAR 模型	1993 年至 2007 年的月度数据，美国联邦基准利率和日本基准利率之差	Nishigaki（2007）
	正相关	向量自回归模型	1986 年至 2006 年的季度数据，加元、日元等五种货币与美元利差	Brunnermeier 等（2009）
		马尔科夫区制转换模型	1993.7 至 2012.4 的月度数据，美元和日元的利率差	Ronald 和 Jun（2015）
汇率	负相关	事件研究法	2006 年 3 月 1 日至 2009 年 2 月 4 日的日数据，美元、欧元等五种货币兑日元的汇率	Vaculik 等（2009）
		分位数回归	1985 年 1 月至 2013 年 4 月的月度数据，22 个国家兑美元的汇率	Cenedese 等（2014）
		自回归分布滞后模型	2002 年至 2010 年的季度数据，澳元兑日元的 3 个月期权隐含波动率	韩剑（2011）

续表

影响因素	结论	方法	数据	作者
宏观经济波动率	负相关	VAR 模型	1986 年至 2006 年的季度数据，失败风险偏度度量	Brunnermeier 等（2009）
		多元回归模型	1986 年 1 月至 1992 年 9 月月度数据，美国股票市场波动率指数	Anzuini 和 Fornari（2012）
投资者风险偏好	正相关	多元回归模型	1990 年至 2008 年月度数据，VIX 代表投资者风险偏好	Hattori 和 Shin（2009）
		SVAR 模型	2006 年 1 月至 2008 年 12 月周数据，VIX 代表投资者风险偏好	彭述涛（2009）

五　文献述评

笔者首先梳理套息交易收益率影响因素文献发现，套息交易收益率受到利差、汇率、流动性、宏观经济波动和投资者风险偏好等因素的影响；然后梳理衡量套息交易规模的文献发现，银行体系国外净资产可以作为衡量套息交易规模的代理变量；最后梳理套息交易规模影响因素文献发现，国内外学者（Nishigaki，2007；Brunnermeie，2009；韩剑，2011）更多考虑利差和汇率波动等因素，而忽视了流动性对套息交易规模的影响。同时，Fukuta 和 Saito（2002）将欧拉方程跨期消费和投资的分配推广到外汇市场，推导出流动性影响套息交易收益率的理论公式，从流动性效应的角度分析套息交易超额收益率，发现流动性效应在一定程度上可以解释套息交易的超额收益。Hui et al.（2009）采用 LIBOR 和隔夜拆借互换利率来度量流动性，研究发现流动性对套息交易收益率有着显著的影响。Mancini et al.（2013）研究发现流动性对套息交易收益率有着显著的影响，可以从流动性角度解释套息交易收益率。现有文献表明，流动性与套息交易紧密相连，流动性在一定程度上可以影响套息交易收益率。流动性是否会通过套息交易渠道引起资本流动呢？流动性与套息交易规模之间存在什么样的关系呢？因此，本章基于流动性的角度研究套息交易规模影响机制，探究国际间资本流动的影响因素，为各国稳定金融环境提供新的思路，同时将上述的影响套息交易规模的变量作为实证研究的控制变量。

第三节　理论基础与研究假设

一　套息交易产生机制

基于无抛补利率平价理论，套息交易超额收益率计算公式为：

$$R_{t+1} = \frac{S_t}{S_{t+1}}(1 + i^*) - (1 + i) \tag{7.1}$$

其中，i^* 表示目标国家利率，i 表示融资国家利率，S_{t+1} 表示 $t+1$ 期即期汇率，S_t 表示 t 期即期汇率，R_{t+1} 表示套息交易收益率。

假设可抛补利率平价成立，公式（7.1）简化后可得到如下套息交易超额收益率计算公式：

$$r_{t+1} = f_t - s_{t+1} \tag{7.2}$$

其中，f_t 表示远期汇率，s_t 表示即期汇率。公式（7.2）表明，套息交易超额收益是由于远期汇率和即期汇率的不匹配产生套利机会。

二　套息交易中的流动性效应

Fuerst（1992）认为流动性效应是标准欧拉方程的短暂偏离。Fukuta 和 Saito（2002）将其引入外汇市场，施加购买力平价理论与可抛补利率平价理论等约束条件，得套息交易中流动性效应公式：

$$\begin{aligned} f_t - s_{t+1} = (-L_t + L_t^*) + [\gamma\, Cov_t(\pi_{t+1},\ c_{t+1} - c_t) - \gamma\, Cov_t(\pi_{t+1}^*,\ c_{t+1}^* - c_t^*)] \\ + (-MRS_{t+1} + MRS_{t+1}^*) \end{aligned} \tag{7.3}$$

其中，L_t 表示流动性效应，γ 表示风险偏好程度，π_{t+1} 代表通货膨胀率，Cov_t 代表条件协方差，c_t 表示消费水平，MRS_{t+1} 表示边际替代率，* 表示该变量属于目标货币。公式（7.3）的左边表示套息交易超额收益，其受到流动性效应差（$-L_t + L_t^*$）、通胀对冲效应差 $[\gamma\, Cov_t(\pi_{t+1},\ c_{t+1} - c_t) - \gamma\, Cov_t(\pi_{t+1}^*,\ c_{t+1}^* - c_t^*)]$、跨期边际替代率差（$-MRS_{t+1} + MRS_{t+1}^*$）三个因素的影响。

Fukuta 和 Saito（2002）认为在开放经济模型中通胀对冲效应与跨期边际替代效应对套息交易超额收益的解释力度较小。因此，本书将公式

（7.3）右边的第二项和第三项归于其他影响因素，得到公式（7.4）：

$$f_t - s_{t+1} = (-L_t + L_t^*) + \varphi_t + \varepsilon_t \tag{7.4}$$

公式（7.4）左边为套息交易超额收益，与公式（7.2）的套息交易超额收益一致，右边为流动性效应（$-L_t + L_t^*$）和其他影响因素 φ_t。表明套息交易活动不仅受到融资货币流动性 L_t 的影响，还受到目标货币流动性 L_t^* 的影响。因此，公式（7.4）为本书分析流动性与套息交易收益与规模之间的关系提供了理论上的支持与可检验假说。

三　研究假设

1. 流动性影响假设

由上述理论模型可知，套息交易与货币流动性密切相关。公式（8.4）中目标货币流动性效应的系数为正，从理论上说明流动性对套息交易有着正向影响。Fukuta 和 Saito（2002）实证研究发现目标货币流动性效应与套息交易收益率有着正向的影响。本章首先运用面板数据验证流动性与套息交易超额收益之间的关系。其次，本章从横截面和时间动态两个角度探讨流动性与套息交易规模之间的关系。具体而言，在时间动态层面，对于同一目标货币而言，套息交易规模会随着流动性的加强而增大；在同一时点的横截面分布上，套息交易资本也更偏好选择具有更高流动性的目标货币。因此，笔者提出如下的假设：

H1a：对于同一目标货币，套息交易规模将随着其流动性增加而扩大；

H1b：对于不同目标货币，套息交易资本更偏好选择高流动性的目标货币。

2. 流动性影响的非对称性假设

Shehadeh et al.（2016）认为在发达国家中汇率波动率和流动性对套息交易的影响程度比发展中国家更大。投资者进行套息交易活动时，一方面考虑套息交易能否获得超额收益，另一方面考虑当出现突发情况时资金能否及时安全地退出。由于不同国家市场经济发展程度的不同、资本账户对外开放力度不同等原因，各个国家之间往往存在着明显的差异。发达国家的经济稳定性、开放度、信用级别以及流动性等普遍高于发展中国家。因此，投资者可能会更加关注发达国家的流动性。于是，本章将样本国家分为发达国家和发展中国家，研究流动性在不同经济体中对套息交易规模的非对称性影响。

H2a：相较于发展中国家，发达国家货币的流动性对套息交易规模的影响程度更大。

同时，Stillwagon（2016）研究发现，货币流动性增加与减少对汇率具有非对称效应。本书据此假设目标货币流动性增减对于套息交易规模也可能具有非对称性影响。流动性的高低不仅与套息交易进入成本和预期收益息息相关，而且与套利结束后能否顺利退出息息相关。一般而言，当流动性上升时，不仅套息交易的投资更加便利，成本更低，而且将来的退出机会更大，因此可能会更容易吸引更多的资本流入；反之，当流动性下降时，不仅资本流出的成本提升，而且退出难度也会相应加大。因此，相对于流动性下降，流动性上升时投资者进行套利的成本和风险较小，套息交易规模很可能会随之迅速增大。

H2b：相较于流动性下降，流动性上升对套息交易规模增加幅度的影响更大。

第四节　数据与模型设定

一　数据来源

本章采用的跨国面板数据包含 2005—2016 年 26 个经济体的季度数据。具体而言，选取国际清算银行统计中日本银行体系对外债权作为套息交易规模的代理变量，并且所选取的目标货币经济体，必须在样本区间内至少一年进入前 25 名的国家或地区。最终，样本包含了 26 个经济体，其总规模占到日本银行体系对外债权的 97%以上。广义货币供应量 M2 和消费者物价指数 CPI 来源于 BvD 各国宏观经济数据库，名义 GDP 数据、各国股票市场指数数据和投资者风险偏好（VIX）来源于 Wind 数据库，利率和汇率数据来源于 Datastream，国家信用等级来源于穆迪投资者服务官网，距离数据来源于谷歌地图。

二 变量定义

本书被解释变量是套息交易规模（CT）和套息交易超额收益率（RE）。本书选取国际清算银行统计中日本银行体系对外债权作为日元套息交易规模代理变量，其主要理由如下。第一，文献综述部分梳理并总结了选择日本银行体系对外债权作为套息交易规模代理变量的合理性与代表性。第二，日本作为间接融资主导型金融体系国家，银行在日本金融体系和日元的海外投融资活动中占据主导地位。第三，日元长期以来作为主要套息交易融资货币的一个重要原因是日本央行的量化宽松政策。日本银行体系不仅是日本货币政策的重要传导途径，而且其准备金余额还是日本央行实施量化宽松政策的操作目标。日本的量化宽松货币政策被广泛认为主要通过日本银行体系提供了大量的日元套息交易融资。因此，本书选取日本银行体系对外债权来度量日元套息交易规模。同时，为了剔除不同经济体发展程度与经济规模的影响，本书还利用各国 GDP 对套息交易规模代理变量进行正规化处理，得到套息交易规模代理指标 CT。套息交易超额收益率（RE）则根据公式（7.2）计算所得。

本书的主要解释变量是流动性指标（LI）。本书借鉴 Belke et al.（2009）的流动性衡量方法，即广义货币供给量 M2 与名义 GDP 的比值作为流动性衡量指标。同时，本书实证分析中还包括以下控制变量：利差（INT）、物价指数（CPI）、国家信用级别（R）、各国宏观经济波动率（SK）、投资者风险偏好（VIX）和各国到日本的距离（DI）。第一，选取利差作为主要控制变量的原因：首先是基于套息交易的理论和实践，利差的存在才使得套息交易发生成为可能。第二，Galati 和 Melvin（2004）、Brunnermeier et al.（2009）等学者研究发现利差对套息交易规模具有显著正向影响。第二，选择物价指数的依据是 Fukuta 和 Saito（2002）的研究，其发现套息交易受到通胀效应的影响。第三，国家信用等级越高，投资者面临的风险越低，吸引资本的能力越强，因此本书将国家信用级别作为控制变量。第四，Anzuini 和 Fornari（2012）研究发现，经济越稳定套息交易规模就越大。因此本书将宏观经济波动率作为控制变量。第五，Hattori 和 Shin（2009）研究发现投资者风险偏好与套息交易规模正相关。因此本书也将投资者风险偏好作为控制变量。第六，引力模型显示，各国到日本的距离可能也会影响套息交易规模。因此本书也将各国到日本的距离作为控制变量。

其中，利差（INT）采用各国银行同业拆借利率与日本同业拆借利率之差①。物价指数（CPI）采用各国消费者物价指数同比增长率。国家信用级别（R）采用穆迪投资者评级机构的短期评级指数。根据 Cantor 和 Packer（1996）的字母评级数值化方法，将字母信用评级数值化，得到国家信用衡量指标。宏观经济波动率（SK）采用各国股票市场指数标准差作为波动率代理变量。投资者风险偏好（VIX）采用 SP500 指数隐含波动率，数值越大代表投资者偏好风险的程度越高。距离指标（DI）表示各国首都到日本东京的距离，单位为千公里。

三　日元套息交易规模的现状

自 20 世纪 90 年代日本经济泡沫破灭以来，日本经济陷入长期低迷期，通货紧缩现象日趋严峻。日本政府为了刺激经济，实施长期低利率政策，日元套息交易活动开始盛行。2006 年日本经济有所好转，日本政府于 2006 年 7 月加息 0.25%，结束了长期零利率政策，2007 年 2 月再次加息 0.25%。尽管如此，日元利息还是处于比较低的水平，与高息货币之间存在较大的利率差。例如，美联储前后 17 次加息，使得美元利率达到 5.24%；欧元区也经过 8 次加息，利率升至 4%；英国的利率也一直处于 5.5%的较高利率水平。日元与主要国家货币之间的巨大利率差，吸引投资者疯狂的借入日元投资于高息货币，从而获得套息交易超额收益。

2012 年安倍政府重新上台之后，推出一系列刺激日本经济的措施，即所谓的“安倍经济学”。从图 7-1 中可以看出，2012 年底日元汇率持续贬值，使得外汇金融市场上套息交易活动更加频繁。投资者不仅可以获得相对于日元的高息货币利息收入，而且还可以获得日元贬值带来的汇率收益。日本国内民众受到日本央行的持续量化宽松的政策影响，纷纷采取冒险的投资策略，认为证券资产的收益要远远高于持有现金的收益。通过借入低利率的日元，兑换成外币投资于高息货币国家的高收益资产，从而获得套息及汇兑收益。

---

① 若没有银行间同业拆借利率，则采用同期的国债利率代替。

图 7-1 美元兑日元历史走势

资料来源：Datastream。

日本政府持续维持超级量化宽松政策，日元利率始终维持在超低水平或零利率，使得日元一直是国际外汇市场上主要的融资货币，投资者对日元青睐有加。但是，频繁的套息交易活动可能会给国际经济活动带来不利影响。例如，欧洲财经高官曾在 2007 年对日益活跃的日元套息交易活动提出过警告，认为频繁的日元套息交易活动不仅可以影响日元与欧元汇率的正常波动，而且还可以对欧洲出口商品的市场竞争力产生威胁。无独有偶，2013 年俄罗斯财政部长安东·西卢阿诺夫在 G20 财长和央行行长会议上指出"持续采取量化宽松的货币政策虽然在短时间内能够促进经济的发展，但是长期上量化宽松政策也会给国内及国际市场上带来潜在风险"。因此，各国发展经济的同时应密切关注套息交易活动，保证经济健康持续发展。

套息交易形式的多样化以及交易方式的隐蔽性，使得无论是国际清算银行（BIS）还是国际货币基金组织（IMF）都无法精确测量出外汇市场上套息交易规模的大小。但是 Heath et al.（2007）认为 BIS 统计的对外债权数据体现了国际资本流动，可以作为套息交易规模的代理变量。图 7-2 展示了 2005 年至 2016 年第三季度日元套息交易代理变量总规模变化和日元汇率的变动。虽然国际清算银行（BIS）统计的日本的银行体系对外债权代表日元套息交易规模具有一定的偏差，仅仅通过银行体系对外债权可能会低估套息交易的整体规模，但是其仍然是目前研究套息交易规模较为可行的方法（韩剑，2011）。

从图 7-2 中可以看出，2005 年至 2016 年第三季度日本银行体系对外债权规模和日元汇率变化大致可以分为四个阶段。第一阶段是从 2005 年第一季度至 2008 年第一季度。该阶段日本银行体系对外债权规模一直呈现出上升的趋势，主要原因系日本从 20 世纪 90 年代开始持续采用低利率的政策，以及这期间国际金融市场相对比较稳定。第二阶段是从 2008 年第三季度至 2009 年第二季度，该阶段日本银行体系对外债权规模突然下降，下降幅度达到 11.67%。该阶段主要原因系美国次贷危机引起的全球经济危机的发生，造成全球经济不景气，投资者提前采取平仓措施止损，从高息货币国家撤出资本。第三阶段是从 2009 年第三季度至 2012 年底，从图 7-2 可以看出从 2009 年第三季度开始套息交易活动逐渐走出金融危机的阴霾，呈现出逐步上升的态势。但是该阶段日元对美元汇率逐渐升值，与日本银行体系对外债权规模的变化呈现反方向运动趋势，即日元升值时，日元套息交易规模不降反升。综合分析这段时间其他高息国家货币的汇率变化，发现日

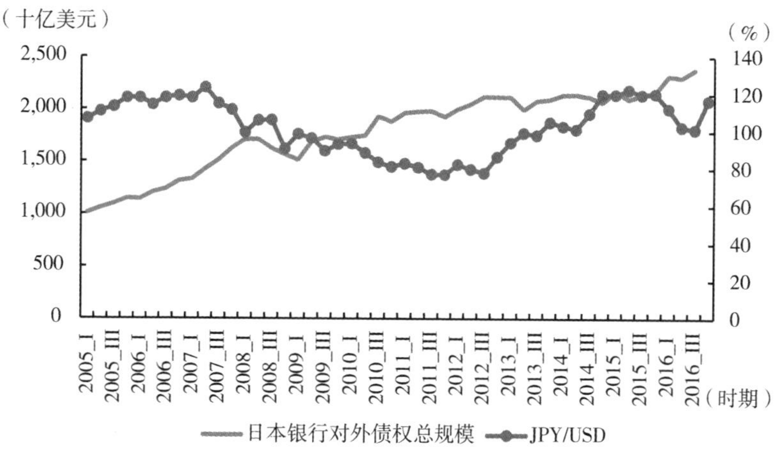

图 7-2　日本央行对外债权总规模与日元汇率走势

资料来源：国际清算银行（BIS）和 Datastream。

元升值的幅度小于高息货币的贬值幅度。例如，2009 年日元兑美元汇率升值幅度大约为 4.3%，而澳元兑美元汇率升值幅度高达 27.03%。因此，在第三阶段期间尽管日元兑美元汇率在升值，但日元的升值幅度相对于澳元等高息货币而言比较小。第四阶段从 2013 年第一季度到 2016 年第三季度，该阶段日元套息交易规模持续增加，同期日元汇率亦处于贬值通道中。安倍政府推出的超级量化宽松政策，促进日元持续贬值。一方面由于日元与其他国家的利差会吸引更多的投资者进行日元套利活动，另一方面套利者也可以获得日元贬值带来的汇兑收益。

四　日元套息交易规模与流动性

流动性体现了一国货币的变现容易程度，投资者进行套息交易活动的时，一方面需要考虑目标货币与融资货币的利差，另一方面需考虑资本退出的难易程度。图 7-3 反映了全球流动性与日本银行体系对外债权总规模的趋势图，全球流动性采用各国货币流动性的算术平均值。从图 7-3 可以看出，全球流动性和套息交易规模代理变量之间的可以划分为三个阶段。第一阶段是从 2005 年到 2008 年第一季度，该阶段套息交易规模与流动性表现出相同的上升走势，但套息交易规模的上升幅度更大，年均增长率约为 20%。主要原因系该阶段日本一直处于低利率状态，而且国际金融环境相对

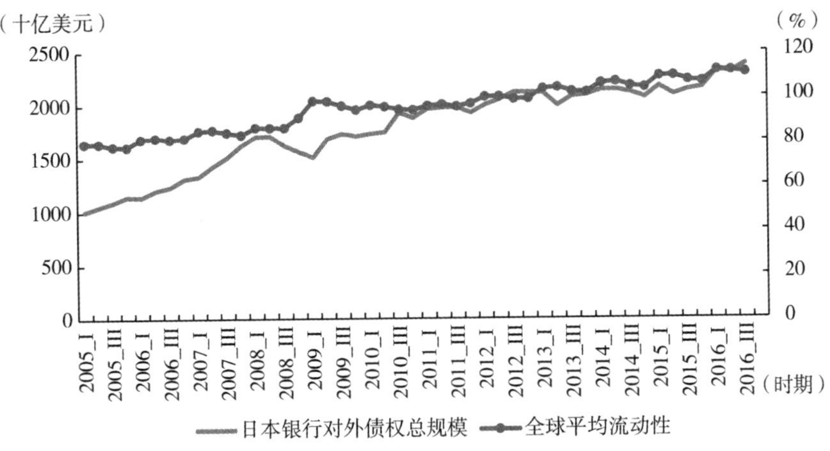

图 7-3　日本央行对外债权总规模与全球流动性走势

资料来源：国际清算银行（BIS）和 Wind 资讯。

比较稳定，套息交易活动比较活跃。第二阶段是从 2008 年第二季度到 2009 年第二季度，该阶段套息交易规模急剧下降，但全球流动性呈现出相反的趋势。主要原因系全球经济危机的出现导致投资者纷纷提前采取平仓措施，套息交易规模骤然下降；与此同时，各国应对经济危机采取不同程度的量化宽松政策，全球流动性呈现出一定程度的上扬。第三阶段是从 2009 年第三季度到 2016 年第三季度，该阶段套息交易规模和全球流动性之间尽管有着一定程度上的波动，但是两者之间还是呈现出平稳的上升走势。总而言之，图 7-3 中套息交易规模与流动性之间总体上呈现正的相关关系，随着流动性的增加，套息交易规模相应也随之增大。

五　实证模型设定

首先，为了验证假设 H1a 和 H1b，本书采用的基准回归模型如下：

$$Y_{it} = \alpha + \beta LI_{it-1} + \delta X_{it-1} + u_i + v_t + \varepsilon_{it} \tag{7.5}$$

其中，Y_{it} 代表套息交易收益率（RE）和套息交易规模代理变量（CT），LI_{it-1} 代表滞后一期流动性的衡量指标，X_{it-1} 代表滞后一期的各控制变量，包括利差、通货膨胀率、国家信用级别、宏观经济波动率、投资者风险偏好以及距离指数，u_i 代表个体效应①，v_t 代表时间效应②，ε_{it} 是残差项。$i = 1, 2, \cdots, 26$。

同时，考虑到被解释变量的滞后效应和黏性，本书还引入动态面板模型检验假设 H1。动态面板模型如公式（7.6）：

$$Y_{it} = \alpha + \rho Y_{it-1} + \beta LI_{it-1} + \delta X_{it-1} + u_i + v_t + \varepsilon_{it} \tag{7.6}$$

其中，Y_{it-1} 表示滞后一期被解释变量。

其次，为了验证假设 H2a，本书在模型（7.6）的基础上设置代表经济发展程度的虚拟变量，并引入交互项，得到模型（7.7）。

$$CT_{it} = \alpha_0 + \alpha_1 LI_{it-1} + \alpha_j X_{jit-1} + \mu_1 (D_{it} * LI_{it-1}) + \mu_j (D_{it} * X_{jit-1}) + u_i + v_t + \varepsilon_{it} \tag{7.7}$$

其中，D 表示经济发展程度虚拟变量，假定发展中国家 D = 1，发达国

---

① 个体效应模型估计从同一目标货币的动态变化上分析流动性对套息交易的影响。

② 时间效应模型估计从同一时点的横截面角度上分析不同目标货币的流动性对套息交易的影响。

家 D=0，X_{jit-1} 表示通货膨胀率、利率差、国家信用级别等控制变量，$j=2$，3，4，5，6，7，。交互项（$D_i^* LI_{it-1}$）表明发展中国家的流动性影响系数为（$\alpha_1+\mu_1$），发达国家的流动性影响系数为 α_1。

为了验证假设 H2b，即考察流动性增减对套息交易规模变化的非对称影响，本书在模型（8.6）的基础上，将被解释变量设为套息交易规模变化值，解释变量设为流动性变化值。同时，本书通过设置流动性增加与减少的虚拟变量（U_{it}），探究流动性增减对套息交易规模变化的非对称影响。即，$U_{it}=1 if \Delta LI_{it}>0$；$U_{it}=0 if \Delta LI_{it}<0$。本书将上述虚拟变量代入模型等式，并引入交互项，得到模型（7.8）。

$$\Delta CT_{it}=\alpha_0+\alpha_1\Delta LI_{it-1}+\alpha_j\Delta X_{jit-1}+\mu_1(U_{it}*\Delta LI_{it-1})+\mu_j(U_{it}*X_{jit-1})+u_i+v_t+\varepsilon_{it} \tag{7.8}$$

其中，ΔCT_{it} 代表套息交易规模变化值，ΔLI_{it} 代表货币流动性变化值。U 表示流动性增减虚拟变量，当流动性上升时 U=1；流动性下降时 U=0。系数 α_1 表示当货币流动性下降时，套息交易规模减少幅度；系数 $\alpha_1+\mu_1$ 表示当货币流动性上升时，套息交易规模增加幅度。

第五节　实证分析结果

一　流动性影响检验

为了考察流动性对套息交易收益率的影响，本书尝试了面板数据的混合估计、固定效应以及动态面板模型进行实证分析（结果见表 7-3）。表 7-3 中第（1）、（3）、（5）、（7）列的流动性系数在统计上都具有显著性，表明无论是总体情况上、时间动态层面上还是横截面上流动性都对套息交易收益具有显著的正向影响。同时，表 8-3 中第（8）、（9）列报告了套息交易收益率 GMM 动态面板估计结果。结果表明，在考虑套息交易收益率滞后项后，流动性依然对套息交易收益率有促进作用，且在 1%的置信水平上显著，其系数为 0.322，表明流动性每增加一个单位，套息收益率将会增加 0.322%。因此，表 7-3 的实证结果表明无论是时间动态层面上还是横截面分布上，流动性对套息交易收益率有显著影响。

为了考察流动性对套息交易规模的影响，本书同样进行了面板数据的混合估计、固定效应①以及动态面板模型估计。结果见表 7-4。第（1）列结果显示，流动性影响系数在 1%水平上显著。第（3）列的个体固定效应模型是在第（2）列基础上加入控制变量后的估计结果，其流动性估计系数为 0.095，表明目标货币流动性每增加 1%，将会导致套息交易规模增长 0.095%；表明在时间动态层面，对于同一目标货币而言，套息交易规模会随着流动性的加强而增大。第（5）列结果表明，在横截面分布上，套息交易资本更偏好选择具有更高流动性的目标货币。本书亦采用 GMM 方法对动态面板模型进行估计，实证结果如表 7-4 中第（8）、（9）列。表 7-4 的实证结果表明，无论是在时间动态层面还是在横截面分布上，流动性都对套息交易规模具有显著影响。

表 7-3　流动性对套息交易收益率影响的实证结果

	因变量：套息交易收益率（RE）								
	（1）	（2）	（3）	（4）	（5）	（6）	（7）	（8）	（9）
LI	0.005*** （2.879）	0.021*** （3.062）	0.016** （2.022）	0.002 （1.303）	0.006*** （3.634）	0.026*** （3.657）	0.030*** （4.134）	0.353*** （2.630）	0.322*** （3.170）
RE-1								0.013*** （5.590）	0.056*** （3.200）
INT	0.585*** （9.249）		0.086 （1.221）		0.552*** （11.093）		0.008 （0.121）		0.284*** （3.830）
FX	-3.969*** （-5.564）		-0.0004 （-0.933）		-0.0004*** （-6.151）		-2.022e-06 （-0.006）		-0.004*** （-7.310）
CPI	0.041 （0.663）		-0.073 （-1.187）		-0.049 （-0.870）		-1.824*** （-3.379）		0.113 （1.570）
R	0.585*** （12.132）		0.404** （2.136）		0.633*** （14.730）		0.466*** （2.994）		0.939*** （3.510）
SK	-12.385*** （-4.250）		-6.211** （-2.237）		-9.493*** （-3.390）		0.403 （0.159）		-3.009 （-0.820）
常数项	是	是	是	是	是	是	是	是	是
个体固定效应	否	是	是	否	否	是	是	是	是
时间固定效应	否	否	否	是	是	是	是	是	是
样本观测值	1196	1196	1196	1196	1196	1196	1196	1170	1170

① 本书的 Hausman 检验结果显示拒绝随机效应模型。

续表

	因变量：套息交易收益率（RE）								
	（1）	（2）	（3）	（4）	（5）	（6）	（7）	（8）	（9）
调整R^2	0.145	0.008	0.026	0.001	0.164	0.012	0.032		

注：第（1）列是混合估计结果，第（2）、（3）列是个体固定效应估计结果，第（4）、（5）列是时间固定效应估计结果，第（6）、（7）列是个体时间固定效应估计结果，第（8）、（9）列是GMM动态面板估计结果。所有解释变量取一期滞后值。括号里的数字为t值，***、**、*分别代表在1%、5%、10%的程度上显著。由于版面问题，表7-4报告省略了投资者风险偏好（VIX）和各国国内生产总值（GDP）控制变量的实证结果。

表7-4　　流动性对套息交易规模影响的实证结果

	因变量：套息交易规模代理变量（CT）								
	（1）	（2）	（3）	（4）	（5）	（6）	（7）	（8）	（9）
LI	0.111*** （21.814）	0.109*** （17.578）	0.095*** （14.450）	0.109*** （25.413）	0.111*** （21.329）	0.082*** （10.513）	0.076*** （9.769）	0.021*** （20.300）	0.027*** （8.770）
CT-1								0.666*** （29.705）	0.554*** （60.630）
INT	0.025 （0.193）		0.241*** （3.819）		0.031 （0.226）		0.172** （2.556）		0.051** （2.570）
CPI	0.836*** （5.995）		0.230*** （4.259）		0.913*** （6.099）		0.221*** （3.817）		0.242*** （15.550）
R	1.430*** （13.633）		0.657*** （4.586）		1.452*** （13.253）		0.491*** （3.347）		0.543 （1.450）
SK	-26.906*** （-4.072）		-1.945 （-0.793）		-31.594*** （-4.257）		-3.190 （-1.153）		0.787 （0.700）
VIX	0.134*** （3.073）		0.030** （1.972）						0.031*** （5.910）
DI	0.450*** （4.494）				0.446*** （4.370）				-0.618 （-1.01）
常数项	是	是	是	是	是	是	是	是	是
个体固定效应	否	是	是	否	否	是	是	是	是
时间固定效应	否	否	否	是	是	是	是	是	是
样本观测值	1196	1196	1196	1196	1196	1196	1196	1170	1170
调整R^2	0.480	0.191	0.232	0.334	0.456	0.032	0.053		

注：第（1）列是混合估计结果，第（2）、（3）列是个体固定效应估计结果，第（4）、（5）列是时间固定效应估计结果，第（6）、（7）列是个体时间固定效应估计结果，第（8）、（9）列是GMM动态面板估计结果。所有解释变量取一期滞后值。括号里的数字为t值，***、**、*分别代表在1%、5%、10%的程度上显著。

二　流动性影响的非对称性检验

第一，由于市场经济发展程度不同、资本账户对外开放力度不同等原因，流动性效应在各国之间可能存在显著差异。因此，本书将样本国家分为发达国家和发展中国家，引入虚拟变量 D（D=0 代表发达国家，D=1 代表发展中国家），研究流动性在不同经济体中对套息交易规模的非对称性影响。结果见表 7-5。其中，第（1）列是混合估计结果。交互项（D * LI）的系数为-0.038，显示发展中国家的流动性效应小于发达国家。第（2）（3）（4）列的固定效应模型的交互项也具有相似的估计结果。表 7-5 的结果表明，流动性具有显著的非对称影响，相较于发展中国家，发达国家的货币流动性对套息交易规模的影响程度更大。

第二，流动性的高低不仅与套息交易进出成本和预期收益相关，而且与套利结束后能否顺利退出相关。一般而言，当流动性增加时，不仅套息交易投资更加便利、成本更低，而且退出机会更大，因此容易吸引更多的资本流入；反之，当流动性缩小时，不仅资金流出成本提升，而且退出难度也会相应加大。因此，本书引入代表流动性增减的虚拟变量，分析流动性上升与下降对套息交易规模变化的非对称影响。结果见表 7-6。其中，第（1）列是混合估计结果。交互项的估计系数（0.026）显示，流动性上升时的影响显著高于流动性下降时。第（2）（3）（4）列的固定效应模型也具有相似结果。因此，表 8-6 的结果表明，流动性上升引发套息交易规模增长的幅度比流动性下降时导致套息交易规模下降的影响更为显著。

综上所述，本书得到关于流动性影响非对称性的两个结论。第一，流动性对发达经济体货币的影响显著高于发展中国家。一方面发达国家的经济稳定性高，汇率也较为稳定；另一方面发达国家货币的流动性较高，资本进出成本更低。因此，当一个经济体的经济与金融体系趋于成熟时，应当更加关注流动性对于套息交易带来的影响。第二，流动性上升引发的套息交易规模增长效应比流动性下降对套息交易规模的影响要更为显著。因此，各国应密切关注流动性与套息交易活动之间的关系，特别是流动性大幅上升时资本的快速流入。

表 7-5　　流动性在不同经济体的非对称影响检验结果

因变量：套息交易规模代理变量（CT）				
变量	（1）	（2）	（3）	（4）
LI	0.080*** (15.576)	0.061*** (6.897)	0.078*** (14.972)	0.044*** (4.810)
INT	-2.033*** (-9.671)	-0.770*** (-6.825)	-2.272*** (-9.603)	-0.520*** (-3.864)
CPI	2.305*** (8.712)	0.930*** (8.387)	2.602*** (8.802)	1.088*** (8.731)
R	2.157*** (9.056)	1.856*** (5.598)	2.201*** (9.028)	1.791*** (5.476)
SK	-15.529 (-1.605)	3.473 (-0.840)	-24.248** (-2.278)	3.494 (0.776)
VIX	0.002 (0.060)	0.047* (1.899)		
DI	-1.887*** (-8.717)		-1.918*** (-8.706)	
D*LI	-0.038*** (-3.387)	-0.031** (2.000)	-0.037*** (-3.263)	-0.0002 (-0.014)
D*INT	2.230*** (9.396)	0.758*** (5.622)	2.449*** (9.372)	0.536*** (3.620)
D*CPI	-2.196*** (-7.406)	-0.945*** (-7.453)	-2.447*** (-7.716)	-1.110*** (-8.231)
D*R	-1.717*** (-8.009)	-1.435*** (-3.925)	-1.727*** (-7.877)	-1.574*** (-4.344)
D*SK	-4.726 (-0.399)	-2.498 (-0.496)	-2.215 (-0.180)	-1.078 (-0.211)
D*VIX	0.126* (1.675)	-0.063** (-2.032)		
D*DI	2.230*** (8.619)		2.270*** (8.591)	
常数项	是	是	是	是
个体固定效应	否	是	否	是
时间固定效应	否	否	是	是

续表

因变量：套息交易规模代理变量（CT）				
变量	（1）	（2）	（3）	（4）
样本观测值	1196	1196	1196	1196
调整R^2	0.651	0.296	0.639	0.143

注：本表报告了发达国家和发展中国家非对称影响结果。第（1）列是混合估计结果，第（2）列是个体固定效应估计结果，第（3）列是时间固定效应估计结果，第（4）列是个体时间固定效应估计结果。所有解释变量取一期滞后值。括号中数值为t值，***、**、*分别代表在1%、5%、10%的程度上显著。

表 7-6　　流动性增减的非对称影响检验结果

因变量：套息交易规模变化值				
变量	（1）	（2）	（3）	（4）
LI	0.036** （1.965）	0.058** （2.312）	0.035* （1.891）	0.060** （2.409）
INT	0.200* （1.846）	0.211* （1.896）	0.212* （1.937）	0.219* （1.955）
CPI	0.222*** （2.774）	0.227*** （2.781）	0.195** （2.348）	0.204** （2.406）
R	0.016 （0.882）	0.020 （0.276）	0.022 （1.250）	0.017 （0.221）
SK	-1.087 （-0.668）	1.096 （0.660）	-1.333 （-0.786）	-1.356 （0.783）
VIX	0.014 （0.779）	0.012 （0.673）		
DI	0.715*** （4.882）		0.450*** （4.388）	
U*LI	0.026 （1.206）	0.039* （1.751）	0.022 （1.222）	0.035* （1.931）
U*INT	0.204 （1.551）	0.223 （1.626）	0.223* （1.694）	0.239* （1.747）
U*CPI	-0.155 （-1.463）	-0.168 （-1.534）	-0.161 （-1.478）	-0.179 （-1.595）
U*R	-0.013 （-0.766）	-0.014 （-0.766）	-0.020 （-1.098）	-0.012 （-1.104）

续表

因变量：套息交易规模变化值				
变量	(1)	(2)	(3)	(4)
U*SK	-0.838 (-0.387)	-0.814 (-0.365)	-0.763 (-0.351)	-0.700 (-0.313)
U*VIX	0.021 (0.997)	0.019 (0.893)	0.008 (0.347)	
U*DI	0.015 (0.629)		0.023 (0.932)	
常数项	是	是	是	是
个体固定效应	否	是	否	是
时间固定效应	否	否	是	是
样本观测值	1196	1196	1196	1196
调整R^2	0.003	0.016	0.039	0.013

注：本表报告了流动性增加和减少时的非对称影响结果。第（1）列是混合估计结果，第（2）列是个体固定效应估计结果，第（3）列是时间固定效应估计结果，第（4）列是个体时间固定效应估计结果。所有解释变量取一期滞后值。括号中数值为 t 值，***、**、*分别代表在 1%、5%、10%的程度上显著。

表 7-7　　稳健性检验结果

因变量：套息交易规模代理变量（CT）								
	(1)	(2)	(3)	(4)	(5)	(6)	(7)	(8)
LI	0.113*** (19.860)	0.099*** (13.929)	0.111*** (19.359)	0.077*** (9.270)	0.037 (0.874)	0.036*** (2.699)	0.043* (1.922)	0.052*** (3.751)
INT	0.128 (0.774)	0.232*** (2.870)	0.131 (0.767)	0.157* (1.870)	1.008*** (6.779)	0.410*** (6.274)	0.991*** (6.401)	0.171** (2.378)
CPI	0.849*** (5.033)	0.051 (0.784)	0.958*** (5.448)	0.095 (1.428)	0.954*** (5.725)	0.240*** (4.141)	1.045*** (5.881)	0.267*** (4.357)
R	1.394*** (10.822)	0.348** (2.255)	1.422*** (10.765)	0.267* (1.732)	1.435 (11.524)	0.599*** (3.605)	1.470*** (11.317)	0.767*** (4.619)
SK	-37.196*** (-4.361)	-0.420 (-0.130)	-45.391*** (-4.756)	-2.159 (0.598)	-13.362* (-1.707)	-3.257* (-1.250)	-17.270** (-1.968)	-3.647 (-1.267)
VIX	0.189** (2.474)	0.083*** (3.200)			0.069 (1.338)	0.027* (1.647)		
DI	0.496*** (4.284)		0.486*** (4.146)		-0.838*** (-8.540)		-0.845*** (-8.469)	
常数项	是	是	是	是	是	是	是	是
个体固定效应	否	是	否	是	否	是	否	是

续表

因变量：套息交易规模代理变量（CT）								
	(1)	(2)	(3)	(4)	(5)	(6)	(7)	(8)
时间固定效应	否	否	是	是	否	否	是	是
样本观测值	884	884	884	884	1196	1196	1196	1196
调整R^2	0.501	0.272	0.479	0.051	0.271	0.136	0.239	0.049

注：第（1）、(2)、(3)、(4）列是剔除2007—2009年样本的稳健性检验结果，第（5)、(6)、(7)、(8）列是解释变量流动性采用超额货币增长率稳健性检验结果。所有解释变量取一期滞后值。括号里的数字为t值，***、**、*分别代表在1%、5%、10%的程度上显著。

三　稳健性检验

为了保证经验分析结果的稳健性，本书进行如下检验。第一，考虑到套息交易策略和本书实证分析结果可能会受到2008年国际金融危机的影响，本书首先剔除2007—2009年的样本，对结果进行再次估计。第二，货币流动性有不同的衡量指标，而不同的代理变量可能会对实证结果带来影响。因此，本书还选取货币超额增长率①作为货币流动性的度量指标，进行稳健性检验。稳健性检验结果见表7-7，其中第（1）至（4）列是剔除2007—2009年后的样本估计结果；第（5）至（8）列是将货币超额增长率作为货币流动性代理变量后的估计结果。

表7-7显示，在剔除2007—2009年的样本区间后，流动性系数不仅在数值上变化不大，而且在统计意义上也具有显著性。而且，即使采用货币超额增长率作为衡量流动性的代表变量，结果仍然非常显著。这表明无论是动态层面还是横截面上，流动性对套息交易规模都具有显著的正向影响。稳健性检验与前文实证结果的一致性，显示本书经验分析结论是稳健的。

第六节　进一步分析：流动性与人民币套息交易

随着人民币在国家贸易和投资的使用率越来越高，人民币的国际地位显著提升，卖空日元买入人民币也受到投资者的追捧。王军（2010）认为大量热钱流入会导致中国货币流动性过剩；詹姆斯·柏林诺（2007）认为货币的波动性是投资者是否对套息交易平仓的关键。因此，本章在本小节

① 货币超额增长率是指M2的增长率与名义GDP增长率之差。

对人民币流动性对套息交易规模的动态影响进行进一步的时间序列分析研究，实证模型如式（7.9）：

$$CT_t = \alpha + \beta LI_{t-1} + \gamma X_{t-1} + \varepsilon_t \tag{7.9}$$

其中，CT_{it} 代表套息交易规模与 GDP 的比值，α 是模型的截距项，LI_{t-1} 代表滞后一期人民币流动性的衡量指标，X_{t-1} 代表滞后一期的控制变量，包括通货膨胀率、利差、国家信用级别、宏观经济波动率、投资者风险偏好以及贸易量，ε_t 是残差项。

人民币流动性影响检验结果如表 7-8。表 7-8 中人民币流动性系数为 0.727，且流动性系数在 1%的水平上具有统计上的显著性，表明人民币流动性对日元套息交易也具有显著的促进作用，实证结果与前文分析结果一致。因此，关注人民币的流动性对套息交易的影响显著十分重要。

中国在推进人民币国际化的进程中，应密切关注流动性与套息交易之间的关系，避免因为流动性泛滥导致套息交易资本的大规模流入流出，从而引起中国资产的异常波动，威胁国民经济的稳定性。

表 7-8　　人民币流动性影响检验结果

变量	估计系数	标准误	T 统计量
C	3.426***	1.312	2.611
LI	0.727***	0.260	2.791
INT	0.004	0.027	0.153
CPI	0.019	0.015	1.251
R	0.035	0.108	0.325
SK	0.219	0.459	0.468
VIX	-0.005	0.003	-1.608
T	1.703**	0.685	2.488
样本观测值	47		
调整 R^2	0.922		

注：所有变量滞后一期，LI 和 T 进行对数化处理，***、**、* 分别代表在置信水平 1%、5%、10%的程度上显著。

第七节　结论与建议

一　基本结论

本书选取了2005—2016年的26个国家的跨国面板数据，利用面板数据的个体固定效应模型和时间固定效应模型实证研究了流动性与日元套息交易收益与规模之间的关系、流动性对套息交易规模的非对称影响以及人民币流动性与套息交易规模之间的关系，主要得出以下几点结论。

第一，无论是时间序列还是横截面分布上，流动性对套息交易超额收益率有着显著的正向影响。在时间动态层面上，对于同一目标货币而言，套息交易超额收益率会随着目标货币的流动性加强而增大；在同一时点的横截面分布上，流动性高的目标货币的套息交易超额收益率相对较高。同时，动态面板GMM估计也验证了流动性对套息交易超额收益具有显著正向影响。

第二，根据本书的实证研究结果，流动性对日元套息交易规模同样具有显著的正向影响。具体而言，在时间动态层面上，对于同一目标货币而言，套息交易规模会随着流动性的加强而增大；在同一时点的横截面分布上，套息交易资本也更偏好选择具有更高流动性的目标货币。投资者进行套息交易活动时，一方面需要考虑目标货币与融资货币之间的利差，另一方面则需考虑目标货币的流动性，目标货币的流动性越高，投资者面对的选择标的越多，待套息交易活动结束后资本退出越容易。因此，投资者在追求套息交易超额收益的同时，也充分考虑了目标货币的流动性问题。

第三，进一步分析流动性对套息交易规模的非对称性现象。研究发现不同的目标货币流动性对套息交易规模存在非对称性的现象。首先，相较于发展中国家，发达国家的货币流动性对日元套息交易规模影响程度更大。流动性对发达国家的影响系数为0.080，而对发展中国家的影响系数为0.042，对发达国家的影响程度约为发展中国家的2倍。这可能是因为发展中国家的经济和金融的广度、深度以及开放度不如发达国家，套息交易投资者更加关注资金能否在突发事件发生时及时退出。同时也表明投资者更倾向于投资流动性高的货币。其次，流动性的增加和减少对套息交易规模的影响同样具有非对称现象。主要表现在流动性增加和流动性减少时对套息交易规模影响幅度不一致。具体而言，当目标货币流动性减少时所引起的套息交易规模减小的幅度要小于流动性增加时引起套息交易规模增长的幅度。

第四，人民币流动性对套息交易规模同样具有显著正的影响。人民币的流动性越高，套息交易规模相应也越大。一方面是因为随着中国利率市场化程度越来越高，人民币利率走势也更加市场化和标准化，与此同时日本还处于低利率时代，人民币与日元之间的高利率差将成为常态；另一方面由于中国持续推进人民币国家化进程，从“沪港通”“深港通”的推出到人民币加入 SDR 等事件都标志着人民币在国际舞台上的地位越来越高，吸引更多的资本流入，同时人民币具有较高的流动性，因此人民币可能成为套息交易者选择的重要目标货币之一。

二　政策建议

在经济全球化的今天，国际间的资本流动不仅日趋频繁，而且规模也与日俱增。一方面，合理的资本流动有助于经济的发展；另一方面，资本在短期大规模的变动也可能会给宏观经济带来冲击。如何发挥套息交易资本的积极作用，抑制其消极影响，是摆在各国金融当局面前的一个重大问题。本书第二章流动性影响套息交易理论基础的分析，以及第三章和第四章的实证分析，加深了我们对流动性与套息交易规模之间的关系的理解和认识，在此基础上，为了防止套息交易规模引起的资本快进快出，稳定各国金融市场，本章提出以下几点启示和政策建议。

第一，各国金融当局应合理发挥套息交易资本的积极作用，建立宏观审慎监管。一方面，流动性增加有助于提升本国货币对套息交易资本的吸引力；另一方面，金融当局也应当避免流动性不足引发的短期套息资本的逃离，为本国金融市场营造稳定良好的发展环境。因此，各国应该在保证宏观经济稳定的基础上提高货币流动性，实施稳健的货币政策，同时建立宏观审慎监管，防止发生恶性通货膨胀，为本国金融市场营造稳定良好的环境。同时，对于套息交易规模过大的国家，应当防止套息交易资本产生的资产泡沫和过度膨胀，可以通过适当降低货币流动性，达到稳定经济的目的。

第二，由于流动性对套息交易规模具有非对称性影响的特点，因此各国金融当局更应当在本国流动性出现大幅增加时，密切注意套息交易资本的快进快出。由于流动性对套息交易规模存在非对称影响，流动性增加引发套息交易规模增加的幅度，往往要大于流动性减少所引起的套息交易规模减小的幅度。因此，各国金融当局更应当在本国流动性出现大幅上升时，密切注意套息交易资本的快进快出。另一方面，由于货币流动性在发达经济体对套息交易规模的影响程度比在发展中国家更大，因此当一个经济体的经济与金融体系趋于成熟时，应当更加关注流动性对套息交易带来的影响。

第三，随着本国金融市场的不断发展以及资本账户的开放，流动性和套息交易之间的关系会更加紧密。因此，对于中国这样的经济和金融体系快速发展和开放的国家而言，关注流动性与套息交易之间的联系将会显得越来越重要。跨境资本的流入对于中国来说是一把双刃剑，一方面有利于促进外资来华投资，促进中国经济社会的发展；另一方面，当流入资本过大时，会对中国的金融系统产生冲击，特别是在资本恶意流出的情况下。开放资本账户有利于利率和汇率的市场化，体现市场在经济活动中的决定作用。同时，应该密切关注流动性与套息交易之间的关系，在人民币国际化的进程中，加强对跨境资本流动的监管，重点领域特别防范，引导资金进入实体经济，促进中国实体经济的健康发展。

第八章

套息交易与非金融企业的境外融资

第一节　引言

一　研究背景

随着经济全球化和金融全球化的进行，越来越多的新兴市场企业开始发行美元外债，而对于同样是外债的欧元债，Sushko（2015）指出其发行速度和发行量都远远落后于美元债，美国之外的新兴市场非金融企业在2014年的美元债发行额达到9.5万亿，而欧元债只有2.7万亿。在整个美元信贷体系中，新兴市场境外美元债的增长速度最快。在亚洲市场上，中国企业是境外债券发行的主力军，仅2017年中国境内企业发行美元债的数额就超过了1800亿美元，相对于2010年增长了近14倍，而中国企业在2017年发行的境外欧元债仅有245亿美元，远不及美元债的发行额①。美元债为何如此受欢迎，国内外学者对此给出了不同的见解。

Gopinath（2015）认为美元作为全球的通用货币，在跨境交易中扮演了计价货币的重要角色，许多企业都存在海外子公司和海外业务，通过发行美元债融资得到的货币可直接用于交易从而避免兑汇的过程。另一种解释是，发行境外美元债在目前已经成为企业为长期资产融资的一种常见方式。在这种情况下，美元作为计价货币能够影响长期债务的实际价值。同时，Caruana（2016）发现，新兴市场国家的石油公司在2014年油价下跌前，发

① 该数据由笔者根据汤森路透资料整理。

行境外美元债的数量有明显的上升。庞大的投资者基础和二级市场良好的流动性也使得美元债更具有吸引力。

那么，中国作为新兴市场经济体中具有代表性的国家，中国企业发行美元债是否为了融资呢？从目前中国企业发行境外美债的行业占比来看，一些大型的投资集团和银行等金融企业发行美债的数量占据了半壁江山，而房企和石油行业也开始逐渐成为境外美债的发行主力军之一。中国中小企业融资难已经是不争的事实，中国金融体制是以大型金融机构为核心的，而大型银行的性质就决定了其难以为中小企业提供便利的金融服务，这是造成融资难题的主要原因之一。那么企业为了融得所需资金，拓宽融资渠道，不得不将目光放在境外融资上，从 2010 年开始，中国非金融企业发行美元债数量大幅度上升，也可以说明这一点。

2015 年 8 月 11 日，中国开始汇率改革，人民币出现了较为严重的贬值，同时人民币和美元之间的利率差开始收窄。该年中国非金融企业境外美债发行总额下降了近 36. 5%，但同样是在 2015 年，中国将企业境外债券的发行条件大大降低，由审批制改为了备案制，而发行额却没有如预期一般上升，所以仅仅靠拓宽融资渠道的理由似乎不能说明这个现象。对此，部分学者给出了见解，Valentina Bruno 和 Hyun Song Shin（2016）认为，在新兴市场国家中，企业会在所在国货币升值的情况下，倾向于在资产负债表上进行货币错配的行为，即通过发行外债来使得负债外币化和资产本币化，如果本币和外币还存在利差，那么企业就可以进行套息和套汇，从而获得收益。传统的套息交易与货币错配行为有许多类似之处，它们的核心都是利用两种不同货币之间的利率差获利。同时作者还发现，新兴市场国家的企业的现金比率与企业发行美元债的可能性呈正相关，也就是说当一个企业现金比率越高时，越容易发行美元债进行套息交易，但是作者是对整个新兴市场进行分析，中国作为新兴市场的代表国家之一，中国非金融企业的行为是否完全符合作者的结论呢？这是本书探讨的问题。

二　文献综述

1. 企业境外债券融资

国内学者对于中国企业境外融资的研究比较充分，在战略、渠道、行业、地区、困境等层面都进行了详细的探究论证。如易宪容和黄瑜琴

（2005）通过实证研究发现，目前中国企业较少进行海外发债的一个重要原因就是企业对市场因素的重视程度不够，并且由于当时政策方面并没有放开，所以给企业境外发债的行为造成较大的约束，但是作者认为，随着政策的放开和金融市场的完善，企业发行外币债券的力度会越来越大，同时作者认为发行境外债券需要特别关注汇率波动带来的风险，从而建议企业在发行境外债券时要搭配相应的套期保值措施，如远期合同等；龚鑫（2006）认为如今国内资金并不充裕，海外债券融资是企业拓宽融资渠道的一种可行方法，并通过对湖南企业和经济状况的研究，提出企业要结合自身情况，适当地将融资方向放眼于境外债券融资，从而解决企业的生存发展问题；周甜蕾（2008）认为中国作为新兴市场的代表性国家，对海外投资者来说具有十足的吸引力，国际资本的不断涌入为中国企业境外债券融资提供了良好的机会，随着中国资本市场的不断完善，中国企业在国际资本市场上将会享有越来越好的声誉，这有助于降低中国企业的海外融资成本；余玮（2012）通过对民营房地产企业“绿城中国”的研究，建议企业在发行境外债券时，要根据自身的需求和市场的发展情况而定，不可盲目追求海外融资，另外作者也认为民营企业在国内难以得到资金满足，海外融资是未来的发展方向，但是由于新兴市场国家的公司通常被认为是具有高风险的，所以投资者在购买债券前一般会要求公司提供一定的担保，并且要求更高的溢价来维护自身资金的安全性，并建议中国企业要理性对待海外发债；朱军（2012）以次贷危机作为切入点，提出中国企业应该谨慎选择境外发债的市场，并借海外发债融资的机会加强对自身公司的管理，提高公司的价值，将境内外债券融资相结合，摸索出适合企业本身发展的融资渠道；王少雄（2017）认为目前中国正在大力提倡国内企业“走出去”的政策，中国企业可以选择的境外融资渠道也开始多样化，例如向项目所在国的资本市场进行债券融资或者利用项目担保贷款等方式融得资金等，但是由于各个国家的政策和资本市场的发展程度不一样，所以企业要根据自身战略目标的需求来选择适合自身发展的方式，以合理的成本融得所需要的资金。

关于企业境外债券融资问题，在国外研究方面，Schmukler 和 Veperoni（2004）研究发现，新兴市场国家的企业在进行海外债券融资时，一开始并不能够发行期限较长的债券，这是因为期限时间的长短与资本市场的发达程度具有正相关的关系，同时国际金融市场具有类似筛选的功能，能够为真正发展良好的企业提供帮助；Broner、Lorenzoni 和 Schmukler（2004）对新兴市场企业的境外债券发行状况进行了统计研究，发现这些债券具有较短的期限和更高的溢价，他们认为相较于发达市场来说，新兴市场始终存在着更高的风险，投资者对风险的偏好程度会对债券的发行造成一定影响，不少投资者为了维护资金的安全会要求企业提供较好的保障；De La Torr 和 Schmukler（2005）指出，企业在境外发行债券将会受到严格的审查和监管，并且相应的法律也较为完善，能够增强投资者的信心，所以对融资期限的延长具有促进作用；Gozzi、Levine 和 Schmukler（2010）对 1991—2005 年的国际融资决策进行了公司层面的分析，发现在公开市场发行债务作为公司的资金来源比股票发行更为重要，企业资金中的 80%来源于债务，且新兴市场企业的境外债券发行量是国内债券的 18 倍多；联合国贸易和发展会议（UNCTAD，2015）发现在新兴市场上，FDI 活动的频率正在快速上升，似乎与企业境外发债有很大关联；Foley 和 Manova（2015）详细阐释了多元化企业的投资活动是影响企业发行国际债券的一个重要因素；Mizen（2015）通过对 7 个亚洲新兴市场的研究发现，企业在发行境外美元债的时候，选择离岸发行还是在案发行，取决于该国家的市场发展程度以及资本账户开放的程度；Gozzi（2015）发现企业在发行国际债券时，通常发行额比国内债券更大，但是收益率却更低。

2. 企业发行境外债务套利

目前研究境外债券套利的文献集中在外文文献。Myers 和 Rajan（1998）从公司治理的角度出发，发现将债务融资所取得的资金作为流动性资产更容易通过一定的操作转化为私人利益；Roper（1999）指出，拥有高外币杠杆且经营能力低下的企业，在汇率波动时承担了较大的损失，并怀疑企业将货币进行错配的行为是在进行套息交易，并认为企业配置高外币杠杆的行为对亚洲金融危机的传播起到了重要作用；Acharya 和 Strebulaev（2012）指出，企业在持有高现金比率时，更容易因为汇率的波动而承担更大的风险，并认为企业可能在利用外债进行套息交易；Sushko（2014）认为金融危机之后，新兴市场国家的企业利用了较为宽松的融资环境，通过直接借款的方式增加海外借款从而提高外币杠杆，其目的很可能是进行套息交易活动；Sutton 和 Kamil（2015）对拉丁美洲的公司进行研究时，发现其融资的渠道已经由银行贷款为主慢慢转化为债券融资，特别是外币债券；Powell（2015）发现新兴市场公司在存在资本管制的条件下，更容易将发行债券取得的资金兑换为本国货币后作为现金或者银行存款持有；Hyun Song Shin（2017）认为，新兴市场企业在发行境外美元债券时，更容易将其兑换为本国货币后作为现金持有，而且企业在发行的时机上，更容易选择国内货币与国外货币利差较大的时期，为企业套息交易提供了有利的证据。

3. 文献评述

通过以“债券发行”为主题的国内外文献进行综述，我们了解到，目前中国企业在国内资本市场上的融资难度不断上升，海外债券融资已经成为企业融资的常用方式。目前越来越多的新兴市场企业倾向于将发行的外债作为现金持有，且有不少学者认为新兴市场公司在发行境外债券进行套利，其主要的方式主要是利用货币错配，即将借来的外国货币兑换成本国货币进行投资，这样就造成了负债外币化和资产本币化。文献目前主要聚焦于新兴市场和发达市场，并且分析出它们发债的不同原因，但是很少有文献专门对中国非金融企业发行境外债券进行套利进行分析。那么中国非金融企业发行境外美元债是否进行了套利行为，还是单纯进行融资？如果选择套利，能够获得多少收益以及中国非金融企业在发行美元债将会面对哪些风险？本章在既有研究的基础上，将研究范围缩小至中国，考察中国非金融企业是否存在套利的空间，同时以中石化作为案例进行详细研究，对中国非金融企业套利的可能性以及存在的潜在风险进行研究。

本章以下包括四个部分。第二节首先对中国企业发行外债的发展以及中国企业美元债的发行现状进行分析，同时对企业发行外债的发行构架进行整理，并梳理企业发行外债的政策变化以及发行方式的选择。第三节对中国A股上市公司进行了整体分析，并采用了2008年至2017年发行的美元债作为样本，对企业财务指标数据，行业差异以及套利的可能性进行了详细分析。第四节通过实证分析，进一步对非金融企业是否进行套息交易进行估计和解释。第五节在总结研究结论的基础上提出政策启示。

第二节　中国企业境外美元债的发展状况

一　中国的境外债券发行

债券的本质是金融契约，是政府及相关机构、金融机构以及工商企业等面向社会筹资的一种债权债务凭证，债券代表着企业按一定利率支付利息及到期偿还本金的承诺。在早期，中国发行的外债以主权债券和金融债券为主。1982 年，中信公司在日本金融市场上发行了总额 100 亿日元的外债，这是中华人民共和国成立后中国第一次在国外金融市场上发行债券，在国际上引起了较大的轰动，这笔外债不仅响应了改革开放的政策，也结束了中国“即无外债，也无内债”的尴尬局面，是中国与国际金融市场接轨的伟大尝试，同时也标志着中国正式踏入国际债券市场。随着中国经济的高速发展以及国际形势的变化，越来越多的中国企业借助境外发行债券这一融资高效、成本较低的方式进行境外融资，企业外债开始进入人们的视野。1993 年，中国首家国企青岛啤酒以 H 股的形式在中国香港上市，正式开启了境外市场大规模为境内企业筹集资金的序幕，中国企业境外融资业务取得历史性突破。从 1994 年开始，中国开始对企业发行外债的条件逐渐放松放松，2003 年开始，中资机构中长期外债融资条件的审批取消，中资机构不需要事前到外汇局进行融资条件审批便可直接进行对外中长期美元债券的发行，仅需在发行后，办理外债逐笔登记手续即可，审批流程大为缩短。

在 2010 年至 2014 年间美联储主导量化宽松政策的背景下，人民币与美元的利差一直保持较高的水平，且人民币一直处于升值状态，不少投资者认为人民币升值还会持续下去，在这样的预期下，许多中国企业开始大量发行境外美元债。美元债的低成本不仅因为汇率的变动可以忽略不计，高利差的诱惑也为中国企业发债“套利”提供了有利的条件。中国鼓励中国企业进行海外融资的力度不减，出台的政策一步步简化发行流程，同时也对企业发行外债的条件进行放松，中国企业发行外债仍然具有较大的发展空间，但是从 2018 年开始，美元不断加息，融资成本开始加大，通过人民币和美元进行套利的行为也面临挑战。

二　中国企业境外发行美元债券的发展与现状

1. 总体情况

2002 年至 2017 年间，中国企业境外发行美元债的数量逐步上涨，特别是从 2010 年开始，美元债的发行总额开始大幅上升，在 2017 年中国企业境外美元债的发行总额超过 1800 亿美元，达到历史最高点。如图 8-1 所示，2010 年至 2013 年，随着美国量化宽松政策的颁布，人民币和美元之间的利差处于一个较高的水准，中国企业有资产本币化和负债外币化的动机，中国企业便开始大量发行美元债券，同时人民币在这个阶段处于升值期，投资者不仅能够享受到利差带来的收益，汇率的变动也为其带来可观的收益。甚至到了 2014 年，美国宣布退出第三轮量化宽松政策，中国企业抓住美国基准利率仍处于历史低点的机会，发行美元债的热度不减，其发行总额突破了 1000 亿。2015 年由于中国的①“8・11 汇改”政策，人民币汇率当天一次性暴跌 2%，并在随后几天持续下跌，人民币进入贬值周期，驱动部分企业开始归还境外债务，就是所谓的外债去杠杆，但是这样的行为也造成

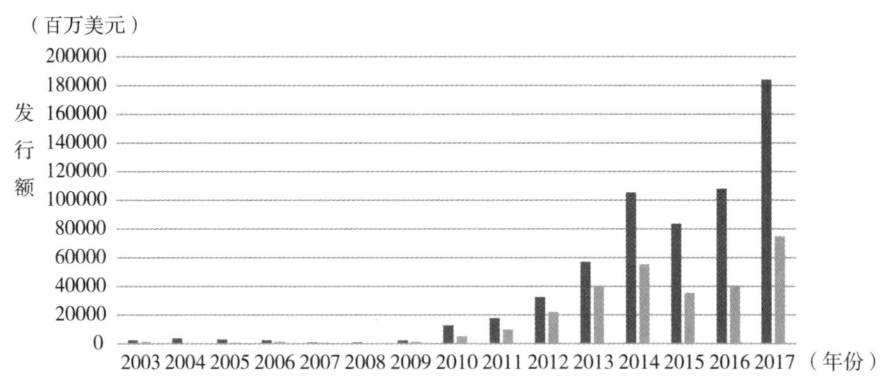

图 8-1　2003—2017 年中国企业美元债的发行总额以及非金融行业发行额

资料来源：汤森路透。

① “8・11 汇改”的内容为调整人民币对美元汇率中间价报价机制，做市商参考上日银行间外汇市场收盘汇率，向中国外汇交易中心提供中间报价。

外汇资本流动的加剧，影响了金融市场的稳定性。由于人民币的贬值，境外美元债的发行成本变相提高，不少企业对发行外债持观望态度，中国企业美元债的发行额开始回落。但是随着国内融资难度的上升以及成本的高涨，并且人民币在2017年开始升值，再加上国内监管政策的放松，越来越多的中国企业仍然选择发行美元债。随着发行额的上升，中国企业境外发债也进行了多样化的尝试，如欧元债、日元债、点心债等也受到追捧，但是美元债始终占据着主流。但是随着2018年美元的进一步加息，将对中国企业境外美元债的发行造成冲击。

2. 美元债发展现状

（1）发行热度不减

相对于2010年之前境外美元债不温不火的情况，从2010年开始，中国企业发行美元债的总额呈现一个迅速上涨的趋势，虽然2015年由于“8·11汇改”的因素使得美元债发行量有所回落，但是中国企业发行美元债的意愿仍然强烈。在美债成本逐渐上涨的背景下，2017年美元债的发行总额相对于2016年仍上涨了近80%，由此可见一斑。但是，美元的加息背景下，2018年美元债的发行量有所下滑，① 截至2018年11月末，中国企业境外美元债的发行量为1384亿，相对于2017年有所下降。

（2）金融业与地产业为发行主力军

由图8-2可以得知，金融行业占据了境外美元债发行总额的一半。以2017年为例，在所有的行业中（以SIC行业分类为标准），除去发行的主权债券，由图8-2得知，存放机构（SIC行业分类中的存放机构一般指银行。），证券业以及大型金融投资集团等金融行业的美债发行额占比达到50%以上，而房地产业也达到了近10%的占比。除此之外，商业服务业、石油及天然气开采业以及电气燃气和卫生服务业也是美元债的主要发行行业之一。

① 该统计数据来自Wind数据库。

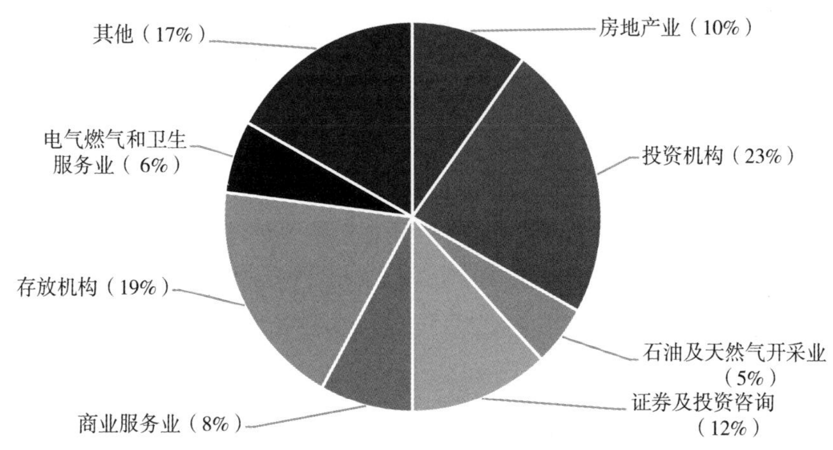

图 8-2　2017 年中国企业境外美元债行业占比

资料来源：汤森路透。

（3）发行条件逐渐放宽

境外美元债发行总量上涨如此之快的原因，与国家相关政策的变化息息相关。目前，中国对企业发行境外美元债持鼓励的态度，同时，境外法规对债券募集的资金用途没有做过多的限制，中国企业可以将其用于偿还以前的贷款或者用于项目建设及投资等，募集资金也可以通过 FDI（外商直接投资）等方式回流到境内。另外，监管条件也由最开始的余额管理模式发展到如今的事后备案模式，为中国企业境外发债提供了良好的政策环境。

（4）境外子公司发债量逐渐上升

由图 8-3 可知，中国企业采用离岸子公司进行融资的融资额基本处于一个上涨的趋势，且从 2013 年开始，离岸发行的数量一直多于在岸发行。不少知名中国企业如像阿里巴巴，设立了不少离岸子公司，而子公司的地点除了设立在中国香港，还包括开曼群岛和英属维尔京群岛等。中国企业设立境外子公司一方面出于对税收方面优惠的考虑，另一方面，相比直接发债，利用离岸子公司发债要求较低、限制少、周期快。

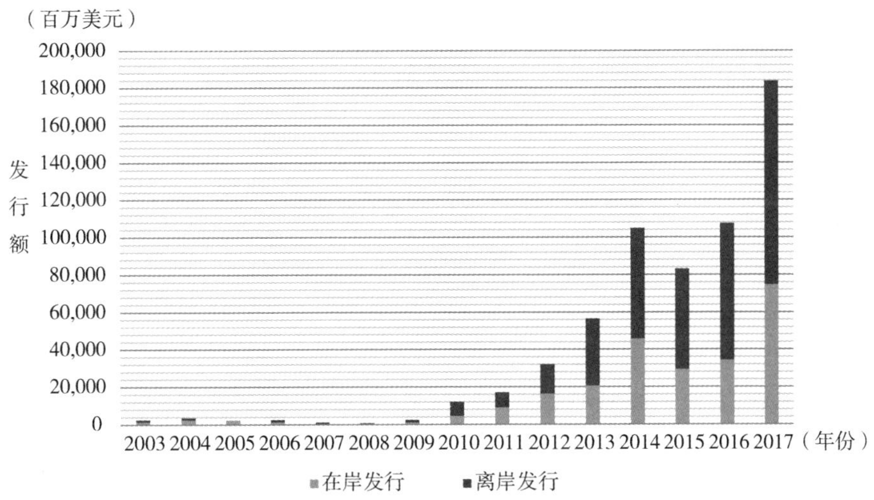

图 8-3　2003—2017 年中国企业境外美元债在案发行与离岸发行统计

资料来源：汤森路透。

（5）评级缺失现象严重

中国企业发行境外美元债时不进行评级的现象越来越普遍，主要原因有三点：第一，评级的过程时间花费较长，如果一个公司在年初提交评级申请，那么极有可能在年底才会完成评级过程，从而浪费掉有利的发债时机，所以企业宁愿选择较好的发债时间而不愿意通过评级的方式来获得利率上的优惠；第二，企业一旦进行评级，就会面临评级公司的审查，许多企业不愿意将自身的经营状况、生产信息，特别是核心机密等透露出去，所以一些大公司会利用自己本身的知名度进行发债而越过评级的流程；第三，评级存在着一定的风险，公司选择评级但不一定能够得到满意的评级结果，反而有可能因为评级低加大了融资成本，这是因为中国的评级机构与国际著名的评级机构之间还具有相当大的差距，目前中国企业进行海外发债仍然需要国际评级机构进行评级，但是由于评价体系存在差别，所以中国企业的评级状况可能会出现偏差，为了规避这种风险，大量的企业选择了放弃评级。

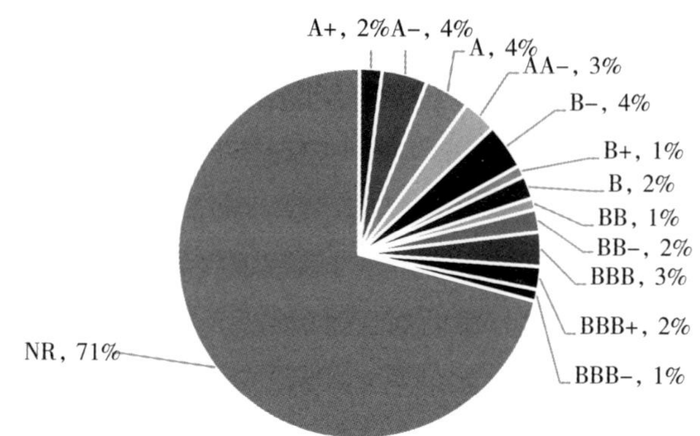

图 8–4　2017 年中国企业美元债评级情况

资料来源：汤森路透。

以 2017 年为例，如图 8–4 所示，中国企业境外美元债一共发行了 492 只，在标准普尔评级中，未评级的美元债达到 71%，而获得较高评级的企业一般是大型投资集团如中投，还有银行等。

（6）普遍采用维好协议+回购协议形式

中国企业发行境外美元债所采取的发行构架主要是维好协议和回购协议的形式。在境外如中国香港设立 SPV 已经是多数中国企业的常用做法，境内母公司会通过 SPV 发行境外美元债，但是 SPV 自身不能独立发行外债，还需要母公司为其提供一定的担保，担保的常见方式就是维好协议+回购协议的增信组合。这种方式受到欢迎的主要原因在于可以节省发行债券的时间，简化发行的流程，且资金在合理的设计下能够绕开阻碍回流到母公司，不受相关规定的约束。

（7）利率和汇率成为重要考虑因素

由于人民币和美元之间存在着较高的利差，所以利用人民币和美元进行套息交易存在套利的天然优势。在 2014 年之前，人民币一直处于升值的状态，中国企业可以获得利差和汇差两方面的收益，这也在某种程度上驱动了中国企业负债外币化和资产本币化的行为，那么企业是否利用了这样的形式进行“套息交易”呢？随着 2015 年“8·11 汇改”政策的实施，人民币出现了大幅贬值，促使企业进行反向操作，即资产外币化和负债本币化，企业开始大量提前赎回美元债。人民币和美元之间的利率差开始收窄，而且汇率的波动让利差的优势荡然无存，甚至让企业蒙受损失。在 2015 年，虽然中国发布了《国务院关于取消非行政许可审批事项的决定》（国发〔2015〕27 号）和《关于推进企业发行外债备案登记制管理改革的通知》（发改外资〔2015〕2044 号），将中国企业发行境外中长期外债由事前审批改为事后备案，且取消了发行境外债券的额度审批，极大程度上放宽了监管环境，但是 2015 年中国企业境外美元债发行总量相比 2014 年仍然减少了近 20%，可见利率和汇率的变动已经作为企业发行境外美元债的一个重要考虑。那么利率和汇率变动所导致的境外美债发行量降低，除了因为融资成本的提高，是否也与“套息交易”者的退出有关呢？

3. 境外美元债发行方式介绍

中国境外美元债的发行方式主要分为三类：Reg S，144A，SEC。这三种方式具有各自不同的特点，企业在发行境外美元债时，要根据自身的情况以及对发行对象的选择来挑选适合企业本身的发行方式，下面将对这三种方式进行详细的介绍。

（1）Reg S

Reg S 又被称作为 S 条例，是中国企业采用最频繁的发行方式，这是因为该方式是境外美元债 3 种发行方式中对发行者信息披露的要求最为宽松的，可以绕过美国证券交易委员会的监管。Reg S 属于非公开发行的方式，主要面向美国以外的投资者发行，融资规模为 2 亿至 10 亿美元，期限一般在 10 年以下，但是票息率也是最高的。

（2）144A

144A 即 144A 规则，某些满足该规则条款的债券发行人可以向美国本土的投资者发行债券，但是相较于 SEC 发行，采用 144A 规则的发行人没有义务向公众披露证券法所规定的相关企业信息，但是采用该发行方式的发行债券也必须满足四点要求：①债券不可以向个人投资者出售，只有合格的机构投资者才能认购这些债权，该规则中还规定了合格机构投资者必须满足的条件，只有达到这些要求才能认购相关债券，合格投资者大部分是美国的大型金融机构；②对于从公共渠道中得到的一些有关债券发行者的信息，债券的购买者和债券的出售者都有权力进行了解，一般情况下不能进行干涉；③发行人发行债券时，不允许该债券与美国证券交易所中的证券属于同一个类别；④卖家可以根据该条例免除证券法的相关登记要求，债券的卖家必须确保买家对这件事充分了解。

从该规则所规定的事项中可以得知144A并不属于公开发行，所以相较于Reg S规则，采用144A规则发行的债券发行人在信息披露方面会更加严格，这种方式下的融资规模为5亿至30亿美元，期限在10年以上，票息率低于采用Reg S发行的境外美元债。

（3）SEC

选择SEC方式的发行人需要遵守1933年证券法履行公开发行债券的等级和披露义务和1934年证券法规定的持续性披露义务。企业可以通过知名发行人进行注册发行，可以在美国之外发行，也可以向美国境内的本土投资者发行，发行规模在5亿到60亿美元，票息率最低，但同时信息披露最为严格。

4. 境外美元债发行构架介绍

目前国内企业主要采取四种构架进行境外发债，分别是直接海外发债、直接跨境担保、由银行出具备用信用证、境内公司提供维好协议及股权购买承诺协议，下面对这四种方式依次进行介绍。

（1）境内公司直接海外发债

在四种发行构架中，直接海外发债是最为简便的，一般情况下采用这种方式发行债券的企业在国内外都拥有良好的声誉，并且财务状况稳定，所以在一般情况下也不需要其他公司进行担保，境内集团直接将债券发行给境外投资者，只需要在发展改革委处备案登记即可。这种方式不仅能够避免跨境担保所带来的重重难题，同时资金的回流也较为容易。

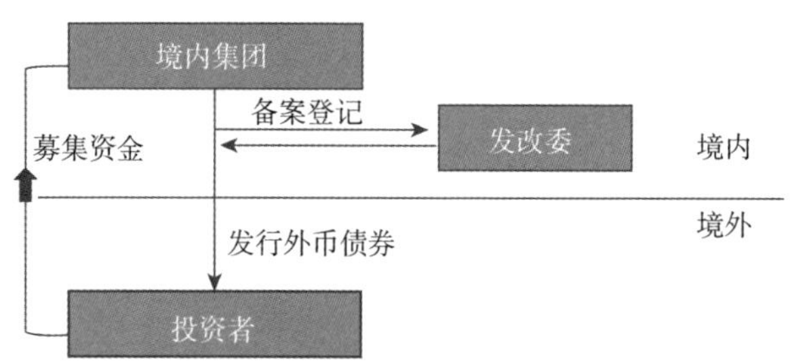

图8-5　境内公司直接海外发债结构

该发行构架的示意图如图8-5所示。中国企业采用这种构架发行境外债券会给企业造成一定的成本压力，因为中国有关政策规定，将对采用直接海外发债的境内母公司预提 10%所得税，且还需要面临国家政策变动的风险，资金回流的便利在以后也许不复存在。

（2）直接跨境担保

直接跨境担保与海外直接发债方式最大的不同就是前者需要借助境外 SPV 来实现整个发债的过程，境内母公司的作用就是为境外子公司提供一定的担保，表面上境外子公司是债券发行人，但是实际的债券发行人却是境内母公司。

采用直接跨境担保所融得的境外资金，此前在回流方面会受到一些阻碍，因为中国有关政策规定对于采用直接跨境担保形式融得的资金在某些情况下不允许转移到境内，只能够将该笔资金用于与境内母公司具有股权关联关系的境外项目，但是经过外汇局批准的资金可以流入境内。但是在 2017 年，中国开放了这些限制，所以通过内保外贷①融得的境外资金也可以通过借贷等方式流入境内。由于在此前使用该种结构融资存在一定的限制，所以拥有大量海外业务的企业比较青睐这种发行方式。

该发行构架的示意图如图 8-6 所示。直接跨境担保下，债券的定价和期限等主要受到担保母公司实力的影响，如果担保人具有较高的评级和声誉，那么可以通过这种方式融得大量资金，且融资成本较低，在国家开放资金回流限制后，将会有越来越多的中国企业选择这种方式发行债券。

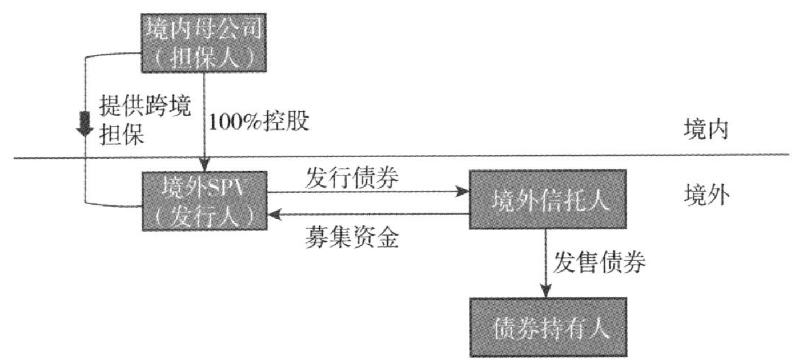

图 8-6 直接跨境担保结构

① 内保外贷是指境内公司为境外公司提供担保，以使境外公司能够顺利借到资金。

（3）银行出具备用信用证（SBLC）

境外企业除了让境内母公司为其增信外，银行机构也可以为其提供较为强大的增信措施，一种常见的方法就是备用信用证。采用这种方式发行外债的企业如果在债券到期时不能够足额支付利息，那么担保银行就有责任代替发债企业偿付所欠资金。因为有银行做担保，所以采用该方式发行的外债其评级一般可以到达与银行同水平。担保银行既可以为境外银行也可以为境内银行，如果是境内银行，则形成跨境担保，其形式与上文所说的直接跨境担保类似。

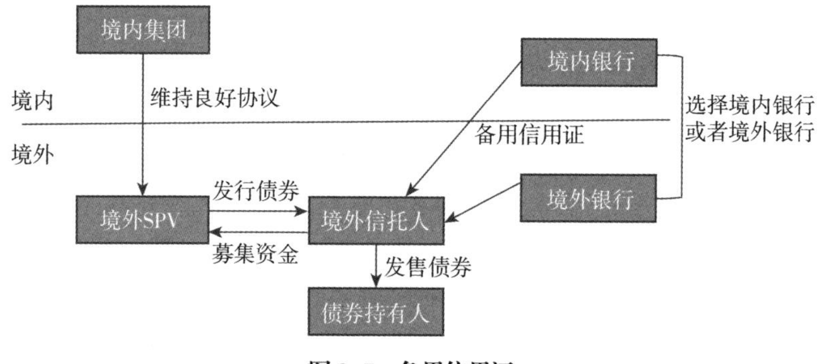

图 8-7　备用信用证

该发行构架的示意图如图 8-7 所示，这种发行结构的优势是不需要经过国内有关政府机构的审批流程，大大缩短了发债所需的时间，有利于中国企业选择良好的发债时机进行发债，且外债的发行额度也可以灵活调整，同时，由于银行备用信用证的增信作用，间接地提高了外债的信用等级，所以企业也没有必要进行评级，节省了评级所需的时间，信用等级的变相提高也使得中国企业能够以更加优惠的票面利率发行外债，但采取备用信用证的方式需要向担保银行支付一定的保函费。

（4）境内公司提供维好协议及股权购买承诺协议等

维好协议是一种类似保证书的合同，在该构架下仍然将境外子公司作为发债主体，而境内母公司此时并不扮演担保人的角色，它只是向海外投资者承诺境外子公司不会因为资金短缺而破产，所以当境外子公司出现无法偿还利息的情况时，境内母公司没有直接替子公司偿还债券持有人所欠资金的义务，而债券持有人也不能够直接要求母公司偿还这笔资金。股权购买承诺协议则要求境内企业在境外企业出现无法偿还利息或者违约的情况下，以不低于债券本息以及相关费用之和的价格收购该境外子公司的有关资产，境外子公司便可以利用这笔资金偿还债券，这种行为间接地为境外子公司提供了增信。

该发行构架的示意图如图 8-8 所示，这种方式虽然较母公司直接增信的措施更为复杂，但好处是不会构成法律意义上的跨境担保，所以通过发债融得的资金能够通过各种方式如 FDI 等顺利流入到境内，不会受到太多的阻碍。然而如果境外子公司出现债务违约或者现有资金不足以偿付债券，那么境内母公司收购境外子公司资产的行为还是会受到一定监管和审批。

从本质上讲，这种发行构架会给债券持有人带来不少风险，因为在直接担保的情况下，债务人可以直接向担保人索取所欠资金，而在这种构架下，境内母公司并不是直接的担保人，它只能够通过收购资产来达到偿还的目的，但是收购境外资产的资产会受到严格监管，一旦出现问题，那么债券持有人将无法如期获得回报。虽然这种发行构架存在许多弊端，但是由于它的事前审批流程较短，可以节省大量时间，且资金的回流受到的阻力较小，所以不少企业仍然选择这种发行构架。

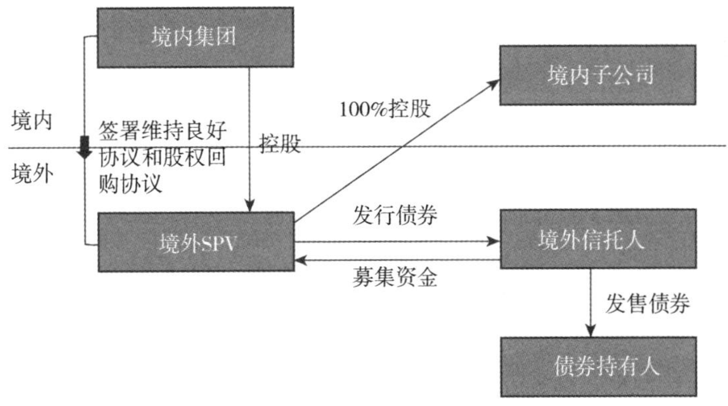

图 8-8　维好协议及股权购买承诺协议

5. 中国企业境外美元债政策变化

2012 年以前，境内企业直接发行外债需要事先报国务院审批，能够获得发行批文的仅仅是少数实力雄厚的企业。而且由于当时监管层并没有对间接发行外债进行监管，因此一般企业境内发行外债都选择间接发债的结构。但在间接发债模式中会面临两个问题：一是增信的问题，二是募集的资金如何调回境内使用的问题。

2012 年国家发展改革委颁布的《国家发展改革委关于境内非金融机构赴香港特别行政区发行人民币债券的有关事项的通知》（发改外资〔2012〕1162 号）规定，特定类型的境外债券的发行监管权力由国务院下放至国家发展改革委。

2015 年是一个转折点，首先《国务院关于取消非行政许可审批事项的决定》① 的颁布大大减轻了中国企业境外发债相关的监管，此前中国企业发行境外债券的额度需要经过相关机构的审批，流程长耗时久，容易错过最佳的发债时机。随后发展改革委又颁布了 2044 号文，进一步放宽了对中国企业发行外币债券的监管，因为此前中国企业发行外债需要经过有关部门的审批，程序比较严格，同时花费的时间也比较长，而 2044 号文直接规定将事先审批制取消，以事后备案的方式替代，为中国企业提供了更多可供选择的余地。

2016 年 4 月 27 日，中国人民银行颁布的《关于在全国范围内实施全口径跨境融资宏观审慎管理的通知》中规定，自 2016 年 5 月起全国范围内的金融机构和企业在其资本或净资产挂钩的跨境融资上限内自主开展本外币跨境融资，中国人民银行和国家外汇管理局不实行事前审批。5 月，国家外汇管理局颁布《关于改革和规范资本项目结汇管理政策的通知》，全面实施外债资金意愿结汇管理，企业可自由选择外债资金结汇时机，资金的使用实现负面清单管理。

2017 年 1 月 11 日，中国人民银行又颁布了《关于全口径跨境融资宏观审慎管理有关事宜的通知》，决定将企业跨境融资上限提高到自有资产及净资产的 2 倍。1 月 26 日，外汇管理局颁布《关于进一步推进外汇管理改革完善真实合规性审查的通知》，明确允许内保外贷下债务人将外债资金调回境内使用，至此美元债资金的回流限制大大减小。

2018 年 2 月 11 日，国家发展改革委发布了《境外投资敏感行业目录

① 《国务院关于取消非行政许可审批事项的决定》中规定不再保留“非行政许可审批”这一审批类别。

（2018 年版）》，其中第四条第六项规定，在境外设立无具体实业项目的股权投资基金或投资平台为限制境外投资的企业。根据这个规定，如果发行美元债券继续通过设立境外壳公司的方式进行，在报境内商务部门境内核准时，是否可以通过暂时还难以确定。

第三节　中国企业境外美元债发行的特征事实

一　研究样本与数据来源

本书选择了 2008—2017 年共 10 年的中国企业发债数据进行研究，将在该样本期间内发行过境外美元债的中国企业进行统计，并筛选出会计资料完整的 A 股上市公司，剔除 ST 公司、金融行业以及公共事业性质的公司。另外，由于中国房地产企业融资时受到政策限制，导致其不顾成本进行海外融资获得资金流，所以在本书的样本中将其剔除。最后筛选出 48 家上市公司。

本书关于企业发行债券的数据来自汤森路透数据库，企业财务数据来自 Wind 数据，人民币和美元的利率以及汇率数据来自 Wind 数据库。

二　A 股上市公司境外美元债发行描述性统计

1. 发行数量增长迅速

首先将样本公司在样本期间内发行的美元债数量进行统计，结果如图 8-9所示，可以看到在 2010 年之后，发行数量开始有了明显上升，2011 年至 2013 年间，人民币单边升值的背景再加上高利差，让越来越多的企业开始尝试美元债，2015 年由于汇率的大幅波动以及利差的收窄，发行数量没有继续上升，2016 年至 2017 年虽然汇率持续在波动，但是波动的幅度不大，且利差的上升也带来了套息机会，发行数量回升。这说明，利率差成为中资企业发行境外美元债券的一个重要因素，对于企业如果要进行套利，企业可以在利差的优势下获得收益，且可以通过提前偿还债券和远期合约的方式来避免汇率波动带来的损失。

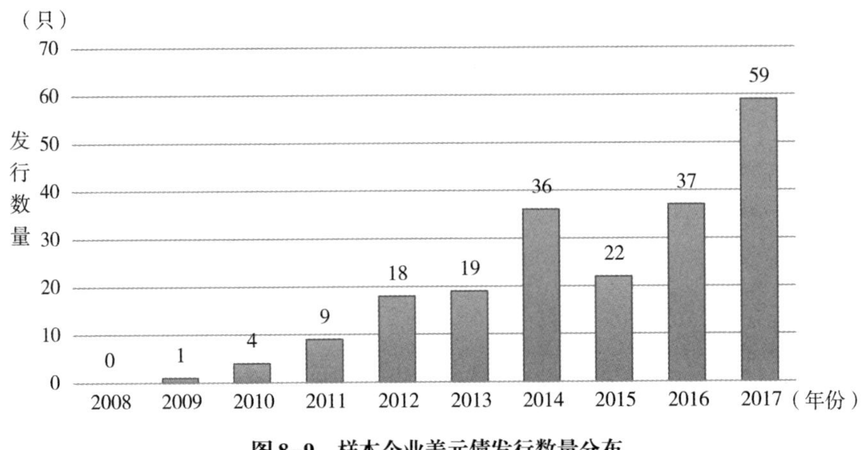

图 8-9　样本企业美元债发行数量分布

2. 发行期限以中短期为主

图 8-10 对样本企业在 2008 年至 2017 年间发行的境外美元债的期限进行了简单的统计，可以看出企业发行的美元债主要以 5 年期以内的中短期债券为主，占比达到 60.49%。3 年期及以下的债券共计 50 只，3 年期至 5 年期的债券共计 74 只，5 年期以上的债券共计 81 只，其中 5 年期以上的债券中，永续债的数量较其他期限的债券略多。

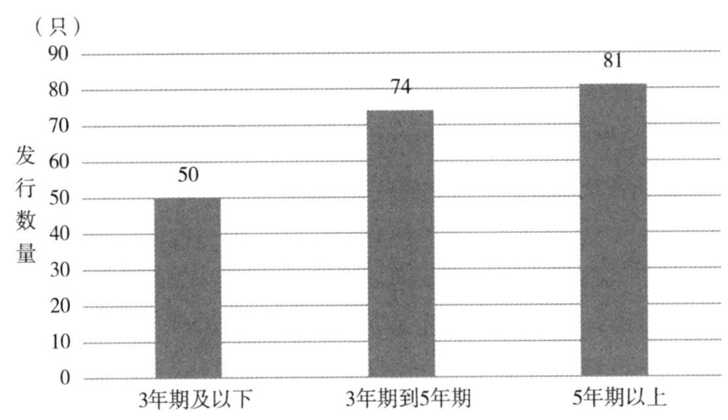

图 8-10　样本企业美元债发行期限分布

3. 石油及天然气行业成为发行主力

本书采用汤森路透上的行业分类方法，即采用 SIC 码前两位对行业进行分类处理，除去房地产行业和金融行业后，将上市公司分为服装业、工业及商用机器和计算机业，化工制品业、教育服务业、金属矿藏采掘业业、煤炭采掘业、初级金属业、道路桥梁业、电气燃气和卫生服务业、耐用品批发贸易等 18 个行业。

本书将 2008 年至 2017 年上述样本企业按行业分类后，统计了各行业的境外美元债数量发行图，具体统计情况如图 8-11 所示。

首先，从 A 股公司发行美元债的数量上看，我们可以得知：在 2008 年至 2017 年间，石油及天然气开采业，建筑业，电气燃气和卫生服务业以及初级金属业的发行数量最多，其主要原因在于这四个行业的公司一般都是大型国企，在国际上拥有较高的知名度，国际化程度较高，同时公司的财务状况业比较好，所以在发行美元债时一般承担较小的发行成本。其后的是化工制品和纺织业，但是其发行数量已经和前四个行业有一定差距。

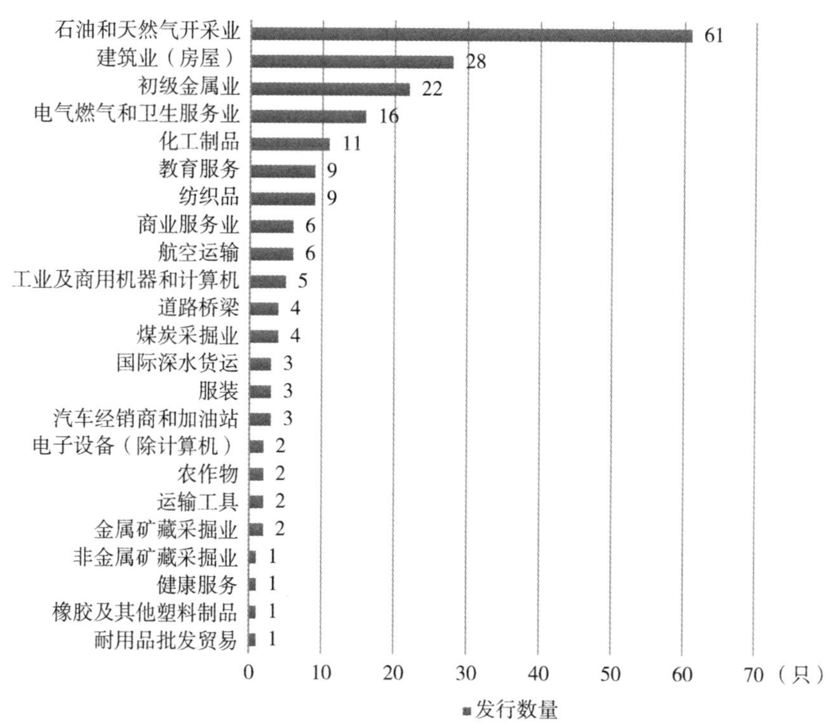

图 8-11　各行业美元债发行数量

4. 平均成本较低

如果企业要进行套息交易，那么发行债券时所需付出的成本十分关键，该部分将样本企业所发行的境外美元债成本进行统计。由图 8-10 得知，债券期限主要分为 3 年期以下、3 年期到 5 年期以及 5 年期以上，但是由于企业对债券期限有多种选择，即各种期限不等，所以该部分以债券发行期限最多的 5 年期债券为例，对 5 年期境外美元债发行成本的变化做出统计。

由于样本企业采用的是 A 股上市公司，且未将金融行业和房地厂行业考虑在其中，所以进行分析的公司基本为大型国企。由成本的走势图可知，其 5 年期美元债融资利率在 2012 年之后基本在 4%以下。2011 年至 2012 年中国人民银行公布的 5 年期定期存款基础利率均接近 5%，而从 2013 年开始，中国人民银行不再公布 5 年期定期存款基础利率，所以部分银行将 5 年期定期存款利率设置为和 3 年期定期存款利率一样，所以在 2013 年之后企业仍投资于定期存款是不明智的选择，企业可以选择大额定期存单进行投资。

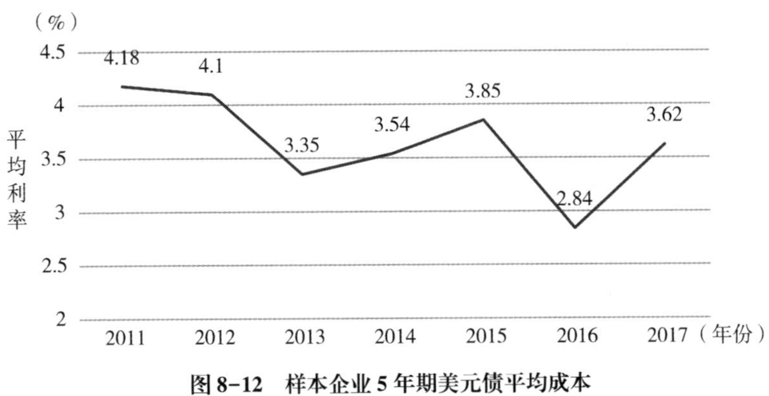

图 8-12　样本企业 5 年期美元债平均成本

第四节　实证分析

经过上面对中石化境外美元债的分析以及对整体情况的一个大致了解，得知中资非金融企业发行境外美元债其实是有套利空间的，只是各公司进行套利的理由可能不同，有的企业为降低融资成本而选择套利，有的企业为获取利益而进行套利等。虽然境外美元债存在套利空间，但是中资非金融企业是否进行了套利呢？下面将会给出实证的结果说明。

一　样本的选择和数据处理

本书选择了 2008 年至 2017 年共 10 年的中资企业发债数据进行研究，将在该样本期间内发行过境外美元债的中资企业进行统计，并筛选出会计资料完整的 A 股上市公司，剔除 ST 公司，金融行业以及公共事业性质的公司。

为了防止内生性问题，将所有解释变量滞后一年处理，所用的自变量有现金比率、套息机会、杠杆比率、固定资产以及企业规模。因变量为公司是否发行境外美元债的虚拟变量，如果企业在该年发行了美元债，就计为 1，否则计为 0。最后筛选出 45 家上市公司，共 450 个样本，本书采用二元 Logistics 固定效应模型对样本进行估计。具体的变量定义以及构造见下表 8-1。

表 8-1　变量定义表

变量名	含义	构造
现金比率	企业持有现金的比率	企业持有的货币资金与总资产的比值
杠杆比率	衡量企业的负债程度	企业总负债与总资产的比值
规模	衡量企业资产的大小	企业总资产的对数值
固定资产比率	企业持有固定资产的多少	企业固定资产的数值与总资产的比率
套息机会	衡量企业在进行套息交易时机会的优劣程度	中国一个月 SHIBOR 利率与美国一个月 LIBOR 利率的差值

二　研究假设

经过上面具体案例的分析得知，中资企业在发行境外美元债时存在较大的套利空间，特别是中石化一类的大型国企以及金融机构，在利率差上能够获得较大的优势，那么中资非金融企业在发行境外美元债时是否存在套利动机，通过文献综述发现，套息机会是衡量企业是否发行境外美元债套利的关键变量，如果企业在套息交易存在较大机会时选择发行美元债券，那么就表明企业发行境外美元债的目的不仅仅在于扩大融资渠道，还有进行套息交易并以此来获得收益。

三　描述性统计

表 8-2 报告了各个变量的描述性统计结果，其中杠杆比率，利率差和企业规模变量都略微左偏，企业规模的变动幅度较大。

表 8-2　描述性统计

	现金比率	杠杆比率	固定资产比率	利率差	企业规模
最小值	0.006	0.091	0.001	-0.017	0.399
最大值	0.595	0.894	0.899	0.049	4.381
1/4 分位数	0.056	0.527	0.082	-0.010	2.103
3/4 分位数	0.188	0.740	0.456	0.044	3.175
均值	0.138	0.624	0.278	0.026	2.619
中位数	0.123	0.652	0.234	0.028	2.682
标准差	0.102	0.153	0.222	0.020	0.789
偏度	1.289	-0.633	0.573	-0.744	-0.243
峰度	5.533	3.036	2.393	2.626	2.793

由表 8-3 可知，中资非金融企业在选择发行境外美元债时，拥有较低的现金流，这与中国的基本环境相符合，目前不少中小企业在国内融资困难，资金链随时面临着断裂的风险，所以不得不寻求海外融资途径；杠杆比率在企业发行美元债时偏大，而固定资产比率相较于发行美债的年份偏小；值得注意的是，利率差的大小在发行与不发行境外美元债之间也具有比较显著的差异，这说明中资非金融企业在高利差的情况下，即套息机会较大时会选择发行美元债，所以很有可能中资企业在高利差时进行套息交易；同时企业在发行美元债券时，也具有较大的企业规模。

表 8-3　变量均值比较

	发行美债	不发行美债
现金比率	0.120998	0.141927
杠杆比率	0.671639	0.611354
利率差（%）	3.5496	2.3

续表

	发行美债	不发行美债
固定资产比率	0.261194	0.282674
总资产（亿）	3.05	2.51
样本数	356	94

四　实证结果分析

首先，本书将现金比率、杠杆比率、利率差、固定资产比率以及总资产作为解释变量，将中资非金融企业是否发行境外美元债作为被解释变量，通过二元 Logistics 回归建立起变量之间的关系，着重考察利率差是否是企业进行套利的重点考虑因素。

本书将使用企业是否发行美元债作为被解释变量，以利率差作为核心解释变量，探讨人民币和美元之间的利差是否能够真的影响企业通过发行境外美元债进行套利。其中 lvc 代表发行美元债前一年的平均利率差水平，size 代表企业的规模大小的自然对数，cash 即企业持有现金的比率，leverage 代表企业的杠杆比率，ppe 代表企业的固定资产比率。回归结果如表 8-4 所示：

表 8-4　　二元 Logistic 固定模型回归结果表

	(1)	(2)	(3)
lvc	42.42*** (8.212)	28.83** (12.18)	29.82** (12.41)
size		7.205*** (1.158)	7.574*** (1.241)
cash			2.941 (3.711)
leverage			-0.248 (2.794)
ppe			-3.539 (3.087)

注：*** $p<0.01$，** $p<0.05$，* $p<0.1$。

表8-4显示，无论加入企业的规模变量还是加入现金比率，杠杆比率以及固定资产比率，利率差都具有显著的正效应，这表明中资企业在面对较大的套利机会时，更容易发行境外美元债券；同时，企业规模也表现出显著的正向效应，表明企业倾向于在规模较大，发展较为成熟时再发行美元债券，这样在面临风险时，企业才更容易应对；而现金比率，杠杆比率以及固定资产比率均不显著。以上回归结果表示，当企业发行境外美元债券时，受到套息机会的驱动，符合预期的假设。

第五节　结论与建议

一　基本结论

本章研究的中心问题是中国企业发行境外美元债的套息交易，在对现有的文献进行整理后，本章将分析重点选择在了中国非金融企业上，通过对相关文献和理论，中资美元债的发展历程以及现状进行梳理，发现不少企业在发行美元债券时具有套利的动机，而不是单纯地进行融资，之后本书将A股上市公司的境外美元债进行了描述性统计，发现企业在发行美元债时人民币和美元之间具有更大的利差，探讨总结出中国企业发行境外美元债的驱动因素，主要得出以下的结论。

第一，影响企业境外美元债套息最重要的因素为利率和汇率。高利差，但是人民币贬值幅度过大的话，会导致损失，而人民币发生贬值，但是利差足够高也能够获得收益。第二，在汇率波动剧烈时，采用相应的套期保值措施如远期合同，能够让投资者获得更为稳定的套息收益。第三，选择债券发行的时机十分重要。同一个企业发行的同一笔债券，在不同的时间所承担的利率是不同的，特别是目前正处于美元的加息周期，美元的利率会直接影响到境外美元债利率的定价基础。第四，驱动中国非金融企业发行境外美元债券的一个重要因素就是利率差，中国企业在面对较好的套利机会时，会更容易发行美元债进行套利从而获得收益。第五，在考虑发行外债进行套息交易时，要时刻注意套息币种国家政策的变化，某些政策的变化会直接导致货币汇率的变动，如中国的“8·11汇改”就直接导致了人民币的大幅度贬值。

二　政策建议

基于以上结论，本书提出以下建议。

1. 慎重选择发行时机

债券发行人需要时刻关注金融市场的发展趋势，精确分析美元汇率变动的影响，找准融资机会，才能进行成功的债券发行，分析投资者对于金融走向的心理情况。特别是根据经济前景的发展趋势，把握投资者的喜好，找准时机，进行债券发行。在利用美元债券进行套息交易时，最重要的就是把握好发债的时机，国际形势变幻莫测，要善于瞄准利差和汇率的有利机会，但是需要注意的是具体的发行定价时间还需要根据当时的市场状况而决定。在每年第一季度以及大部分公司公布年报之后，市场将会非常繁忙和拥挤，如果考虑完成较大规模的债券发行，则需要谨慎地选择发行的时点，避免其他债券发行在同一时间进入市场，分散投资者注意力。如果选择以全年财务数据为基础发行债券，需要尽可能快地在公布全年业绩之后完成发行，以吸引到尽可能多的投资人关注，尽量在短时间内完成债券的筹资，避免错过机会。

从以流动性强、供应量较大的 G3 货币（英元、欧元和日元）发行的发行规模历史趋势来看，每年的 1、2 月由于新年及春节等节假日原因而发行量较缓慢，2—3 月通常为企业在准备公布上一年财报之前的一个月静默期，进入 3 月中下旬及 4 月，通常为全年的第一个发行窗口，且发行量较大。选择进行 144A 规则和 SEC 规则发行的发行人，也会由于“135 天”规则而选择这一发行窗口。5 月中旬至 6 月通常仅有 RegS 发行人进入市场；进入 7、8 月，由于夏日投资者大部分休假因素而发行量会缓慢下来；9—11 月又到了半年报公布后较为活跃的另一发行窗口；而到了 12 月年末，由于西方传统节假日因素，发行盆会再度放缓。发行人应根据自身的实际情况，尽量避免活跃的发行窗口的大量供给，而应提前进入市场，采用 9/30 报表日期进行发行。

2. 提高信用评级，合理设计发行结构

中国企业如果想要降低境外美元债的发行成本，一般需要国际著名的三大评级机构为其评级①，但是由于中国的评级机构与国际评级机构的评价体系存在差别，所以中国企业的评级状况可能会出现偏差，为了规避这种风险，中国企业需要准备完整充分的评价材料，尽量在材料中将企业自身的优势和特点展示出来，甚至可以聘请专门的评级顾问来协助工作，因为评级顾问长期与大型评级机构保持良好的合作关系，可以帮助企业了解评级所关注的重点领域，并加强相关的工作力度，从而使评级机构能够最大限度地了解公司，这样才能将评级结果地误差减到最小，从而获得合理地评级。如果企业能够获得较高的评级水平，那么债券的发行成本就会降低，可以减少企业的成本支出。

另外，发行结构与债券的评级存在着十分密切的关系。在 2014 年外管局颁布新规之前，国际资本市场债券发行的结构主要为高评级企业自己作为发行人，在境外势力 SPV（特殊目的公司）实现境内企业为境外企业进行担保，但由于新规限定如若为境外企业进行担保需要获得外管局的审核批准，同时审核较为严格，批准往往难以下达，所以中国企业则改用“维好协议”进行投资。这一结构在中国三大石油公司中由中石油率先使用，但是这种担保结构提供的增信不如中石化所采用的方式，即母公司直接增信的方式，因为资本市场上不把维好协议当作担保，境内母公司并不是直接的担保人，它只能够通过收购资产来达到偿还的目的，但是收购境外资产的资产会受到严格监管，一旦出现问题，那么债券持有人将无法如期获得回报。

3. 利率与汇率变动考量

由于发行境外美元债券进行套息交易和传统的套息交易过程十分类似，所以利率和汇率的变动是要着重考虑的因素。以 2002 年到 2017 年底的变动情况来看，人民币和美元之间一直保持着一定的利差，但是不同的企业发行境外美元债所融资到的利率是不尽相同的，国内的银行机构，大型国企等由于资信较好，且自身由于多元化和国际化的发展趋势，在国外也享有一定的名气，所以在中国企业发行利率是最低的，所以其天然拥有利率差的优势，而民营企业一般不参与评级，而且参与评级的民营企业获得的评级也较低，所以融资利率相对较高，2013 年最高的 5 年期境外美元债融资

① 国际三大评级机构为：标准普尔、穆迪投资者服务公司和惠誉国际信用评级公司。

利率是五洲国际发行的，近14%。

另外，由于汇率的变动十分频繁，那么对汇率走势的准确预测也是企业进行套息交易的另一个重要因素。在人民币单边升值的情况下，即使人民币利率低于美元利率，也是可以获利的，但是相反，若人民币发生意外大幅度贬值，那么企业即使拥有较高的利率差，也可能会发生损失，这时候就要通过提前赎回的形式进行止损。企业也可以在发行美元债的同时利用远期合约对汇率变动风险进行规避。

参考文献

曹远征：《人民币国际化战略》，海南出版社 2013 年版。

陈超、李镕伊：《债券融资成本与债券契约条款设计》，《金融研究》2014 年第 1 期。

陈蓉、郑振龙：《结构突变，推定预期与风险溢酬：美元/人民币远期汇率定价偏差的信息含量》，《世界经济》2009 年第 6 期。

陈蓉、郑振龙、龚继海：《中国应开放人民币 NDF 市场吗？——基于人民币和韩圆的对比研究》，《国际金融研究》2009 年第 6 期。

陈思翀：《人民币日波幅应否扩大》，《财经》2015 年 5 月 11 日第 13 版。

陈思翀：《继续扩大人民币波幅是否为当前汇率改革的迫切选项?》，《国际经济评论》2015 年第 4 期。

陈思翀、费阳：《流动性对日元套息交易规模的影响——基于跨国面板数据的研究》，《国际金融研究》2018 年第 6 期。

陈思翀、刘静雅：《套息交易对中国短期资本流动的影响——基于动态资产组合理论的研究》，《金融研究》2018 年第 6 期。

陈雨露、王芳、杨明：《作为国家竞争战略的货币国际化：美元的经验证据》，《经济研究》2005 年第 2 期。

陈振宇：《全球套息交易风潮再起》，《期货日报》2015 年 7 月 28 日第 7 版。

成思危：《成思危：实现人民币国际化需 10 年》，《中国房地产业》2014 年第 3 期。

代幼渝、杨莹：《人民币境外 NDF 汇率，境内远期汇率与即期汇率的关系的实证研究》，《国际金融研究》2007 年第 10 期。

党红超：《套利交易，看准货币利率还是币值?》，《中国外汇》2007 年第 6 期。

丁一兵：《离岸市场的发展与人民币国际化的推进》，《东北亚论坛》，2016

年第1期。
邓翊平：《企业境外发债的思考》，《金融理论与教学》2017年第1期。
丁志杰、谢峰：《美元过度特权，经济暗物质与全球治理变革》，《国际金融研究》2014年第11期。
丁志杰、杨伟、黄昊：《境外汇款是热钱吗？——基于中国的实证分析》，《金融研究》2008年第12期。
冯永琦：《离岸人民币海外循环机制研究》，人民出版社2022年版。
范立夫、周继燕：《利率平价理论评析》，《经济与管理》2010年第8期。
傅冰：《当前我国利率与汇率的相关性分析及政策建议》，《特区经济》2007年第5期。
高海红、余永定：《人民币国际化的含义与条件》，《国际经济评论》2010年第1期。
韩剑：《全球套息交易的机制，根源及规模测量》，《经济学家》2011年第9期。
郝毅、梁琪、李政：《境内外人民币外汇市场极端风险溢出研究》，《国际金融研究》2017年第9期。
何东、罗伯特·麦考利：《本国货币的离岸市场：货币和金融稳定问题》，《人民币国际化：缘起与发展》，社会科学文献出版社2011年版。
何帆：《人民币国际化的现实选择》，《理论参考》2009年第10期。
何帆、张斌、张明、徐奇渊、郑联盛：《香港离岸人民币金融市场的现状，前景，问题与风险》，《国际经济评论》2011年第3期。
胡方、丁畅：《外汇投机偏好对人民币国际化的冲击——基于日元衰退的实证分析》，《经济与管理评论》2018年第2期。
胡军伟：《境外发债"潮起"》，《中国外汇》2012年第22期。
黄楠：《中资企业境外发债浅谈》，《中国商论》2017年第23期。
黄少明：《套息交易与国际金融动荡新形式》，《国际金融研究》2007年第7期。
黄学军、吴冲锋：《离岸人民币非交割远期与境内即期汇率价格的互动：改革前后》，《金融研究》2006年第11期。
季辉：《审批制改为备案制，境内企业境外发债松绑》，《上海经济》2015年第12期。

江春、刘春华：《利率平价理论的分析与探讨》，《经济管理》2007 年第 07 期。

姜波克：《国际金融新编（第三版）》，复旦大学出版社 2001 年版。

姜波克：《国际金融新编第四版》，《复旦学报（社会科学版）》2008 年第 5 期。

蒋治平：《人民币利率与汇率的动态相关关系：基于 DCC 模型的研究》，《软科学》2008 年第 7 期。

金兑：《日元套利交易：国际金融市场中的暗流》，《新经济》2007 年第 9 期。

金雪军、陈雪：《人民币汇率风险溢价波动的状态转换研究》，《浙江大学学报（人文社会科学版）》2011 年第 5 期。

金中夏、陈浩：《利率平价理论在中国的实现形式》，《金融研究》2012 年第 7 期。

李稻葵、刘霖林：《人民币国际化：计量研究及政策分析》，《金融研究》2008 年第 11 期。

李稻葵、刘霖林：《双轨制推进人民币国际化》，《纪实》2008 年第 11 期。

李曦晨、张明、朱子阳：《资本流动视角的人民币国际化：套利还是基本面驱动?》，《世界经济研究》2018 年第 2 期。

李晓、周学智：《美国对外负债的可持续性：外部调整理论的扩展》，《世界经济》2012 年第 12 期。

李晓峰、陈华：《人民币即期汇率市场与境外衍生市场之间的信息流动关系研究》，《金融研究》2008 年第 5 期。

李远芳：《稳定与均衡的两难：人民币汇率面临新挑战?》，《财经》2013 年 6 月 10 日。

练异洞：《中资企业境外发行债券的机遇与挑战》，《中国石化》2014 年第 8 期。

林毅夫、李永军：《中小金融机构发展与中小企业融资》，《经济研究》2001 年第 1 期。

刘莉亚：《境外“热钱”是否推动了股市，房市的上涨？——来自中国市场的证据》，《金融研究》2008 年第 10 期。

刘炜：《境内机构境外发债后资金回流方式及存在问题研究》，《当代经济》

2017 年第 31 期。
刘晓翠：《海外融资的新趋势——海外上市 VS 海外发债》，《上海国资》2013 年第 5 期。
李远芳：《稳定与均衡的两难：人民币汇率面临新挑战?》，《财经》2013 年 6 月 10 日第 17 版。
马骏、徐建刚：《人民币走出国门之路：离岸市场发展与资本项目开放》，中国经济出版社 2012 年版。
［美］罗伯特·特里芬：《黄金与美元危机：自由兑换的未来》，商务印书馆 1997 年版。
［美］罗纳德·麦金农：《失宠的美元本位制——从布雷顿森林体系到中国崛起》，中国金融出版社 2013 年版。
裴长洪、余颖丰：《人民币离岸债券市场现状与前景分析》，《金融评论》2011 年第 2 期。
彭述涛：《外汇套息交易及其对金融市场的影响》，博士学位论文，复旦大学，2009 年，第 43 页。
潘功胜：《跨境资本流动：挑战与应对》，《财新》2017 年 4 月 20 日。
阙澄宇、马斌：《人民币离岸套利对在岸外汇市场的动态影响——基于状态空间模型的实证分析》，《财经问题研究》2013 年第 2 期。
宋敏、屈宏斌、孙增元：《走向全球第三大货币——人民币国际化问题研究》，北京大学出版社 2011 年版。
沈国兵：《论汇率与利率关系：1993—2000 年泰国事例检验》，《世界经济》2002 年第 5 期。
史文胜：《日元套利交易的形成机制及其波及效应》，《中国货币市场》2007 年第 5 期。
孙立坚：《关注国际短期资本移动的新变化》，《对外经贸实务》2008 年第 2 期。
邵映红：《人民币套息交易行为分析》，《期货日报》2014 年 6 月 30 日第 3 版。
孙立坚：《全球流动性过剩必然产生套息交易》，《21 世纪经济报道》2007 年 12 月 6 日。
汪洋：《中国的资本流动：1982~2002》，《管理世界》2004 年第 7 期。

汪洋：《再论中国货币政策与汇率政策的冲突》，《国际经济评论》2005 年第 1 期。

王爱俭、林楠：《人民币均衡汇率测算与应用研究》，《金融研究》2013 年第 7 期。

王汉齐：《境外发债管理体制变身》，《中国外汇》2015 年第 21 期。

王世华、何帆：《中国的短期国际资本流动：现状，流动途径和影响因素》，《世界经济》2007 年第 7 期。

王亚亚：《去海外发债》，《中国外汇》2013 年第 10 期。

吴韬：《中资企业美元债券发行方式浅析》，《时代金融》2014 年第 7 期。

伍戈、裴诚：《境内外人民币汇率价格关系的定量研究》，《金融研究》2012 年第 9 期。

伍戈、杨凝：《离岸市场发展对本国货币政策的影响——一个综述》，《金融研究》2013 年第 10 期。

肖立晟：《人民币汇率扩波幅效果料难持久“热钱”仍会卷土重来》，路透中文网，2014 年 4 月 14 日。

肖立晟、陈思翀：《中国国际投资头寸表失衡与金融调整渠道》，《经济研究》2013 年第 7 期。

肖立晟、夏广涛、袁梦怡、范小云：《不平等国际货币体系下中国的“过度损失”》，《经济学（季刊）》2022 年第 2 期。

谢平、张晓朴：《货币政策与汇率政策的三次冲突——1994—2000 年中国的实证分析》，《国际经济评论》2002 年第 3 期。

熊原维：《利率平价理论在中国的适用性分析》，《上海金融》2004 年第 12 期。

徐剑刚、李治国、张晓蓉：《人民币 NDF 与即期汇率的动态关联性研究》，《财经研究》2007 年第 9 期。

徐奇渊、何帆：《人民币国际化对国内宏观经济的影响——基于人民币跨境结算渠道的分析》，《广东社会科学》2012 年第 4 期。

杨国强：《中国企业境外发债特点，问题及建议》，《债券》2016 年第 3 期。

易纲、范敏：《人民币汇率的决定因素及走势分析》，《经济研究》1997 年第 10 期。

易纲、汤弦：《汇率制度的“角点解假设”的一个理论基础》，《金融研究》

2001 年第 8 期。
易宪容、黄瑜琴：《中国机构海外债券融资研究》，《管理世界》2005 年第 8 期。
殷剑峰：《人民币国际化："贸易结算+离岸市场"，还是"资本输出+跨国企业"？——以日元国际化的教训为例》，《国际经济评论》2011 年第 4 期。
殷力：《外汇套息交易的影响因素分析》，《现代商业》2010 年第 32 期。
余永定：《再论人民币国际化》，《国际经济评论》2011 年第 5 期。
余永定：《从当前的人民币汇率波动看人民币国际化》，《国际经济评论》2012 年第 1 期。
余永定、肖立晟：《完成"811 汇改"：人民币汇率形成机制改革方向分析》，《国际经济评论》2017 年第 1 期。
余永定：《中国的"蒙代尔三角"困境》，《中国证券报》2014 年 6 月 20 日。
曾建华、李博：《不同时间长度下的利率平价实证检验与汇率变动分析》，《第三届（2008）中国管理学年会——创业与中小企业管理分会场论文集》，2008 年。
张燕生、贺力平：《不可能三角"再探讨》，中国商务出版社 2011 年版。
宗良、李建军：《人民币国际化理论与前景》，中国金融出版社 2011 年版。
张斌、徐奇渊：《汇率与资本项目管制下的人民币国际化》，《国际经济评论》2012 年第 4 期。
张明：《中国面临的短期国际资本流动：不同方法与口径的规模测算》，《世界经济》2011 年第 2 期。
张明：《人民币国际化的最新进展与争论》，《经济学动态》2011 年第 12 期。
张明、何帆：《人民币国际化进程中在岸离岸套利现象研究》，《国际金融研究》2012 年第 10 期。
张明、李曦晨：《人民币国际化的策略转变：从旧"三位一体"到新"三位一体"》，《国际经济评论》2019 年第 5 期。
张明、潘松、李江：《人民币离岸金融市场：发展动力，经验教训与前景展望》，《新金融》2022 年第 2 期。

张明、谭小芬：《中国短期资本流动的主要驱动因素：2000~2012》，《世界经济》2013 年第 11 期。

张明、肖立晟：《国际资本流动的驱动因素：新兴市场与发达经济体的比较》，《世界经济》2014 年第 8 期。

张鹏：《国际视角的债券发行定价机制》，《金融市场研究》2013 年第 5 期。

张萍：《利率平价理论及其在中国的表现》，《经济研究》1996 年第 10 期。

张天顶、李洁：《全球流动性扩张的通货膨胀效应研究》，《国际金融研究》2011 年第 3 期。

张谊浩、沈晓华：《人民币升值，股价上涨和热钱流入关系的实证研究》，《金融研究》2008 年第 11 期。

张玉梅：《中国三大石油公司境外美元债券比较分析》，《当代石油石化》2014 年第 1 期。

赵文霞、张定胜：《套息交易理论研究新进展》，《经济学动态》2014 年第 10 期。

郑振龙、邓弋威：《外汇风险溢酬与宏观经济波动：基于随机贴现因子的研究框架》，《世界经济》2010 年第 5 期。

朱军：《中国企业海外融资的战略研究》，《时代金融》2012 年第 4 期。

Ahmed Shaghil and Zlate Andrei, "Capital flows to emerging market economies: A brave new world?", *Journal of International Money and Finance*, Vol. 48, 2014, pp. 221–248.

Anzuini Alessio and Fornari Fabio, "Macroeconomic determinants of carry trade activity", *Review of International Economics*, Vol. 20, No. 3, 2012, pp. 468–488.

Asness Clifford S., Moskowitz, Tobias J. and Pedersen, Lasse Heje, "Value and momentum everywhere", *The Journal of Finance*, Vol. 68, No. 3, 2013, pp. 929–985.

Audu, N., Tule Jm and Omolehinwa L., "Push and Pull Factors for Capital Flows: Svar Evidence from The Nigerian Economy", *West African Journal of Monetary and Economic Integration*, 2019.

Avdjiev Stefan, Du Wenxin, Koch Catherine, eds., "The dollar, bank leverage, and deviations from covered interest parity", *American Economic Review: In-*

sights, Vol. 1, No. 2, 2019, pp. 193–208.

Bakshi Gurdip and Panayotov George, "Predictability of currency carry trades and asset pricing implications", *Journal of Financial Economics*, Vol. 110, No. 1, 2013, pp. 139–163.

Balduzzi Pierluigi and Chiang I–Hsuan Ethan, "Real exchange rates and currency risk premiums", *The Review of Asset Pricing Studies*, Vol. 10, No. 1, 2020, pp. 94–121.

Bansal Ravi and Shaliastovich Ivan, "A long – run risks explanation of predictability puzzles in bond and currency markets", *The Review of Financial Studies*, Vol. 26, No. 1, 2013, pp. 1–33.

Bates Thomas W, Kahle Kathleen M and Stulz René M, "Why do US firms hold so much more cash than they used to?", *The Journal of Finance*, Vol. 64, No. 5, 2009, pp. 1985–2021.

Bekaert Geert, Hoerova Marie and Duca Marco Lo, "Risk, uncertainty and monetary policy", *Journal of Monetary Economics*, Vol. 60, No. 7, 2013, pp. 771–788.

Belke Ansgar, Bordon Ingo G and Volz Ulrich, "Effects of global liquidity on commodity and food prices", *World Development*, Vol. 44, 2013, pp. 31–43.

Bhansali Vineer, "Volatility and the carry trade", *The Journal of Fixed Income*, Vol. 17, No. 3, 2007, pp. 72–84.

Bilson John Fo, "The rational expectations approach to the consumption function: a multi – country study", *European Economic Review*, Vol. 13, No. 3, 1980, pp. 273–299.

Bilson, J., "Adventures in the Carry Trade", CME, 2013.

Brandt, Michael W. and Santa - Clara Pedro, "Dynamic portfolio selection by augmenting the asset space", *The Journal of Finance*, Vol. 61, No. 5, 2006, pp. 2187–2217.

Brunnermeier, Markus K., Nagel Stefan and Pedersen, Lasse H., "Carry trades and currency crashes", *NBER Macroeconomics Annual*, Vol. 23, No. 1, 2008, pp. 313–348.

Bruno Valentina and Shin Hyun Song, "Capital flows and the risk–taking channel of monetary policy", *Journal of Monetary Economics*, Vol. 71, 2015, pp. 119-132.

Bruno Valentina and Shin Hyun Song, "Global dollar credit and carry trades: a firm-level analysis", *The Review of Financial Studies*, Vol. 30, No. 3, 2017, pp. 703-749.

Burnside Craig, Eichenbaum Martin and Rebelo Sergio, "Carry trade: The gains of diversification", *Journal of the European Economic Association*, Vol. 6, No. 2-3, 2008, pp. 581-588.

Burnside Craig, Eichenbaum Martin, Kleshchelski Isaac, eds., "Do peso problems explain the returns to the carry trade?", *The Review of Financial Studies*, Vol. 24, No. 3, 2011, pp. 853-891.

Burnside Craig, Eichenbaum Martin and Rebelo Sergio, "Carry trade and momentum in currency markets", *Annu. Rev. Financ. Econ.*, Vol. 3, No. 1, 2011, pp. 511-535.

Burnside Craig, Han Bing, Hirshleifer David, eds., "Investor overconfidence and the forward premium puzzle", *The Review of Economic Studies*, Vol. 78, No. 2, 2011, pp. 523-558.

Byrne, Joseph P. and Fiess Norbert, "International capital flows to emerging markets: National and global determinants", *Journal of International Money and Finance*, Vol. 61, 2016, pp. 82-100.

Cenedese Gino, Sarno Lucio and Tsiakas Ilias, "Foreign exchange risk and the predictability of carry trade returns", *Journal of Banking & Finance*, Vol. 42, 2014, pp. 302-313.

Chernov, Mikhail, Magnus Dahlquist, and Lars Lochstoer. "Pricing currency risks", *Journal of Finance*, 2022, DOI: 10.1111/jofi.13190.

Chinn Menzie and Frankel Jeffrey, "Patterns in exchange rate forecasts for twenty-five currencies", *Journal of Money, Credit and Banking*, Vol. 26, No. 4, 1994, pp. 759-770.

Christiansen Charlotte, Ranaldo Angelo and Söderlind Paul, "The time-varying systematic risk of carry trade strategies", *Journal of Financial and Quantitative Analysis*, Vol. 46, No. 4, 2011, pp. 1107-1125.

Chui Michael Kf, Fender Ingo and Sushko Vladyslav, "Risks related to EME corporate balance sheets: the role of leverage and currency mismatch", *BIS Quarterly Review*, September, 2014.

Colacito, Riccardo and Croce, Mariano M., "International asset pricing with recursive preferences", *The Journal of Finance*, Vol. 68, No. 6, 2013, pp. 2651–2686.

Cremers Kj Martijn, "Stock return predictability: A Bayesian model selection perspective", *The Review of Financial Studies*, Vol. 15, No. 4, 2002, pp. 1223–1249.

Curcuru Stephanie, Vega Clara and Hoek Jasper, "Measuring carry trade activity", Board of Governors of the Federal Reserve System, 2010.

Dangl Thomas and Halling Michael, "Predictive regressions with time-varying coefficients", *Journal of Financial Economics*, Vol. 106, No. 1, 2012, pp. 157–181.

Devereux, Michael B. and Saito, Makoto, "A Portfolio Theory of International Capital Flows", CEPR Discussion Paper No. 5746, 2006.

Devereux, Michael B., Makoto Saito, Changhua Yu, International capital flows, portfolio composition, and the stability of external imbalances, Journal of International Economics, Vol. 127, 2020, 103386.

Doskov Nikolay and Swinkels Laurens, "Empirical evidence on the currency carry trade, 1900–2012", *Journal of International Money and Finance*, Vol. 51, 2015, pp. 370–389.

Du Wenxin, Tepper Alexander and Verdelhan Adrien, "Deviations from covered interest rate parity", *The Journal of Finance*, Vol. 73, No. 3, 2018, pp. 915–957.

Eichengreen Barry and Kawai Masahiro, "Issues for renminbi internationalization: an overview", *SSRN Electronic Journal*, 2014.

Einzig Paul, "Theory of forward exchange", *South African Journal of Economics*, 1937.

Engel Charles, "The forward discount anomaly and the risk premium: A survey of recent evidence", *Journal of Empirical Finance*, Vol. 3, No. 2, 1996, pp. 123-192.

Fama, Eugene F., "Spot and forward exchange rates", *Journal of Monetary Economics*, Vol. 14, 1984, pp. 319-338.

Fama Eugene F, "Forward and spot exchange rates", *Journal of Monetary Economics*, Vol. 14, No. 3, 1984, pp. 319-338.

Fernandez-Arias Eduardo and Montiel Peter J., "The surge in capital inflows to developing countries: an analytical overview", *The World Bank Economic Review*, Vol. 10, No. 1, 1996, pp. 51-77.

Foley C. Fritz, Hartzell Jay C., Titman Sheridan, eds., "Why do firms hold so much cash? A tax-based explanation", *Journal of Financial Economics*, Vol. 86, No. 3, 2007, pp. 579-607.

Frankel Jeffrey, "Internationalization of the RMB and Historical Precedents", *Journal of Economic Integration*, Vol. 27, No. 3, 2012, pp. 329-365.

Froot, Kenneth A. and Thaler, Richard H., "Anomalies: foreign exchange", *Journal of Economic Perspectives*, Vol. 4, No. 3, 1990, pp. 179-192.

Froot Kenneth A and Ramadorai Tarun, "Currency returns, intrinsic value, and institutional - investor flows", *The Journal of Finance*, Vol. 60, No. 3, 2005, pp. 1535-1566.

Fukuta Yuichi and Saito Makoto, "Forward discount puzzle and liquidity effects: Some evidence from exchange rates among the United States, Canada, and Japan", *Journal of Money, Credit and Banking*, 2002, pp. 1014-1033.

Gagnon Joseph and Chaboud Alain, "What can the data tell us about carry trades in Japanese yen?", *FRB International Finance Discussion Paper*, No. 899, 2007.

Galati Gabriele and Melvin Michael, "Why has FX trading surged? Explaining the 2004 triennial survey", *BIS Quarterly Review*, December, 2004.

Galindo Arturo, Panizza Ugo and Schiantarelli Fabio, "Debt composition and balance sheet effects of currency depreciation: a summary of the micro evidence", *Emerging Markets Review*, Vol. 4, No. 4, 2003, pp. 330-339.

Goldberg Linda and Tille Cedric, "Macroeconomic interdependence and the international role of the dollar", *Journal of Monetary Economics*, Vol. 56,

No. 7, 2009, pp. 990-1003.

Gourinchas, P. O. and Rey, H. , "International financial adjustment", *Journal of Political Economy*, Vol. 115, No. 4, 2007, pp. 665-703.

Gozzi Juan Carlos, Levine Ross, Peria Maria Soledad Martinez, eds. , "How firms use corporate bond markets under financial globalization", *Journal of Banking & Finance*, Vol. 58, 2015, pp. 532-551.

Grilli Vittorio and Roubini Nouriel, "Liquidity and exchange rates", *Journal of International Economics*, Vol. 32, No. 3-4, 1992, pp. 339-352.

Grilli Vittorio and Roubini Nouriel, "Liquidity models in open economies: Theory and empirical evidence", *European Economic Review*, Vol. 40, No. 3-5, 1996, pp. 847-859.

Grubel Herbert G. , "Internationally diversified portfolios: welfare gains and capital flows", *The American Economic Review*, Vol. 58, No. 5, 1968, pp. 1299-1314.

Habib Maurizio M and Stracca Livio, "Getting beyond carry trade: What makes a safe haven currency?", *Journal of International Economics*, Vol. 87, No. 1, 2012, pp. 50-64.

Hansen, Lars Peter and Hodrick Robert J. , "Forward exchange rates as optimal predictors of future spot rates: An econometric analysis", *Journal of Political Economy*, Vol. 88, No. 5, 1980, pp. 829-853.

Hattori Masazumi and Shin Hyun Song, "Yen carry trade and the subprime crisis", *IMF Staff Papers*, Vol. 56, No. 2, 2009, pp. 384-409.

Heath Alexandra, Galati Gabriele and Mcguire Patrick, "Evidence of carry trade activity", *BIS Quarterly Review*, September, 2007.

Hoffmann Mathias and Macdonald Ronald, "A re-examination of the link between real exchange rates and real interest rate differentials", *SSRN* 388622, 2003.

Hui Cho-Hoi, Genberg Hans and Chung Tsz-Kin, "Liquidity, risk appetite and exchange rate movements during the financial crisis of 2007-2009", Hong Kong Monetary Authority Working Paper, No. 11, 2009.

Johannes Michael, Korteweg Arthur and Polson Nicholas, "Sequential learning, predictability, and optimal portfolio returns", *The Journal of Finance*, Vol. 69, No. 2, 2014, pp. 611–644.

Jordà Òscar and Taylor Alan M., "The carry trade and fundamentals: Nothing to fear but FEER itself", *Journal of International Economics*, Vol. 88, No. 1, 2012, pp. 74–90.

Jurek Jakub W., "Crash-neutral currency carry trades", *Journal of Financial Economics*, Vol. 113, No. 3, 2014, pp. 325–347.

Jylhä Petri and Suominen Matti, "Speculative capital and currency carry trades", *Journal of Financial Economics*, Vol. 99, No. 1, 2011, pp. 60–75.

Kalcheva Ivalina and Lins Karl V., "International evidence on cash holdings and expected managerial agency problems", *The Review of Financial Studies*, Vol. 20, No. 4, 2007, pp. 1087–1112.

Kohler Marion, "Exchange rates during financial crises", *BIS Quarterly Review*, March, 2010.

Leamer, Edward E., "Regression selection strategies and revealed priors", *Journal of the American Statistical Association*, Vol. 73, No. 363, 1978, pp. 580–587.

Lewis, Karen K., "Puzzles in international financial markets", *Handbook of International Economics*, Vol. 3, 1995, p. 1913–1971.

Lucas Jr Robert E, "Liquidity and interest rates", *Journal of Economic Theory*, Vol. 50, No. 2, 1990, pp. 237–264.

Lustig Hanno, Roussanov Nikolai and Verdelhan Adrien, "Common risk factors in currency markets", *The Review of Financial Studies*, Vol. 24, No. 11, 2011, pp. 3731–3777.

Lustig Hanno and Verdelhan Adrien, "The cross-section of foreign currency risk premia and consumption growth risk: Reply", *American Economic Review*, Vol. 101, No. 7, 2011, pp. 3477–3500.

Lustig Hanno, Roussanov Nikolai and Verdelhan Adrien, "Countercyclical currency risk premia", *Journal of Financial Economics*, Vol. 111, No. 3, 2014, pp. 527–553.

Lustig Hanno, Stathopoulos Andreas and Verdelhan Adrien, "The term structure of currency carry trade risk premia", *American Economic Review*, Vol. 109, No. 12, 2019, pp. 4142-4177.

Mackel, Paul, Daniel Hui, Perry Kojodjojo, and Dominic Bunning. "Offshore Renminbi-an updated primer", HSBC Global Research, Sep. 20, 2011.

Mancini Loriano, Ranaldo Angelo and Wrampelmeyer Jan, "Liquidity in the foreign exchange market: Measurement, commonality, and risk premiums", *The Journal of Finance*, Vol. 68, No. 5, 2013, pp. 1805-1841.

McCauley, Robert N., "Renminbi internationalization and China's financial development", BIS Quarterly Review, December, 2011.

McCauley, Robert N., Mcguire Patrick and Sushko Vladyslav, "Global dollar credit: links to US monetary policy and leverage", *Economic Policy*, Vol. 30, No. 82, 2015, pp. 187-229.

Meese Richard A. and Rogoff Kenneth, "Empirical exchange rate models of the seventies: Do they fit out of sample?", *Journal of International Economics*, Vol. 14, No. 1-2, 1983, pp. 3-24.

Meese Richard and Rogofp Kenneth, "Was it real? The exchange rate - interest differential relation over the modern floating - rate period", *The Journal of Finance*, Vol. 43, No. 4, 1988, pp. 933-948.

Mei Bo, "Researching on Debt Optimization of Resources using Financing Theory——Evidence from the Three Gorges Region".

Menkhoff Lukas, Sarno Lucio, Schmeling Maik, eds., "Carry trades and global foreign exchange volatility", *The Journal of Finance*, Vol. 67, No. 2, 2012, pp. 681-718.

Menkhoff Lukas, Sarno Lucio, Schmeling Maik, eds., "Currency value", *The Review of Financial Studies*, Vol. 30, No. 2, 2017, pp. 416-441.

Milesi-Ferretti Gian-Maria and Tille Cédric, "The great retrenchment: international capital flows during the global financial crisis", *Economic Policy*, Vol. 26, No. 66, 2011, pp. 289-346.

Mundell, Robert A., "Capital mobility and stabilization policy under fixed and flexible exchange rates", Canadian Journal of Economics and Political Science/Revue canadienne de economiques et science politique, Vol. 29,

No. 4, 1963, pp. 475–485.

Murase Tetsuji, "Hong Kong Renminbi Offshore Market and Risks to Chinese Economy", *Institute for International Monetary Affairs*, Newsletter No. 40, 2010.

Nishigaki Hideki, "Relationship between the yen carry trade and the related financial variables", *Economics Bulletin*, Vol. 13, No. 2, 2007, pp. 1–7.

Nordvig Jens, "Can the carry trade carry on?", Goldman Sachs Global *Economics Paper*, No. 156, 2007, p. 7.

Ogawa Eiji, "Shinji Takagi, Exchange Rate Fluctuations and the International Monetary System", *Economic Review*, Vol. 42, No. 1, 1991, pp. 92–94.

Ogruk Gokcen, "Is Implied Taylor Rule Interest Rate Applicable as a Carry Trade Strategy?", *International Journal of Economics and Financial Issues*, Vol. 4, No. 4, 2014, pp. 909–919.

Ogruk Gokcen, "Is Implied Taylor Rule Interest Rate Applicable as a Carry Trade Strategy?", *International Journal of Economics and Financial Issues*, Vol. 4, No. 4, 2014, pp. 909–919.

Pesaran M. Hashem and Timmermann Allan, "Predictability of stock returns: Robustness and economic significance", *The Journal of Finance*, Vol. 50, No. 4, 1995, pp. 1201–1228.

Plantin Guillaume and Shin Hyun Song, "Carry trades and speculative dynamics", Available at SSRN 898412, 2006.

Ready Robert, Roussanov Nikolai and Ward Colin, "Commodity trade and the carry trade: A tale of two countries", *The Journal of Finance*, Vol. 72, No. 6, 2017, pp. 2629–2684.

Rey, H., "Dilemma not Trilemma: the Global Financial Cycle and Monetary Policy Independence", Jackson Hole Economic Symposium, 2013.

Rodrigues Bastos Fabiano, Kamil Herman and Sutton Bennett, "Corporate financing trends and balance sheet risks in Latin America", Available at SSRN 2568585, 2015.

Roubini Nouriel, "Mother of all carry trades faces an inevitable bust", *Financial Times*, Vol. 1, 2009.

Shehadeh Ali, Li Youwei and Moore Michael, "The Forward Premium Bias, Carry Trade Return and the Risks of Volatility and Liquidity", Carry Trade Return and the Risks of Volatility and Liquidity (May 2016), 2016.

Shleifer, Andrei and Vishny, Robert W., "The limits of arbitrage", *The Journal of Finance*, Vol. 52, No. 1, 1997, pp. 35–55.

Stillwagon, Josh R., "Non-linear exchange rate relationships: An automated model selection approach with indicator saturation", *The North American Journal of Economics and Finance*, Vol. 37, 2016, pp. 84–109.

Tobin James, "Liquidity preference as behavior towards risk", *The Review of Economic Studies*, Vol. 25, No. 2, 1958, pp. 65–86.

Verdelhan Adrien, "A habit - based explanation of the exchange rate risk premium", *The Journal of Finance*, Vol. 65, No. 1, 2010, pp. 123–146.

Vistesen Claus, "Carry trade fundamentals and the financial crisis 2007–2010", *Journal of Applied Economic Sciences* (JAES), Vol. 4, No. 8, 2009, pp. 318–335.

Welch Ivo and Goyal Amit, "A comprehensive look at the empirical performance of equity premium prediction", *The Review of Financial Studies*, Vol. 21, No. 4, 2008, pp. 1455–1508.

West Mike and Harrison Jeff, "Introduction to the DLM: The Dynamic Regression Model", *Bayesian Forecasting and Dynamic Models*, 1997, pp. 68–96.

Yanlei Gong, "A Rising Tide Lifts All Boats: Influencing Mechanism of Rising Housing Prices on Corporate Financial Business", *Foreign Economics & Management*, Vol. 43, No. 9, 2021, pp. 118–132.

National Bureau of Economic Research, Pricing currency risks, 2020.

National Bureau of Economic Research, Testing uncovered interest parity at short and long horizons during the post-Bretton Woods era, 2005.

International Monetary Fund, Nominal exchange rates and nominal interest rate differentials, 1999.

National Bureau of Economic Research, Exchange rates and interest parity (No. w19336), 2013.

National Bureau of Economic Research, Crash risk in currency markets, 2009.

CFS Working Paper, A real differential view of equilibrium real exchange rates and misalignments, 2000.

National Bureau of Economic Research, Corporate foreign bond issuance and interfirm loans in China, 2018.

National Bureau of Economic Research, Dilemma not trilemma: the global financial cycle and monetary policy independence, 2015.

Ang Andrew and Chen Joseph, "Yield curve predictors of foreign exchange returns", paper delivered to AFA 2011 Denver Meetings Paper, 2010.

Devereux Michael B and Saito Makoto, "A portfolio theory of international capital flows", paper delivered to Institute for International Integration Studies, 2006.

Felcser Dániel and Vonnák Balázs, "Carry trade, uncovered interest parity and monetary policy", paper delivered to MNB Working Papers, 2014.

Garber Peter, "What currently drives CNH market equilibrium?", paper delivered to For the Council on Foreign Relations/China Development Research Foundation Workshop on the Internationalization of the Renminbi, October, 2012.

Goh Soo Khoon, "Managing the impossible trinity: the case of Malaysia", paper delivered to IGIDR, 2009.

Kaizoji Taisei, "Carry trade, forward premium puzzle and currency crisis", paper delivered to MPRA, 2010.

Santa-Clara Pedro and Barroso Pedro, "Beyond the carry trade: Optimal currency portfolios", paper delivered to NO-VA School of Business and Economics, 2013.

Shek Jimmy, Shim Ilhyock and Shin Hyun Song, "fund manager sales of emerging market bonds: how are they related?", paper delivered to BIS Working Paper, 2015.

Turner Philip, "The global long-term interest rate, financial risks and policy choices in EMEs", paper delivered to BIS, 2014.

Ackermann Fabian, Pohl Walt and Schmedders Karl, ed., On the risk and return of the carry trade, University of Geneva Press, 2012.

Alfaro Laura and Kanczuk Fabio, ed., Carry trade, reserve accumulation, and exchange-rate regimes, Citeseer Press, 2013.

Cuddington John T, ed., Capital flight: Estimates, issues, and explanations, Department of Economics, Princeton University Press, 1986.

Li Yu-Wai Vic, ed., China's financial opening: Coalition politics and policy changes, Routledge Press, 2018.

Markowitz, Harry M., ed., Portfolio selection, Yale University Press, 1968.

McKinnon, Ronald I., ed., The unloved dollar standard: From Bretton Woods to the rise of China, Oxford University Press, 2013.

Subacchi Paola, ed., "One Currency, Two Systems": China's Renminbi Strategy, Chatham House London Press, 2010.

后　记

本书内容主要涵盖了我在 2012—2020 年，关于人民币套息交易的一系列相关研究的成果。这一系列研究得到了国家自然科学基金青年项目的资助（“离岸人民币市场套息交易收益率的测度、影响因素及效应研究”，批准号：71403294）。同时，这一系列研究还于 2019 年催生了另外一个现在仍在研的国家自然科学基金面上项目（“跨国并购中的经济国家主义：基于 CFIUS 审查交易的研究”，批准号：71973152）。在此，我对基金委及评审专家表示诚挚的谢意。没有你们的支持，这本书就不可能诞生。

在本书所涵盖内容的研究和撰写期间，特别得到了中国社会科学院世界经济与政治研究所的徐奇渊研究员的大力支持和鼓励，心怀感恩。肖立晟研究员的支持和合作研究推动了本书在人民币国际化进程中进行套息交易的研究。而且，分别由孙杰老师和小川英治老师牵头的中国社会科学院和日本经济产业研究所的联合研讨会（CASS-RIETI Joint-Workshop），给本书的部分初步研究成果提供了交流和讨论的宝贵平台。因此，我要向中日双方每年在北京和东京之间奔波参会的组织者和研究人员表示诚挚的感谢。我还要感谢日本一桥大学的清水启典老师。正是清水老师在一桥大学每周研讨会上所引述的米尔顿·弗里德曼的“比索问题”，引领我进入这样一个有趣的研究领域。中南财经政法大学金融学院和高等学校学科创新引智基地（B21038）在本书的研究和写作过程中也给予了非常重要的支持。同事们不仅在工作和生活中给予了我充分的帮助，还提出客观点评与中肯的意见。在此，我也深表谢意。

此外，我还需要感谢我曾经和正在指导的研究生们。不仅本书的许多内容都是基于我和他们共同合作的研究成果，而且和他们每周在一起的交流学习，更是激励我前进的主要推动力。如果没有他们的支持和帮助，我也很难独立完成这本书。这些研究生包括：苏宇飞，闵红萍，李文学，李沛然，邓雪菲，汪一霖，杜若，顾雪琛，刘纯阳，胡佳骅，唐浩，孙维龙，胡可心，姜晓波，王慧敏，刘静雅，费阳，王豪，刘洁，周燕，夏梦婷，高新宇，王子瑜，宁强，彭雄，李晓梅，郭烨华，江雅好，聂啸，李汶鹏，圣美，陈沛杰，梁倚天，肖振拯，张琦，朱雪婷，刘璐璐，任明喆，宁静，万梦蝶，韩栋，李文勇，张秋彦，董可伦，徐可宸，王贤明，李炳颉，张佳妮，顾鼎，任玥静，张晓珂，郑岩松，刘聃珂，胡思聪，韩明杰，李家驹，吴之羽，胡馨元，张晏宁，宋玥，杨琳，贾诗涵，肖娅，汪琪，魏筱，赵云枫，Nazir，还有 Sara。

特别是王子瑜和邓雪菲对于第二章，汪一霖和费阳对于第三章，宁强对于第四章，刘静雅对于第六章，费阳对于第七章，以及李汶鹏对于第八章等的部分内容都作出了非常重要的贡献。同时，赵云枫、吴之羽、胡馨元以及张晏宁等人，对于本书图表的制作与更新都作出了特殊贡献。

最后，我特别感谢中国社会科学出版社非常耐心和负责的编辑们，特别是白天舒编辑对本书的辛勤付出。没有你们，就不会有这本书的出版。

陈思翀

2022 年 11 月